Andreas Drescher, Agnes Koschmider, Andreas Oberweis
Modellierung und Analyse von Geschäftsprozessen
De Gruyter Studium

Weitere empfehlenswerte Titel

Blockchain Technology
D. Burgwinkel, 2016
ISBN 978-3-11-048731-2, e-ISBN (PDF) 978-3-11-048895-1,
e-ISBN (EPUB) 978-3-11-048751-0, Set-ISBN 978-3-11-048896-8

Geschäftsprozesse für Business Communities
F. Schönthaler et al., 2010
ISBN 978-3-486-59756-1

Software-Technologien und Prozesse
S. Betermieux, B. Hollunder (Hrsg.) 2016
ISBN 978-3-11-048006-1, e-ISBN (PDF) 978-3-11-048252-2,
e-ISBN (EPUB) 978-3-11-048033-7, Set-ISBN 978-3-11-048253-9

Software-Technologien und Prozesse
J.M. Bohli, F. Kaspar, D. Westhoff (Hrsg.), 2014
ISBN 978-3-11-035527-7, e-ISBN (PDF) 978-3-11-035865-0,
e-ISBN (EPUB) 978-3-11-037333-2, Set-ISBN 978-3-11-037381-3

Andreas Drescher, Agnes Koschmider, Andreas Oberweis

Modellierung und Analyse von Geschäftsprozessen

Grundlagen und Übungsaufgaben mit Lösungen

DE GRUYTER
OLDENBOURG

Autoren

M. Sc. Andreas Drescher
Karlsruher Institut für Technologie (KIT)
Institut für Angewandte Informatik
und Formale Beschreibungsverfahren (AIFB)
Kaiserstr. 89
76133 Karlsruhe
andreas.drescher@kit.edu

PD Dr. Agnes Koschmider
Karlsruher Institut für Technologie (KIT)
Institut für Angewandte Informatik
und Formale Beschreibungsverfahren (AIFB)
Kaiserstr. 89
76133 Karlsruhe
agnes.koschmider@kit.edu

Prof. Dr. Andreas Oberweis
Karlsruher Institut für Technologie (KIT)
Institut für Angewandte Informatik
und Formale Beschreibungsverfahren (AIFB)
Kaiserstr. 89
76133 Karlsruhe
andreas.oberweis@kit.edu

ISBN 978-3-11-049449-5
e-ISBN (PDF) 978-3-11-049453-2
e-ISBN (EPUB) 978-3-11-049207-1

Library of Congress Cataloging-in-Publication Data
A CIP catalog record for this book has been applied for at the Library of Congress.

Bibliografische Information der Deutschen Nationalbibliothek
Die Deutsche Nationalbibliothek verzeichnet diese Publikation in der Deutschen National-
bibliografie; detaillierte bibliografische Daten sind im Internet über http://dnb.dnb.de abrufbar.

© 2017 Walter de Gruyter GmbH, Berlin/Boston
Einbandabbildung: NicoElNino/iStock/thinkstock
Druck und Bindung: CPI books GmbH, Leck
♾ Gedruckt auf säurefreiem Papier
Printed in Germany

www.degruyter.com

Vorwort

Die Aufgaben in diesem Buch sind Übungs- und Klausuraufgaben zu den Vorlesungen Modellierung von Geschäftsprozessen und Workflow-Management, die zwischen 2005 und 2017 von der Forschungsgruppe Betriebliche Informationssysteme am Karlsruher Institut für Technologie (bzw. ehemals Universität Karlsruhe) gestellt wurden.

Dieses Grundlagen-, Klausur- und Übungsbuch vertieft ausgewählte Themengebiete zur Modellierung und Analyse von Geschäftsprozessen. Mit den Aufgaben im ersten Kapitel Grundlagen zu Geschäftsprozessen wird das Grundwissen zu dieser Thematik vermittelt. Die Aufgaben im zweiten Kapitel Modellbildung beschäftigen sich mit konkreten Konstrukten zur Modellerstellung. Das dritte Kapitel Modellierungssprachen umfasst Aufgaben zur Modellierung von Geschäftsprozessen mit den vier Notationen Ereignisgesteuerte Prozesskette (EPK), Business Process Model and Notation (BPMN 2.0), Unified Modeling Language – Aktivitätsdiagramm (UML-AD) und Petri-Netz. Das vierte Kapitel enthält Aufgaben zum Thema Process-Mining. Im fünften Kapitel wird die Analyse von Geschäftsprozessmodellen thematisiert in Form von Netztransformationen, strukturellen und dynamischen Eigenschaften, Erreichbarkeitsanalysen und Analysen basierend auf linearer Algebra.

Wir danken allen Mitarbeitern, die zwischen 2005 und 2017 an einzelnen Übungen mitgewirkt haben: Dr. Stefanie Betz, Dr. Björn Keuter, Daniel Ried, Andreas Schoknecht sowie Prof. Dr. Thomas Schuster. Darüber hinaus danken wir auch den Studierenden, die durch die Teilnahme an der Übung Modellierung von Geschäftsprozessen im Wintersemester 2015/16 Aufgaben konzipiert haben. Insbesondere möchten wir Marc Albrecht, Vanessa Bouquet, Dominik Jung, Karolin Pusch und Julia Schreier danken, die uns bei der Aufbereitung der Übungsaufgaben unterstützt haben.

Andreas Drescher, Agnes Koschmider und Andreas Oberweis

Autorenverzeichnis

Andreas Drescher studierte Informationswirtschaft und Wirtschaftsingenieurwesen am Karlsruher Institut für Technologie (KIT). Seit 2013 ist er wissenschaftlicher Mitarbeiter am Institut für Angewandte Informatik und Formale Beschreibungsverfahren am KIT. Andreas Drescher ist Übungsleiter für die Vorlesungen »Modellierung von Geschäftsprozessen« und »Workflow-Management«. Dreimal wurde seine Übung zu »Modellierung von Geschäftsprozessen« und dreimal seine Übung zu »Workflow-Management« mit einem Zertifikat für gute Lehre ausgezeichnet.

Agnes Koschmider vertritt eine Professur für Angewandte Informatik am Karlsruher Institut für Technologie (KIT). Im Sommersemester 2016 und Wintersemester 2016/2017 war sie Vertretungsprofessorin für das Fach Wirtschaftsinformatik an der Universität zu Köln. 2007 promovierte sie an der Universität Karlsruhe (TH) und wurde 2015 am Karlsruher Institut für Technologie habilitiert. Zwischen den Jahren 2005 und 2015 war sie Dozentin und Übungsleiterin der Vorlesung »Workflow-Management« am KIT. Sie hat zahlreiche wissenschaftliche Beiträge im Bereich Geschäftsprozessmanagement veröffentlicht.

Andreas Oberweis ist Professor für Betriebliche Informationssysteme am Karlsruher Institut für Technologie (KIT). Daneben ist er Direktor im Forschungsbereich Software Engineering am FZI Forschungszentrum Informatik und Programmdirektor für den englischsprachigen berufsbegleitenden Masterstudiengang Service Management and Engineering an der Hector School of Engineering and Management. Andreas Oberweis ist Dozent für die beiden Vorlesungen »Modellierung von Geschäftsprozessen« und »Workflow-Management«.

Inhalt

1 Grundlagen zu Geschäftsprozessen

1.1 Einführung

Bevor Systementwickler oder Programmierer lauffähige Programme erzeugen oder Systemanalytiker Anpassungen oder Verbesserungen der Geschäftsprozesse vornehmen können, benötigen sie als Grundlage ihrer Arbeit ein Geschäftsprozessmodell, welches die relevanten Arbeitsschritte, die dafür verwendeten Ressourcen und die verantwortlichen Personen beschreibt.

Ein **Geschäftsprozess** ist eine Menge von manuellen, teil-automatisierten oder automatisierten Aktivitäten, die in einer Organisation
– nach bestimmten Regeln
– auf ein bestimmtes Ziel hin
ausgeführt werden. Die Aktivitäten hängen über betroffene Personen, Maschinen, Dokumente, Betriebsmittel u. ä. miteinander zusammen.

[Ober96]

Aktivitäten werden durch sogenannte Aufgabenträger ausgeführt. Es wird zwischen personellen und nicht-personellen (maschinellen) Aufgabenträgern unterschieden. Aufgaben sind hier als zu erbringende Leistungen zu verstehen, wobei die Erfüllung einer Aufgabe durch Ausführung einer oder mehrerer Aktivitäten erfolgt [Ober96]. Eine Aufgabe ist ein Schritt innerhalb einer Prozessdefinition. Eine Aufgabe, die für einen bestimmten Fall von einem bestimmten Aufgabenträger (oder mehreren) bearbeitet wird, wird als Aktivität bezeichnet [AaHe02]. Ein Fall ist etwas, das entsprechend der Prozessdefinition bearbeitet werden muss. Eine entsprechende Prozessdefinition legt die Aufgaben und ihre Reihenfolge fest. Aufgabenträger können räumlich verteilt sein und die relevanten Aktivitäten können an unterschiedlichen geographischen Orten stattfinden. Ist die Reihenfolge des Stattfindens der Aktivitäten genau festgelegt, so spricht man von strukturierten Geschäftsprozessen. Ein Beispiel für einen solchen Geschäftsprozess ist etwa die Abwicklung eines Schadensfalles bei einer Versicherung: Der Prozessauslöser ist eine Schadensmeldung durch den Versicherungsnehmer. Zu erledigende Aufgaben in diesem Geschäftsprozess sind die Schadensaufnahme, die Schadensbearbeitung sowie die Schadensbegutachtung und Kontaktaufnahme mit dem Versicherungsnehmer. Die Abarbeitung der Aufgaben für einen Versicherungsnehmer stellt einen Fall des Geschäftsprozesses dar. Versicherungsnehmer können in Kategorien unterteilt sein („Standard" oder „Premium"), was zur Folge hat, dass Aufgaben von unterschiedlichen Aufgabenträgern bearbeitet werden und somit das Auftreten von Aktivitäten fallabhängig ist. Der Geschäftsprozess endet mit der Schadensbearbeitung (z. B. Begleichung der Schadenssumme).

Geschäftsprozesse können aber auch teilstrukturiert oder unstrukturiert sein. Ein Prozess ist teilstrukturiert, wenn die Reihenfolge der Bearbeitungsschritte vor Ausführung nicht abschließend definierbar ist. Zusätzliche Bearbeitungsschritte können eingefügt oder wiederholt ausgeführt werden. Unstrukturierte Geschäftsprozesse finden spontan statt und lassen sich nur begrenzt planen (z. B. Prozesse der Entscheidungsfindung). In der Literatur finden sich noch zahlreiche weitere Klassifizierungen für Geschäftsprozesse, beispielsweise nach Art und Häufigkeit des Auftretens oder interne vs. externe Vorgänge.

Weitere Beispiele für Geschäftsprozesse sind etwa die Bearbeitung eines Kreditantrags in einer Bank; Fertigung eines Produkts; Bearbeitung einer Einkommenssteuererklärung in einem Finanzamt; Bearbeitung eines Bauantrags in der öffentlichen Verwaltung oder Beantragung und Abrechnung einer Dienstreise. Bei einem Geschäftsprozess kann es sich um einen Ablauf im Bereich der Verwaltung oder auch um einen Ablauf im Produktionsbereich handeln. Geschäftsprozesse können auch überbetrieblich ablaufen, also über die Abteilungs-, Funktions- und Unternehmensgrenzen hinweg. In diesem Fall spricht man von unternehmensübergreifenden Geschäftsprozessen. Ein zusammenhängender, rechnergestützter Teil eines Geschäftsprozesses wird als Workflow bezeichnet [Work99]. Der Unterschied zwischen Geschäftsprozessen und Workflows liegt in der Automatisierbarkeit der Prozesse [AaHe02].

Die Struktur von Prozessen wird durch so genannte Prozessmodelle beschrieben. Dazu müssen alle Aufgaben, die auszuführen sind, erkannt werden. Außerdem müssen alle Ausführungspfade und alle Regeln, die für die Wahl der Pfade entscheidend sind, erfasst werden. Ein Prozessmodell ist ein Template (bzw. eine Schablone). Ausgehend davon wird jede Prozessausführung instanziiert. Modelle von Prozessen in Organisationen werden Geschäftsprozessmodelle genannt. Als Synonyme für den Begriff Geschäftsprozessmodell werden auch die Begriffe Geschäftsprozessdefinition oder Geschäftsprozessschema verwendet.

❗ Ein **Geschäftsprozessmodell** ist eine Beschreibung aller relevanten Aspekte eines Geschäftsprozesses unter Verwendung einer Modellierungssprache.

[Ober96]

Das Geschäftsprozessmanagement umfasst Konzepte, Methoden und Werkzeuge zur Definition, Administration, Konfiguration, Durchführung und Analyse von Geschäftsprozessen und zielt auf die Identifikation von Fehlerquellen und Verbesserungsmöglichkeiten und die kontrollierte Ausführung von Geschäftsprozessen. Es umfasst somit nicht nur die Darstellung von Prozessen. Damit die Modellierung, Administration, Konfiguration, Ausführung und Analyse von Geschäftsprozessen ermöglicht wird, ist eine Kombination aus Methoden, Konzepten und Techniken erforderlich [Aals12; Wesk12], die unter dem Begriff Geschäftsprozessmanagement zusammengefasst wird.

Das **Geschäftsprozessmanagement** beschreibt Konzepte, Methoden und Techniken zur Modellie- !
rung, Administration, Konfiguration, Ausführung und Analyse der Geschäftsprozesse.

übersetzt aus [Aals12; Wesk12]

Die nachfolgende Abbildung visualisiert den groben Ablauf des Geschäftsprozess-modells zur Abwicklung eines Schadensfalls.

Abb. 1.1: Beispiel - Abwicklung eines Schadensfalls

Dieses Geschäftsprozessmodell ist stark vereinfacht dargestellt und die Aktivitäten werden alle nacheinander ausgeführt. Möglicherweise können Aktivitäten paralleli-siert werden, um so die Prozessausführung zu beschleunigen. Die Reihenfolge der Abarbeitung von Aktivitäten kann entsprechend der Workflow-Kontrollflussmuster beschrieben werden [RHAM06]. Die grundlegenden Ablaufmuster sind:

— Sequenz: sequentielle Ausführung von Aufgaben innerhalb desselben Falls.

— Parallele Abläufe/Nebenläufigkeit (AND split, AND join): Nebenläufige Ausfüh-rung und Synchronisation von parallelen Zweigen.

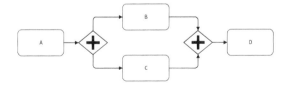

— Alternative Abläufe/Konflikt (XOR split, XOR join): Ausführung nur eines der ausgehenden Zweige und Zusammenführung von zwei oder mehr Zweigen.

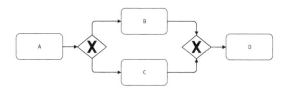

— Oder-Verknüpfung (OR split, OR join): Ausführung von einem Zweig oder mehreren Zweigen und deren Zusammenführung.

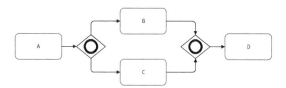

— Iteration: Zyklische Ausführung bzw. Schleife.

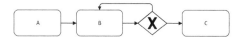

i **Lernziel:** Die nachfolgenden sechs Übungsaufgaben wiederholen die Begrifflichkeit, Definitionen und Merkmale zu diesem Thema. Darüber hinaus sollen Modellierungsgründe erkannt werden. Zusätzlich sollen Geschäftsprozesse klassifiziert und das Design bewertet werden. Darüber hinaus wird das Management von Geschäftsprozessen betrachtet.

1.2 Aufgaben

Aufgabe 1: Eigenschaften von Geschäftsprozessen

Im ersten Mastersemester hat sich Hans Wiwi vorgenommen, die Vorlesung „Modellierung von Geschäftsprozessen" zu hören. Jedoch finden zeitgleich mehrere Vorlesungen statt, so dass er sich entschließt, keine Vorlesung zu hören. Üblicherweise beschäftigt sich Hans Wiwi erst kurz vor der Klausur mit dem Vorlesungsmaterial. Als ihn plötzlich Nina Info fragt, ob er zusammen mit ihr für das Fach lernen möchte, ändert Hans Wiwi seine Meinung und schaut sich das Vorlesungsmaterial doch an.
Während Hans Wiwi das Vorlesungsmaterial studiert, notiert er sich die Begriffe Geschäftsprozess, Aktivität sowie Ressource und möchte diese gerne genauer definieren, um Nina Info beeindrucken zu können. Nachdem er sich die ersten Kapitel angeschaut hat, ist er so von dem Fach begeistert, dass er gerne zusätzlich durch die Fragen „Durch welche Eigenschaften zeichnet sich ein Geschäftsprozess aus?", „Welche Arten von Geschäftsprozessen können unterschieden werden?" und „Wodurch ergibt sich die Komplexität von Geschäftsprozessen?" auftrumpfen möchte. Zur Beantwortung der Fragen benötigt Hans Wiwi allerdings Ihre Unterstützung. Helfen Sie ihm und beantworten Sie alle Fragen.

Aufgabe 2: Anordnung von Aktivitäten in Geschäftsprozessen

Nachdem Hans Wiwi und Nina Info die Grundlagen zu Geschäftsprozessen verstanden haben, möchten sie die grundlegenden Ablaufregeln für Aktivitäten in Geschäftsprozessen wiederholen und stellen sich somit die Frage: „Welche grundlegenden Kontrollflussmuster zur Anordnung von Aktivitäten in Geschäftsprozessen gibt es?". Helfen Sie den beiden bei der Beantwortung der Frage.

Aufgabe 3: Klassifikation von Geschäftsprozessen

Geschäftsprozesse können nach Art der Strukturierung ihrer Arbeitsvorgänge klassifiziert werden. Helfen Sie Hans Wiwi und Nina Info bei der Klassifizierung der folgenden Geschäftsprozesse bezüglich ihres Strukturierungsgrades (unstrukturiert, teilstrukturiert, strukturiert): Dienstreiseantrag, Reiseplanung, Führerschein in Fahrschule erwerben, Universitätsstudium, Konstruktion eines Flugzeugs, Versicherungsabschluss, Flugzeugmontage, Reparaturannahme eines Autos und Krankenhausaufenthalt.

Aufgabe 4: Projekt vs. Prozess und Geschäftsprozess vs. Geschäftsprozessmodell

Hans Wiwi und Nina Info haben beim Verstehen der Vorlesungsmaterialien Kommunikationsschwierigkeiten, da Nina von Projekten und Hans von Prozessen spricht. Analog gilt das für die Begriffe Geschäftsprozess und Geschäftsprozessmodell. In diesem Zusammenhang fragen sich beide, worin die Unterschiede bzw. die Gemeinsamkeiten liegen. Helfen Sie den beiden bei der Beantwortung.

Aufgabe 5: Geschäftsprozessmanagement

In der Übung zur Vorlesung „Modellierung von Geschäftsprozessen" haben Hans Wiwi und Nina Info den Begriff Geschäftsprozessmanagement gehört, können sich aber darunter nichts vorstellen. Helfen Sie als Experte den beiden, den Begriff Geschäftsprozessmanagement einordnen zu können.

Aufgabe 6: Bewertung und Analyse von Geschäftsprozessen

Als Geschäftsprozessanalyst sollen Sie das Design des Prozesses „Störungsmanagement" bewerten. Das primäre Ziel des Prozesses Störungsmanagement besteht darin, den betroffenen IT-Service für den Anwender so schnell wie möglich wiederherzustellen.

a) Bewerten Sie die von Ihrem Vorgänger erstellte Prozessdefinition anhand der Kriterien Kosten, Zeit, Qualität, Flexibilität und überlegen Sie sich mögliche Verbesserungen für die verschiedenen Leistungsgrößen.

b) Welche weiteren Aspekte im Kontext des Geschäftsprozessmanagements sollten betrachtet werden und wie stehen diese im Zusammenhang mit der gegebenen Prozessdefinition?

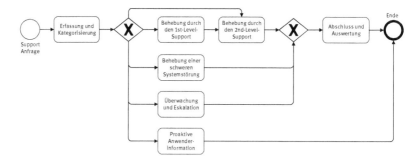

1.3 Lösungen

Lösungsvorschlag zu Aufgabe 1: Eigenschaften von Geschäftsprozessen

BEGRIFFE: GESCHÄFTSPROZESS, AKTIVITÄT UND RESSOURCE

Ein Geschäftsprozess besteht aus einer Menge von manuellen, teil-automatisierten oder automatisierten betrieblichen Aktivitäten, die nach bestimmten Regeln auf ein bestimmtes Ziel hin ausgeführt werden. Die Aktivitäten werden durch Aufgabenträger/Ressourcen ausgeführt und haben einen eindeutigen Start und ein eindeutiges Ende. Es wird zwischen personellen und nicht-personellen (maschinellen) Aufgabenträgern differenziert. Aufgaben sind als zu erbringende Leistungen zu verstehen, wobei die Erfüllung einer Aufgabe durch Ausführung einer oder mehrerer Aktivitäten erfolgt. Führen mindestens zwei Ressourcen einen Geschäftsprozess aus, so liegt ein kollaborativer Geschäftsprozess vor.

DURCH WELCHE EIGENSCHAFTEN ZEICHNET SICH EIN GESCHÄFTSPROZESS AUS?

Ein Geschäftsprozess verfügt in der Regel über
- Aktivitäten, z. B. Angebot erstellen, Rechnung ausstellen, Angebot akzeptieren
- Ereignisse, z. B. Angebot eingetroffen, Kreditwürdigkeit bestätigt
- Logisch-kausale Abhängigkeiten, z. B.
    - Sequenz: sequentielle Ausführung von Aufgaben innerhalb desselben Falls.
    - Parallele Abläufe/Nebenläufigkeit (AND split, AND join): Nebenläufige Ausführung und Synchronisation von parallelen Zweigen.
    - Alternative Abläufe/Konflikt (XOR split, XOR join): Ausführung nur eines der ausgehenden Zweige und Zusammenführung von zwei oder mehr Zweigen.
    - Oder-Verknüpfung (OR split, OR join): Ausführung von einem Zweig oder mehreren Zweigen und deren Zusammenführung.
    - Iteration: Zyklische Ausführung bzw. Schleifen.

WELCHE ARTEN VON GESCHÄFTSPROZESSEN KÖNNEN UNTERSCHIEDEN WERDEN?

In der Literatur werden Geschäftsprozesse beispielsweise nach dem Strukturierungsgrad (strukturiert, teilstrukturiert und unstrukturiert) klassifiziert. Außerdem wird zwischen Primär-, Sekundär- und Tertiär-Prozessen unterschieden. Eine weitere Unterscheidung ist möglich nach automatisierbaren, teil-automatisierbaren oder nicht-automatisierbaren Prozessen. Die Häufigkeit der Wiederholung (einmalig, selten, häufig) sowie die Art des Auftretens (regelmäßig, teilweise regelmäßig, unregelmäßig) sind weitere Klassifizierungskriterien. Die Liste der Klassifizierungskriterien kann fortgeführt werden.

WODURCH ERGIBT SICH TYPISCHERWEISE DIE KOMPLEXITÄT VON GESCHÄFTSPROZESSEN?
Die Komplexität von Geschäftsprozessen kann bedingt sein durch komplex-
strukturierte Geschäftsobjekte, unternehmensübergreifende Kooperationen, viele
Akteure, eine große Anzahl von Geschäftsregeln oder eine hohe Änderungsrate.
Eine top-down Vorgehensweise bei der Modellierung hilft bei der Strukturierung der
Geschäftsprozesse, indem von einem abstrakten Geschäftsprozessmodell zu einen
konkreten (detaillierten) Geschäftsprozessmodell übergegangen wird, so dass eine
top-down Modellierung erstrebenswert ist.

**Lösungsvorschlag zu Aufgabe 2: Anordnung von Aktivitäten in Geschäftspro-
zessen**

– Sequenz: sequentielle Ausführung von Aufgaben innerhalb desselben Falls.

– Parallele Abläufe/Nebenläufigkeit (AND split, AND join): Nebenläufige Ausführung und Synchronisation von parallelen Zweigen.

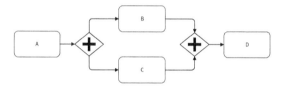

– Alternative Abläufe/Konflikt (XOR split, XOR join): Ausführung nur eines der
ausgehenden Zweige und Zusammenführung von zwei oder mehr Zweigen.

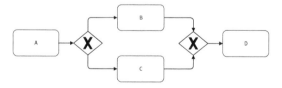

– Oder-Verknüpfung (OR split, OR join): Ausführung von einem Zweig oder mehreren Zweigen und deren anschließende Zusammenführung.

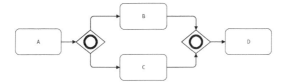

– Iteration: Ausführung von Zyklen bzw. Schleifen.

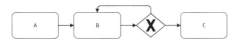

Lösungsvorschlag zu Aufgabe 3: Klassifikation von Geschäftsprozessen

Ein Prozess ist strukturiert, wenn die Anzahl und die Folge der einzelnen Bearbeitungsschritte, Bearbeiter, Zeiten, Ergebnisse und steuernden Ereignisse eindeutig definiert sind. D. h., es sind klare Gesetze, Zuständigkeiten, Regeln und Fristen gegeben, wie beispielsweise bei der Einstellung von Personal, in Bußgeldverfahren oder bei der Bonitätsprüfung eines Kunden.

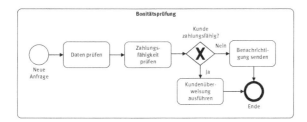

Ein Prozess ist teilstrukturiert, wenn die Reihenfolge der Bearbeitungsschritte vor Ausführung nicht abschließend definierbar ist. Zusätzliche Bearbeitungsschritte können eingefügt oder wiederholt ausgeführt werden. Diese Prozesse enthalten bestimmte Elemente, die sich genau regeln lassen, sowie Elemente, die wenig formalisierbar sind wie beispielsweise Entscheidungsfindungen, die teilweise Regeln enthalten. Die Prüfung, ob ein Lebenslauf aktuell ist, hängt von individuellen bzw. subjektiven Kriterien ab, so dass keine präzisen Regeln definiert werden können, welche Aktivitäten in den Lebenslauf geschrieben sollten und welche nicht. Die Prüfung auf Rechtschreibfehler ist dagegen eindeutig definiert. Für die Modellierung von teilstrukturierten Prozessen kann unter anderem die Modellierungssprache Case Management Model and Notation (CMMN) verwendet werden, welche im Rahmen dieses Übungsbuches nicht vertieft wird. Weiterführende Ausführungen sind in [FrRü16] zu finden sowie in der CMMN-Spezifikation [CMMN1.1].

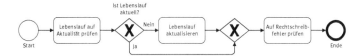

Ein Prozess ist unstrukturiert, wenn er aus einer nicht definierten oder nicht näher bezeichneten Folge von Bearbeitungsschritten besteht; beispielsweise kreative Aufgaben oder Ad-Hoc Prozesse, wie das Vorbereiten eines Tischkickerturniers im privaten Umfeld. Der Ablauf der Bearbeitungsschritte ist nicht eindeutig definiert, da nur festgelegt wurde, dass die Wohnung geputzt, der Tischkicker präpariert, der Turnierplan erstellt und Fingerfood vorbereitet werden soll.

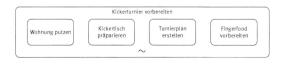

Entsprechend der Beschreibung lassen sich Geschäftsprozesse wie folgt klassifizieren:
– Dienstreiseantrag: strukturiert
– Reiseplanung: unstrukturiert/teilstrukturiert
– Führerschein in Fahrschule erwerben: teilstrukturiert/strukturiert
– Universitätsstudium: strukturiert
– Konstruktion eines Flugzeugs: unstrukturiert/teilstrukturiert
– Versicherungsabschluss: strukturiert
– Flugzeugmontage: strukturiert
– Reparaturannahme eines Autos: teilstrukturiert
– Krankenhausaufenthalt: teilstrukturiert

Lösungsvorschlag zu Aufgabe 4: Projekt vs. Prozess und Geschäftsprozess vs. Geschäftsprozessmodell

GESCHÄFTSPROZESS VS. GESCHÄFTSPROZESSMODELL
Die Dokumentation eines Geschäftsprozesses wird überwiegend anhand einer grafischen Beschreibung vorgenommen und entspricht einem Geschäftsprozessmodell, das als Blaupause die möglichen Ausführungsvarianten beschreibt [Wesk12]. Beispielsweise wird bei einer Versicherung ein Schadensfall von einer zweiten Person überprüft, wenn die Schadenssumme höher als 1.000€ ist. In diesem Zusammenhang können aufgrund der Entscheidung die ausgeführten Geschäftsprozesse unterschiedliche Aktivitäten oder auch Aktivitätsreihenfolgen aufweisen, obwohl diese dem gleichen Geschäftsprozessmodell unterliegen. Die konkreten ausgeführten Geschäftsprozesse werden auch als Geschäftsprozessinstanzen bezeichnet und sind Ausprägungen eines Geschäftsprozessmodells. Für die Dokumentation der

Geschäftsprozessmodelle werden Modellierungssprachen verwendet, welche auch als Beschreibungsmodelle bezeichnet werden [Ober96].

PROJEKT VS. PROZESS

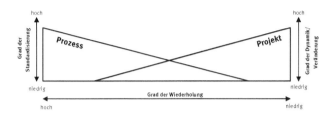

In Anlehnung an [PMBOK13]

Lösungsvorschlag zu Aufgabe 5: Geschäftsprozessmanagement

In [Aals12] werden 20 Anwendungsfälle des Geschäftsprozessmanagements definiert, so dass das Geschäftsprozessmanagement neben Dokumentationszwecken, wie beispielweise für die Einarbeitung neuer Akteure, Dokumentation von Spezialfällen oder Ausnahmen, auch für den Analyse-, Verbesserungs- und Überwachungszweck eingesetzt werden kann [Ober96]. Das Management dieser Geschäftsprozesse wird überwiegend als Kreislauf in der Literatur dargestellt und als Geschäftsprozesslebenszyklus bezeichnet [AHFL12]. Weitere Ausführungen zu Geschäftsprozesslebenszyklen sind in [HoFL10] und [MKPC14] zu finden.

Lösungsvorschlag zu Aufgabe 6: Bewertung und Analyse von Geschäftsprozessen

a) Die Zielerfüllung der einzelnen Kriterien muss derart abgewogen werden, dass Maßnahmen mit einem positiven Effekt auf eines der Kriterien auch negative Effekte auf die anderen Kriterien hervorrufen können.

Kriterien		Mögliche Verbesserung/en
Kosten (C), Kostenarten	Fixe und variable Kosten	– Outsourcing
	Arbeits-, Personal- und Systemkosten	– Kosten für Kategorisierung und Auswertung
	Bearbeitungs-, Verwaltungs- und Support-Kosten	– Kosten für den 1st- und 2nd-Level Support

Zeit (T) **Durchlaufzeit**	Servicezeit (inkl. Rüstzeit)	– Sammeln zusätzlicher Daten bis Aufgabe beginnen kann – Vermeidung von unvollständigen Supportanfragen – Wer übernimmt Kategorisierung?
	Transportzeit	– Elektronische Übermittlung, Hardwareschäden?
	Wartezeit	– Limitierte Ressourcen: Bereitstellung zusätzlicher Ressourcen – Externe Einflüsse: externer Herstellersupport
Qualität (Q)	Externe Qualität: Zufriedenheit in Bezug auf Anforderungen und Erwartungen des Kunden mit Produkt	– Lösung/Behebung angemessen? – Auswertung nach Abschluss
	Externe Qualität: Zufriedenheit in Bezug des Service-Levels des Kunden mit dem (Geschäfts-) Prozess	– Feedback (wurde Anfrage zufriedenstellend abgearbeitet)
	Interne Qualität in Bezug auf die Arbeitsbedingungen, z. B. Anspruch, Abwechslung, Kontrolle etc.	– Hochqualifizierter in 1st-Level Support tätig? – Einsicht/Übersicht über die Level Grenzen hinweg durch Dokumentation
Flexibilität (F)	Ressourcen: Fähigkeit, verschiedene und neue Aufgaben auszuführen	– Wechsel der Service-Level-Mitarbeiter
	Prozess: Fähigkeit, verschiedene Fälle zu handhaben und verschiedene Auslastungen zu verkraften	– Anfragen auf Ebenen vorübergehend umverteilen – Nutzung externer Dienstleister bei Bedarf
	Management: Fähigkeit, Regeln und Ressourcen-Allokation zu ändern	– Beteiligung im Incident Management Support
	Organisation: Fähigkeit, die Organisationsstruktur den Anforderungen des Marktes und der Partner anzupassen	– Produktzyklen beachten

b)

- – Einbindung des Prozesses zu anderen Unternehmensprozessen (Prozessarchitektur)
- – Kontinuierliche Identifikation von Verbesserungsmöglichkeiten
- – Überwachung der Prozessinstanzen
- – Spezielle Varianten für bestimmte Kunden nötig? Identischer Prozess für alle Kunden?

2 Modellbildung

2.1 Einführung

Modelle werden erstellt, weil die Realität im Allgemeinen zu komplex ist, zu viele Eigenschaften besitzt und deshalb schwierig bzw. unmöglich zu analysieren ist. Sollen beispielsweise Evakuierungspläne für ein Hochhaus entworfen werden, so wäre es äußerst aufwändig, verschiedene Evakuierungsszenarien in Wirklichkeit durchzutesten. Stattdessen ermöglicht ein Modell hier die Simulation. Ein Modell ist ein beschränktes Abbild der Wirklichkeit mit den folgenden drei Eigenschaften [Stac73]:

- Abbildungsmerkmal: Modelle sind stets Modelle von etwas, nämlich Abbildungen, Repräsentationen natürlicher oder künstlicher Originale, die selbst wieder Modelle sein können.
- Verkürzungsmerkmal: Modelle erfassen im Allgemeinen nicht alle Attribute des durch sie repräsentierten Originals, sondern nur solche, die den jeweiligen Modellschaffern bzw. Modellbenutzern relevant erscheinen.
- Pragmatisches Merkmal: Modelle sind ihren Originalen nicht per se eindeutig zugeordnet.

Die Tätigkeit zur Erstellung eines Modells heißt Modellierung. Ziele der Prozess-Modellierung sind nach [Ober96]:

- Erleichterung der Kommunikation zwischen verschiedenen Personen
- Dokumentation
- Analyse für eine nachfolgende Verbesserung und Reorganisation
- Entwurf eines Informationssystems
- Planung des Ressourcen-Einsatzes
- Einsatz eines Workflow-Management-Systems
- Überwachung und Steuerung von Abläufen
- Training, Organisationsentwurf oder Performance-Monitoring

In die Modellierung sind verschiedene Rollen (Stakeholder) involviert. Die Herausforderung bei der Modellierung ist es, ein Modell zu erstellen, das den Erwartungen aller Stakeholder genügt. Ein Prozessmodell wird von einem Modellierer (oder Prozessanalysten) erstellt, der üblicherweise selbst nicht Domänenexperte ist. Deswegen muss sich der Modellierer zunächst detaillierte Informationen über die zu modellierenden Geschäftsprozesse bei den Wissensträgern (oder Prozessbeteiligten) beschaffen. Als Grundlage für die Informationsbeschaffung können Ereignislogdateien von IT-Systemen analysiert werden (siehe Kapitel „Process Mining"). Die Informationsbeschaffung kann aber auch durch Interviews mit Wissensträgern, Analyse von Unterlagen und eigene Beobachtung der Prozessausführung gewonnen werden. Wichtig ist, dass bei der Wissensgewinnung folgende Fragen beantwortet werden:

- Was ist relevant für die Modellbildung?
  Eigenschaften, die modelliert werden, sind z. B. Aktivitäten, Rollen/Ressourcen, der Kontrollfluss, der Datenfluss und/oder quantitative Größen.
- Welche Konzepte und welche Beziehungen existieren zwischen ihnen?
- Wie detailliert muss das resultierende Prozessmodell sein?
  Modelle können auf unterschiedlichen Abstraktionsniveaus erstellt werden, die jeweils Informationen mit unterschiedlicher Detaillierungsstufe beschreiben.

Systementwickler können das Modell als Grundlage zur Systementwicklung nutzen. Zur Modellierung von Geschäftsprozessen gehört auch die passende Beschriftung der grafischen Elemente. Die Beschriftung lässt dem Gestalter einen gewissen Handlungsspielraum. So können für die Beschriftung gleicher Sachverhalte Synonyme, verschiedene grammatikalische Formulierungen und unterschiedliche Detailstufen gewählt werden. Weiterer Spielraum ergibt sich bei der Modellierung durch Verwendung von Begriffen mit unterschiedlichen Abstraktionsniveaus, die synonym verwendet werden (z. B. „Information" vs. „Mitteilung"). Um beispielsweise Mehrdeutigkeiten zu verhindern, sollten spezielle Konventionen für die Beschriftung beachtet werden [LMRL14; KUHO15]. Die Einhaltung der Namenskonventionen erleichtert auch das Auffinden ähnlicher unternehmensübergreifender Geschäftsprozessmodelle in Modellbibliotheken [EhKO07; DDvK+11].

Zur Erleichterung des Transfers von Geschäftsprozessmodellen zwischen verschiedenen Softwarewerkzeugen kann beispielsweise XML als Austauschformat verwendet werden. XML unterstützt im Gegensatz zu proprietären Sprachen einen einfachen Austausch von Geschäftsprozessmodellen. Softwarewerkzeuge zur Modellierung von Geschäftsprozessen, die XML als Austauschformat nutzen, können den Import/Export von Modellen unterstützen, ohne dass dabei Informationen über die Darstellung oder Grafik der Elemente verloren gehen.

Beziehungen zwischen Aufgaben bzw. Aktivitäten eines Geschäftsprozessmodells lassen sich anhand der sogenannten Workflow-Kontrollflussmuster beschrieben [RHAM06]. Im ersten Kapitel wurden bereits fünf elementare Ablaufmuster eingeführt. Die Workflow-Kontrollflussmuster erweitern diese Ablaufmuster. Insgesamt existieren 43 Workflow-Kontrollflussmuster, die in acht Kategorien aufgeteilt sind. Die in der nachfolgenden Tabelle aufgeführten Kategorien sind [RHAM06] entnommen:

Tab. 2.1: Kontrollflussmuster im Überblick [RHAM06]

Kategorie	Nummer	Kontrollflussmustername	Erläuterung
Basic Control Flow Patterns *(Elementare Kontrollflussmuster)*	Pattern 1	Sequence	Beschreiben einfache Beziehungen zwischen Aktivitäten. Diese Muster werden in den meisten Werkzeugen zur Modellierung von Geschäftsprozessen unterstützt, um sequentielle, parallele und konditionale Prozesse zu modellieren.
	Pattern 2	Parallel Split	
	Pattern 3	Synchronization	
	Pattern 4	Exclusive Choice	
	Pattern 5	Simple Merge	
	Pattern 6	Multi-Choice	
	Pattern 7	Structured Synchronizing Merge	
	Pattern 8	Multi-Merge	
	Pattern 9	Structured Discriminator	
	Pattern 28	Blocking Discriminator	
Advanced Branching and Synchronization Patterns *(Erweiterte Verzweigungs- und Synchronisationsmuster)*	Pattern 29	Cancelling Discriminator	Beschreiben im Gegensatz zu den elementaren Kontrollflussmustern erweiterte Aufspaltungs- und Synchronisationsmuster.
	Pattern 30	Structured Partial Join	
	Pattern 31	Blocking Partial Join	
	Pattern 32	Cancelling Partial Join	
	Pattern 33	Generalized AND-Join	
	Pattern 37	Local Synchronizing Merge	
	Pattern 38	General Synchronizing Merge	
	Pattern 41	Thread Merge	
	Pattern 42	Thread Split	
Multiple Instance Patterns *(Mehrfachinstanzmuster)*	Pattern 12	Multiple Instances without Synchronization	Unterstützen die Beschreibung von mehrfachen Instanzen einer Aktivität. Es ist möglich, mehrere Instanzen einer Aktivität zu erzeugen und die
	Pattern 13	Multiple Instances with a Priori Design-Time Knowledge	
	Pattern 14	Multiple Instances with a Priori Run-Time Knowledge	

Kategorie	Nummer	Kontrollflussmustername	Erläuterung
	Pattern 15	Multiple Instances without a Priori Run-Time Knowledge	Instanzen zu synchronisieren. Dabei kann es sein, dass die Anzahl der Instanzen erst zur Laufzeit bekannt ist.
	Pattern 34	Static Partial Join for Multiple Instances	
	Pattern 35	Cancelling Partial Join for Multiple Instances	
	Pattern 36	Dynamic Partial Join for Multiple Instances	
State-based Patterns (Zustandsbasierte Muster)	Pattern 16	Deferred Choice	Ermöglichen die Modellierung konkreter Zustände.
	Pattern 17	Interleaved Parallel Routing	
	Pattern 18	Milestone	
	Pattern 39	Critical Section	
	Pattern 40	Interleaved Routing	
Cancellation and Force Completion Patterns (Abbruchmuster & Muster mit mehrfachen Instanzen)	Pattern 19	Cancel Task	Ermöglichen die Modellierung von Abbrüchen einer oder mehrerer Aktivitäten oder des gesamten Prozesses.
	Pattern 20	Cancel Case	
	Pattern 25	Cancel Region	
	Pattern 26	Cancel Multiple Instance Activity	
	Pattern 27	Complete Multiple Instance Activity	
Iteration Patterns (Iterationsmuster)	Pattern 10	Arbitrary Cycles	Ermöglichen die Beschreibung von Wiederholungen in Geschäftsprozessen.
	Pattern 21	Structured Loop	
	Pattern 22	Recursion	
Termination Patterns (Beendigungsmuster)	Pattern 11	Implicit Termination	Beschreiben Umstände, die zur Beendigung eines Geschäftsprozesses führen.
	Pattern 43	Explicit Termination	
Trigger Patterns (Triggermuster)	PATTERN 23	Transient Trigger	Beschreiben externe Einflüsse, die notwendig sind, damit eine bestimmte Aufgabe gestartet werden kann.
	PATTERN 24	Persistent Trigger	

Lernziel: Durch die acht Aufgaben in diesem Kapitel sollen Sie sich mit den Grundlagen der Modellbildung sowie mit Sprachkonstrukten für Geschäftsprozessmodelle vertraut machen. Insbesondere
sollen Workflow-Kontrollflussmuster beschrieben und Unterschiede zwischen verschiedenen Kontrollflussmustern herausgearbeitet werden. Außerdem sollen Sie sich Gedanken über Beschriftungskonventionen von Geschäftsprozessmodellen machen.

2.2 Aufgaben

Aufgabe 7: Modellierung

Nachdem Hans Wiwi sich mit dem Themengebiet der Geschäftsprozesse beschäftigt hat, möchte er sich nun mit der Modellierung auseinandersetzen und fragt sich: „Welche Ziele werden durch die Modellierung verfolgt?" sowie „Welche unterschiedlichen Aspekte eines Informatiksystems können modelliert werden?". Zusätzlich fragt ihn Nina Info: „Welche Herausforderungen stellen sich bei der Modellierung?". Abschließend möchte er noch das Vorgehen bzw. die Schritte zur Modellierung verstehen. Helfen Sie ihm bei der Beantwortung der Fragen.

Aufgabe 8: Anwendungsszenarien von Kontrollflussmustern

Hans Wiwi und Nina Info fragen sich, warum Kontrollflussmuster definiert wurden. Nennen Sie zwei Anwendungsszenarien für den Einsatz von Kontrollflussmustern, damit für die beiden das Anwendungsgebiet besser nachvollziehbar wird.

Aufgabe 9: Fehleridentifizierung bei Prozessfragmenten

Welche Probleme sind in den nachfolgend abgebildeten Prozessmustern zu erkennen? Beschreiben Sie diese.

a)

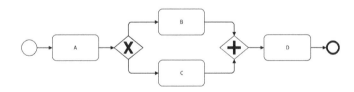

b)

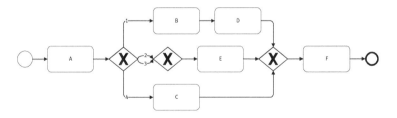

c)

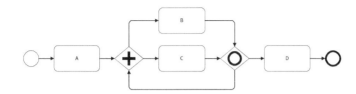

d)

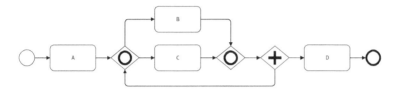

Aufgabe 10: Vergleich von Kontrollflussmustern

Bei der Betrachtung der Kontrollflussmuster sind Hans Wiwi und Nina Info die Unterschiede einiger Kontrollflussmuster nicht deutlich geworden. Helfen Sie den beiden bei der detaillierten Betrachtung der verschiedenen Kontrollflussmuster.

a) Erläutern Sie den Unterschied zwischen den Kontrollflussmustern Synchronization (Pattern 3) und Multi-Merge (Pattern 8) anhand eines Beispiels.

b) Erläutern Sie den Unterschied zwischen dem Kontrollflussmuster Exclusive Choice (Pattern 4) und Deferred Choice (Pattern 16) anhand eines Beispiels.

c) Erläutern Sie den Unterschied zwischen dem Kontrollflussmuster Parallel Split (Pattern 2) und Multi-Choice (Pattern 6) anhand eines Beispiels.

Aufgabe 11: Zustandsbasierte Kontrollflussmuster

Die zustandsbasierten Kontrollflussmuster sind für Nina Info nicht ganz nachvollziehbar, so dass sie Hans Wiwi fragt, ob er diese noch einmal zusammenfassen könne. Helfen Sie Hans Wiwi bei der Zusammenfassung der zustandsbasierten Kontrollflussmuster.

Aufgabe 12: Modellierung eines Schadenfalls und Identifikation von Mustern

Auf der Internetpräsenz einer Versicherung findet sich die folgende Beschreibung zur Bearbeitung von Versicherungsfällen mit Fahrzeugen:

„Sobald ein Antrag für eine Schadenserstattung eingeht, wird eine entsprechende Akte ange-
legt. Anschließend wird der Antrag in eine von zwei Klassen eingeordnet: Einfacher Antrag
oder komplexer Antrag. Wenn es sich um einen einfachen Antrag handelt, wird lediglich der
Versicherungstyp überprüft. Bei einem komplexen Antrag wird hingegen sowohl der Versicherungstyp als auch die Schadenshöhe parallel überprüft. Nach der Antragsüberprüfung wird eine Bewertung vorgenommen, die zu einem positiven oder negativen Ergebnis führen kann.
Sollte die Bewertung positiv ausfallen, wird eine Werkstatt für die Reparatur autorisiert und die
Zahlung der Schadenssumme daraufhin veranlasst. In jedem Fall (also unabhängig von einer
positiven oder negativen Bewertung) wird der Kunde postalisch über den Fortschritt seines Antrags informiert. Der Kunde kann während des gesamten Prozesses Einzelheiten seines Antrags
ändern. Eine Überprüfung einer solchen Änderung findet zum einen vor der Zahlung der Schadenssumme statt. Dann wird der Antrag erneut klassifiziert und der Prozess wird ab dieser Aktivität wiederholt. Zum anderen findet eine Prüfung nach der Zahlung, aber vor dem Versenden
des Briefes an den Kunden, statt. Sollte eine Änderung aufgetreten sein, wird die Zahlung ge-
stoppt und der Prozess wird ab der Klassifizierung des Antrags erneut durchgeführt."

Visualisieren Sie diesen Sachverhalt mit einer grafischen Notation. Verwenden Sie
hierzu passende Kontrollflussmuster.

Aufgabe 13: Beschriftung von Geschäftsprozessmodellen

Zur Modellierung von Geschäftsprozessen gehören auch die passende Beschriftung
und Visualisierung der grafischen Elemente. Die Beschriftung lässt dem Gestalter
einen gewissen Handlungsspielraum. So können für die Beschriftung gleicher Sachverhalte Synonyme, verschiedene grammatikalische Formulierungen und unterschiedliche Detailstufen gewählt werden. Um beispielsweise Mehrdeutigkeiten zu
verhindern, sollten spezielle Konventionen für die Beschriftung beachtet werden.

a) Welche weiteren Kriterien neben der oben genannten Verhinderung von
   Mehrdeutigkeiten können die Wahl der Beschriftungskonvention beeinflussen?

b) Überlegen Sie sich für die grafischen Elemente Aktivität, Ereignis, Entscheidung, Rolle und Ressource sinnvolle Beschriftungsregeln.

c) Welche Beschriftungskonventionen, unabhängig von einzelnen grafischen
   Elementtypen (d. h. elementübergreifend), sollten des Weiteren beachtet
   werden?

Aufgabe 14: Geschäftsprozessmodell und XML

Zur Erleichterung des Transfers von Geschäftsprozessmodellen zwischen verschiedenen Softwarewerkzeugen kann beispielsweise XML als Austauschformat verwendet werden.

a) Wieso eignet sich XML besonders gut als Dokumentenaustauschformat in
   überbetrieblichen Geschäftsprozessen?

b) Nennen Sie bekannte textuelle Prozessmodellierungssprachen und deren jeweilige Standardisierungsgremien. Diskutieren Sie Gründe und die Motivation von Unternehmen und Institutionen, sich an solchen Standardisierungsgremien zu beteiligen.

2.3 Lösungen

Lösungsvorschlag zu Aufgabe 7: Modellierung

WELCHE ZIELE WERDEN MIT DER MODELLIERUNG VERFOLGT?
- Hilfsmittel zum Verstehen eines Systems
- Anforderungsspezifikation zur Gestaltung eines Systems
- Analyse von Eigenschaften, die am Original nicht oder nur schwer untersucht werden können
- Grundlage zur Kommunikation zwischen
  - Mensch und Maschine
  - Maschinen
  - Menschen

WELCHE UNTERSCHIEDLICHEN ASPEKTE EINES INFORMATIKSYSTEMS KÖNNEN MODELLIERT WERDEN?
Abhängig von der konkreten Aufgabe bzw. dem konkreten Modellierungszweck können:
- Statische (strukturelle) Aspekte
  - Objekte
  - Beziehungen
  - Ressourcen
- Dynamische Aspekte
  - Aktivitäten und Kontrollflüsse
  - Zeitaspekte
  - Ausnahmen
- Organisationale Aspekte
  - Rollen und Strukturen (Verantwortlichkeiten, etc.)
  - Kommunikationswege/Geschäftsregeln
- Qualitäts-/Sicherheitsaspekte
modelliert werden.

WELCHE HERAUSFORDERUNGEN STELLEN SICH BEI DER MODELLIERUNG?
- Beherrschung der Modellkomplexität
- Wahl des richtigen Abstraktionsgrades
- Umgang mit Änderungen des Originals
- Prüfung auf Vollständigkeit der relevanten Aspekte
- Sammlung der relevanten Informationen
- Umgang mit widersprüchlichen Informationsquellen
- Standardisierung und Versionierung von Modellierungssprachen

VORGEHEN BZW. DIE SCHRITTE ZUR MODELLIERUNG:

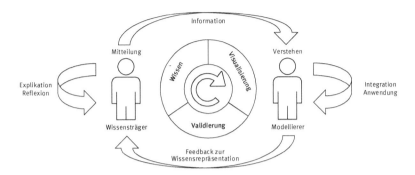

In Anlehnung an [Seid03]

Lösungsvorschlag zu Aufgabe 8: Anwendungsszenarien von Kontrollflussmustern

Mögliche Anwendungsszenarien für Kontrollflussmuster:
- Vergleich der Ausdrucksmächtigkeit von Modellierungssprachen für Geschäftsprozesse
- Überprüfung der Anforderungen zur Implementierung des Modells mittels Software

Lösungsvorschlag zu Aufgabe 9: Fehleridentifizierung bei Prozessfragmenten

a) Es liegt ein Modellierungsfehler vor, da Aufgabe D niemals ausgeführt werden kann. Es wird entweder Aufgabe C oder Aufgabe B ausgeführt, da eine exklusive Auswahl vorliegt. Die Synchronisation wartet jedoch darauf, dass die beiden Aufgaben B und C ausgeführt wurden. Dementsprechend stockt der Ablauf bei der Synchronisation.

b) Es liegt wahrscheinlich ein Modellierungsfehler vor, da die Komplexität des Modells unnötig erhöht wird. Die Verzweigungen 2 und 3 führen beide zur Ausführung der Aufgabe E, daher ist es unklar, warum zwischen Pfad 2 und 3 unterschieden wird. Eine Unterscheidung könnte nur aus dem Verhalten des Prozesses deutlich werden.

c) Es liegt ein Modellierungsfehler vor, da verschiedene Aufgaben des Prozesses nie ausgeführt werden. Der Parallel Split kann wegen des eingehenden Pfades aus dem Multi-Choice nie ausgeführt werden. Dementsprechend können die Aufgaben B, C und D nie ausgeführt werden.

d) Es liegt wahrscheinlich ein Modellierungsfehler vor, da der Prozess nie endet. Der Parallel Split führt dazu, dass Aufgabe B bzw. Aufgabe C immer wieder ausgeführt werden kann. Auch Aufgabe D kann daher beliebig oft ausgeführt werden.

Lösungsvorschlag zu Aufgabe 10: Vergleich von Kontrollflussmustern

Detaillierte Informationen zu den entsprechenden Kontrollflussmustern können aus www.workflowpatterns.com oder [Wesk12] entnommen werden.

a) BESCHREIBUNG (PATTERN 3): Synchronisation von zwei oder mehr Zweigen in einen nachfolgenden Zweig, so dass der Kontrollfluss entlang des nachfolgenden Zweigs ausgeführt wird.

BEISPIEL:
- Die beiden Aktivitäten „Bestellnummer herausschreiben" und „Bezeichnung notieren" werden mit der Aktivität „Bestellformular ausfüllen" synchronisiert.
- Die Aktivität „Warenversand" wird unmittelbar nach der „Verpackung" und der „Rechnungserstellung" ausgeführt.

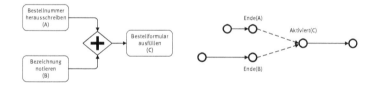

BESCHREIBUNG (PATTERN 8): Die Zusammenführung zweier oder mehrerer Zweige in einen einzelnen Folgezweig. Jede Aktivierung eines eingehenden Zweiges resultiert in der ungehinderten Weitergabe des Kontrollflusses an den Folgezweig. Es können mehrere eingehende Zweige gleichzeitig aktiviert werden.

BEISPIEL:
- Die Aktivitäten „Material bestellen" und „Arbeiter buchen" finden nebenläufig zueinander statt. Wenn jede Aktivität beendet wurde, beginnt für jede Aktivität die „Qualitätssicherung" und beendet diesen Kontrollflusszweig.

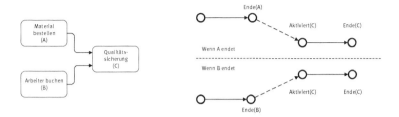

b) BESCHREIBUNG (PATTERN 4): Verzweigung in zwei oder mehr Zweige. Sobald die Eingangsaktivität durchgeführt wurde, wird genau ein ausgehender Zweig aktiviert.

BEISPIEL:
- Auf die Aktivität „Bestellung klassifizieren" folgen alternativ die Aktivitäten „Neukundenbestellung bearbeiten" oder „Bestandskundenbestellung bearbeiten".
- Nachdem die Überprüfung der Präsidentenwahl abgeschlossen ist, wird entweder das Resultat verkündet oder eine Nachzählung der abgegebenen Stimmen angeordnet.

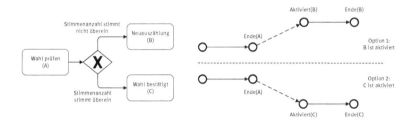

BESCHREIBUNG (PATTERN 16): Analog zum Pattern 4 (Exclusive Choice). Im Gegensatz dazu wird die Entscheidung zum spätesten möglichen Zeitpunkt festgelegt.

BEISPIEL:
- Wenn der Kunde den Versand eines Airbags wünscht, kann der Versand entweder über einen Kurierfahrer oder über die Post erfolgen, abhängig davon, wer den Versand als erstes bestätigt.

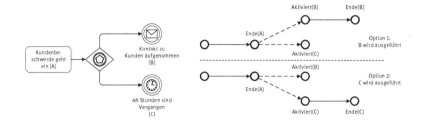

c) BESCHREIBUNG (PATTERN 2): Verzweigung in zwei oder mehr parallele Zweige, die alle nebenläufig zueinander ausgeführt werden.

BEISPIEL:
- Der Aktivität „Bestellung annehmen" folgen die nebenläufigen Aktivitäten „Auftrag erfassen" und „bestellte Artikel entnehmen".
- Nach der Aktivität „Einschreibung erfassen" führe die Aktivitäten „Lege Studentenprofil an" und „Stelle Bestätigung aus" nebenläufig aus.

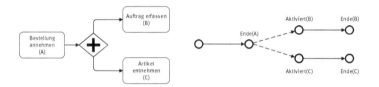

BESCHREIBUNG (PATTERN 6): Verzweigung in einen oder mehrere Zweige. Wenn die eingehende Aktivität aktiviert wird, werden abhängig von den Eigenschaften der eingehenden Aktivität ein oder mehrere Zweige aktiviert.

BEISPIEL:
- Abhängig von der Art des Notrufs werden Polizeifahrzeuge und/oder Krankenwagen gerufen.

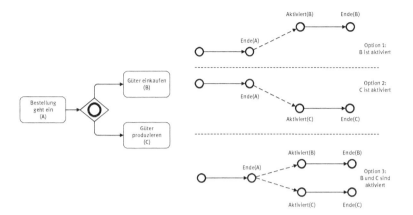

Lösungsvorschlag zu Aufgabe 11: Zustandsbasierte Kontrollflussmuster

Zu den zustandsbasierten Kontrollflussmustern zählen Deferred Choice (Pattern 16), Interleaved Parallel Routing (Pattern 17), Milestone (Pattern 18), Critical Section (Pattern 39) und Interleaved Routing (Pattern 40). Detaillierte Informationen zu den entsprechenden Kontrollflussmustern können aus www.workflowpatterns.com oder [Wesk12] entnommen werden.

BESCHREIBUNG (PATTERN 16): Analog zu Pattern 4 (Exclusive Choice). Im Gegensatz dazu wird die Entscheidung zum spätesten möglichen Zeitpunkt festgelegt.

BEISPIEL:
– Wenn der Kunde den Versand eines Airbags wünscht, kann der Versand entweder über einen Kurierfahrer oder über die Post erfolgen, abhängig davon, wer den Versand als erstes bestätigt.

BESCHREIBUNG (PATTERN 17): Eine Menge von Aktivitäten, die in einer beliebigen Reihenfolge auszuführen sind. Bei der Abarbeitung der einzelnen Aktivitäten ist darauf zu achten, dass niemals mehrere Aktivitäten parallel ausgeführt werden.

BEISPIEL:
– Zur Versendung einer Ware müssen die Aktivitäten „Ware verpacken" und „Rechnung vorbereiten" abgeschlossen sein. Die Aktivität „Rechnung vorbereiten" kann jederzeit ausgeführt werden, aber nicht gleichzeitig zur Aktivität „Ware verpacken".

BESCHREIBUNG (PATTERN 18): Eine Aufgabe ist nur ausführbar, wenn sich die Prozessinstanz in einem bestimmten Zustand befindet. Alternativ: Eine Aktivität kann erst begonnen werden, sobald ein bestimmter Meilenstein erreicht und nicht wieder verlassen wurde.

BEISPIEL:
- Manche Fluglinien erlauben die Änderung der Flugbuchung bis spätestens 48h vor Abflug.

BESCHREIBUNG (PATTERN 39): Es existieren mehrere Teilbereiche, die kritisch sind und daher können jeweils nur Aufgaben aus einem kritischen Bereich ausgeführt werden. Aufgaben aus einem anderen kritischen Bereich können erst ausgeführt werden, wenn der vorherige kritische Bereich beendet wurde.

BEISPIEL:
- Die Kautions- und Versicherungszahlungen bei der Buchung eines Ferienhauses benötigen das Kreditkartenabbuchungsterminal, so dass nur einer der beiden Zahlungen ausgeführt werden kann.

BESCHREIBUNG (PATTERN 40): Jede Aufgabe aus einer Gruppe von Aufgaben muss ausgeführt werden, dabei ist die Reihenfolge der Ausführung irrelevant, jedoch dürfen die Aufgaben nicht nebenläufig, sondern nur sequentiell innerhalb der Gruppe ausgeführt werden.

BEISPIEL:
- Das Aufwärmprogramm eines Sportlers besteht aus dem Dehnen der Arme, Beine und Schulter. Die Reihenfolge der Übungen ist irrelevant und die nebenläufige Ausführung ist nicht möglich.

Lösungsvorschlag zu Aufgabe 12: Modellierung eines Schadensfalls und Identifikation von Mustern

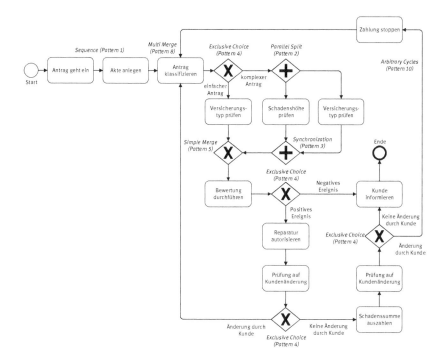

Lösungsvorschlag zu Aufgabe 13: Beschriftung von Geschäftsprozessmodellen

a) Mögliche Kriterien:
   - Nützlichkeit
   - Verständlichkeit
   - Passgenauigkeit zur Zielgruppe
   - Vertrautheit (fachlich/technisch)
   - Homogener Aufbau (Gleichartigkeit)
   - Textlänge (Platz, Minimalität)
   - Kontext
   - Maschinenlesbarkeit
   - Sprache

b) Mögliche Beschriftungsregeln
   - Aktivität
     - Objekt und Verb, z. B. Formular ausfüllen, Antrag prüfen
     - Kompositum und Verb, z. B. Formularüberarbeitung

- deverbales Substantiv (Verb zu einem Substantiv konjugiert, z. B. "Erfassung von Anfragen" vs. "Anfrage erfassen") und Substantiv (Genitivattribut), z. B. Klassifikation der Briefe
- Ausformulierte Sätze, z. B. „Die Formulare müssen ausgefüllt werden"
- Reine Substantivformen, z. B. Antwort an Benutzer
- Ereignis
  - Ein Substantiv
  - Start, Ende
  - (Objekt und) Vergangenheitsform eines Verbs (elliptisch), z. B. Bestellung aufgenommen, beendet, Bestellung eingetroffen
  - (Objekt und) Adjektiv (elliptisch), z. B. bereit, Herdplatte heiß, Licht an
  - Sobald-Bedingungen, z. B. „Sobald Herdplatte heiß"
- Entscheidung/Bedingung
  - Zustand/Objekt mit Vergleich oder wenn, falls, ja, nein, ok, Passagieranzahl < 10
  - Wenn Herdplatte heiß
- Rolle
  - Substantiv der Fähigkeitsbeschreibung, z. B. Verkäufer, Manager
  - Substantiv der Funktion Verkauf, Management
- Ressource
  - Eigennamen/Produktname
  - Z. B. Frau Meier, Farbdrucker 5

c) Weitere Beschriftungskonventionen
  - Sprache, z. B. Deutsch, Englisch
  - Zeitformen
  - Aktiv-/Passivformen (Chauffeur fährt Auto bzw. Auto wird von Chauffeur gefahren)
  - Nutzung von vorgegebenen Wörterbüchern
    - Verringerung von Synonymen, evtl. Vermeidung von Homonymen
    - Häufige Satzkonstruktionen vorgeben, z. B. Auto ist zu fahren, Auto muss gefahren werden
  - Umgang mit Abkürzungen
  - Definierte Textsymbole („>" statt größer als)
    - Unnötige Verneinung (negierte Antonyme, z. B. nicht kalt oder nicht größer als) vermeiden
  - Mehrfachnennung

Lösungsvorschlag zu Aufgabe 14: Geschäftsprozessmodell und XML

a) XML als Austauschformat:
    –   XML erlaubt eine selbstbeschreibende Definition von Daten(formaten).
    –   XML ist herstellerunabhängig.
    –   Es bestehen zahlreiche Methoden zur Verarbeitung von XML mit Software-Werkzeugen, da es ein maschinenlesbares Format ist.

b) Textuelle Modellierungssprachen:
    –   Web Services Business Process Execution Language (WSBPEL), das von der Organization for the Advancement of Structured Information Standards (OASIS) standardisiert wird.
    –   electronic business using Extensible Markup Language (ebXML), das vom World Wide Web Consortium (W3C) standardisiert wird.
    –   Extensible Markup Language (XML) Process Definition Language (XPDL). Die Standardisierung unterliegt der Workflow Management Coalition (WfMC).

Gründe und Motivation von Unternehmen zur Beteiligung an Standardisierungsaktivitäten:
    –   Einheitliche Kommunikation und Standards sind eine Erleichterung für alle Stakeholder.
    –   Fehler und Unzulänglichkeiten können aktiv angegangen werden.
    –   Eigene Entwicklungen können in Standards einfließen oder durch diese unterstützt werden.
    –   Mögliche Weiterentwicklungen sind frühzeitig bekannt.

3 Modellierungssprachen

3.1 Einführung

Zur Modellierung von Geschäftsprozessen können verschiedene Sprachen eingesetzt werden, unter anderen Ereignisgesteuerte Prozessketten (EPK) [KeNS92], Business Process Model and Notation (BPMN) [BPMN2.0.2], Unified Modeling Language (UML)-Aktivitätsdiagramme [UML2.5] oder (höhere) Petri-Netze [Petr62]. Vor der Wahl einer konkreten Modellierungssprache muss sich der Modellierer über die Anforderungen im Klaren sein, die die gewählte Modellierungssprache erfüllen soll [Ober96]. In der folgenden Tabelle werden Anforderungen an Modellierungssprachen beispielhaft aufgelistet:

Tab. 3.1: Anforderungen an Modellierungssprachen

Ausdrucksmächtigkeit	– Um alle relevanten Aspekte mit adäquaten und angemessenen Modellierungskonstrukten zu modellieren
Erweiterbarkeit	– Um später benötigte Konstrukte hinzuzufügen
Dynamische Anpassbarkeit	– Zur Reaktion auf veränderte Rahmenbedingungen
Wiederverwendbarkeit	– Zur Vermeidung aufwändiger Neuentwicklungen
Offenheit	– Zur Integration von existierenden und neuen Modellen
Einfachheit, Verständlichkeit	– Zum leichten Erlernen der Sprache – Zur leichten Verwendung der Sprache
Formalisierungs- bzw. Präzisierungsgrad	– Zur flexiblen Anpassbarkeit an das Ziel der Modellierung – Zur flexiblen Anpassbarkeit an die Zielgruppe des Modells
Visualisierungsmöglichkeit	– Zur graphischen Darstellung (leichte Handhabbarkeit, Lesbarkeit, Abstraktion) – Für unterschiedliche Sichten mit angemessenem Detaillierungsgrad und Modularisierbarkeit
Entwicklungsunterstützung	– Zur methodischen Unterstützung für die Modellierung – Zur Werkzeugunterstützung
Analysierbarkeit bzw. Ausführbarkeit/Simulierbarkeit	– Zur Validierung, Verifizierung und Leistungsbewertung – Zur formalen Repräsentation und Konsistenz des Modells – Zur Analyse anwendungsbezogener Aspekte, wie Durchlaufzeiten, Reaktionszeiten, etc.

Unabhängigkeit von einem Unter-nehmen	– Zur universellen Verwendung sollte idealerweise ein unab-hängiges Standardisierungsgremium vorliegen

3.1.1 Ereignisgesteuerte Prozesskette (EPK)

Die Ereignisgesteuerte Prozesskette (EPK, engl. Event-driven Process Chain (EPC)) ist eine grafische, semi-formale Modellierungssprache, welche von August-Wilhelm Scheer mit Mitarbeitern entwickelt wurde, mit dem Ziel ein einfaches und intuitives Verfahren zur Visualisierung von Geschäftsprozessen zu entwickeln [KeNS92]. Es existieren zahlreiche Ansätze in der Literatur, die die Modellierungssprache formalisieren [MeNü03; Kind06; Ritt99]. Durch die Zusammenarbeit mit SAP und die Integration in das SAP-Referenzmodell [Kell99] fanden EPK insbesondere in der Praxis eine weite Verbreitung [NüRu02]. Die Hauptkonstrukte einer EPK sind Ereignisse, Funktionen und drei Verknüpfungsoperatoren (XOR, AND, OR). Neben Knoten haben EPKs Kanten, die Ereignisse mit Funktionen und Funktionen mit Ereignissen verbinden.

Tab. 3.2: Modellierungselemente - Ereignisgesteuerte Prozesskette (EPK)

Modellierungselemente	Beschreibung
Ereignis	– Passive Komponente, die Funktionen auslöst und Ergebnis von Funktionen sind – Repräsentiert Zustand eines Informationsobjektes – Beispielelementnamen: Kundenauftrag ist eingetroffen, Bedarfsanforderung ist entstanden
Funktion	– Aktive Komponente, die üblicherweise Zeit verbraucht – Besitzt Entscheidungskompetenz über den weiteren Ablauf – Hat Zugriff auf Daten (z. B. konsumieren, transformieren, produzieren) – Beispielelementnamen: Anforderung bearbeiten, Auftragsdaten erfassen
XOR V ∧	– Die beiden Grundelemente Ereignis und Funktion werden direkt oder durch Verknüpfungsoperatoren verbunden – Es werden drei Verknüpfungsoperatoren unterschieden: AND-, OR- und XOR-Verknüpfungen
⟶	– Abhängigkeit zwischen Ereignis und Funktion – Beschreibt den Kontrollfluss

Die Grundregeln der EPK-Modellierung sind:

1) Jede EPK beginnt mit einem Startereignis (oder mehreren) und wird mit einem Endereignis (oder mehreren) abgeschlossen. Eine Ausnahme ist der Verweis auf eine andere EPK (Prozesswegweiser).

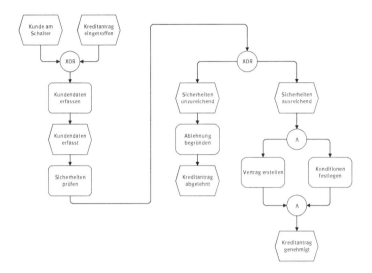

2) Ereignisse und Funktionen haben jeweils genau eine Ausgangs- und Eingangskante. Der Kontrollfluss verzweigt und vereinigt sich nur an Konnektoren.

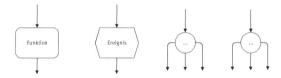

3) Jede Kante verbindet zwei Knoten von jeweils unterschiedlichem Typ (Ausnahme: Konnektor darf auf Konnektor folgen).

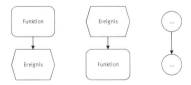

4) Alle Ein- und Ausgänge der Konnektoren sind vom gleichen Typ.

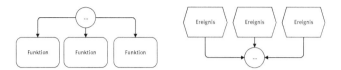

5) Für Ereignisse und Funktionen gibt es Verknüpfungsregeln:

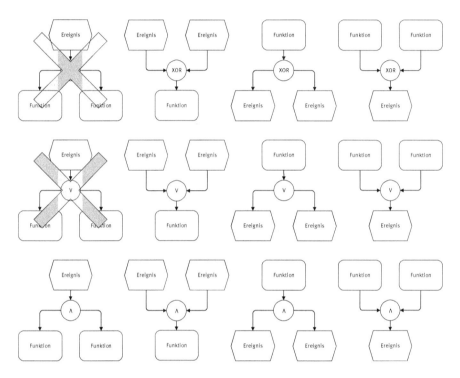

6) Konnektoren verbinden stets Ereignisse mit Funktionen bzw. Funktionen mit Ereignissen

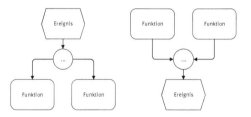

Es existieren zahlreiche Varianten der Ereignisgesteuerten Prozesskette, wie die erweiterte Ereignisgesteuerte Prozesskette (eEPK) [KeTe97] oder auch die objektorientierte Ereignisgesteuerte Prozesskette (oEPK) [ScNZ97] (weitere Ausführungen dazu

sind z. B. in [Rose96; LoAl98; NüFZ98] zu finden). Beispielsweise können mit Hilfe der eEPK Organisationseinheiten/Zuständigkeiten und Informationen/Material/Dokumente sowie Prozesswegweiser modelliert werden. Die nachfolgende Abbildung visualisiert die eEPK Konstrukte an einem einfachen Beispiel.

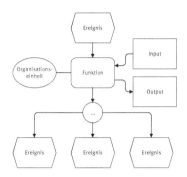

Abb. 3.1: Beispiel - Erweiterte Ereignisgesteuerte Prozesskette (eEPK)

3.1.2 Business Process Model and Notation (BPMN)

Die Business Process Model and Notation, kurz BPMN, ist eine grafische Modellierungssprache, welche nicht nur die Geschäftsprozessmodellierung, sondern auch die Prozessimplementierung unterstützt. Dementsprechend wurde die Modellierungssprache mit dem Ziel konzipiert, dass die Notation für alle Anwendergruppen leicht verständlich ist, d. h. von den Analysten, die erste Entwürfe erstellen, über die technischen Entwickler, die für die Implementierung verantwortlich sind, bis hin zu den Managern, die die Prozesse verwalten und überwachen. Die BPMN wird in fünf Basiskategorien unterteilt:

Tab. 3.3: Basiskategorien - Business Process Model and Notation (BPMN)

Basiskategorie	Modellierungselemente			
Flussobjekte:	Aktivität	Ereignis	Gateway	
Daten:	Datenobjekt	Datenspeicher	Dateninput	Datenoutput
Verbindungsobjekte:	Sequenzfluss	Nachrichtenfluss	Assoziation	Datenassoziation

Basiskategorie	Modellierungselemente
Swimlanes:	
Artefakte:	

Ein Geschäftsprozess kann aus unterschiedlichen Perspektiven mittels verschiedener BPMN-Diagrammtypen modelliert werden, namentlich als Prozess, Choreographie, Kollaboration und Konversation. Das Prozessdiagramm kann weiter in öffentliche sowie private interne (nicht-)ausführbare Geschäftsprozesse untergliedert werden. Die privaten internen Geschäftsprozesse beschreiben die Aktivitäten, Daten und Personen innerhalb eines Unternehmens. Im Kontext von Web Services wird hierbei auch von Orchestrierung der Services gesprochen. Ein interner Geschäftsprozess kann durch die Web Service - Business Process Execution Language (WSBPEL) [WSBPEL] beschrieben werden. Andernfalls ist der Prozess nicht IT-basiert ausführbar und wird dementsprechend zur Dokumentation verwendet. Öffentliche Prozesse stellen die Interaktion von privaten Prozessen mit anderen Prozessen oder Stakeholdern dar, wobei nur diejenigen Aktivitäten, Daten und Personen dargestellt werden, die für die Kommunikation mit den anderen Prozessen oder Stakeholdern benötigt werden. Weiterführend kann das Choreographie-Diagramm für die Modellierung des Nachrichtenaustausches verschiedener Partner, unabhängig von den einzelnen Prozessen dieser Partner, verwendet werden. Das Kollaborationsdiagramm zeigt das Zusammenspiel verschiedener Stakeholder mit Hilfe von Pools und Nachrichtenflüssen, wobei ein Kollaborationsdiagramm wiederum Prozessdiagramme und/oder Choreographie-Diagramme enthalten kann. Für die informelle Darstellung der logischen Beziehung des Nachrichtenaustausches der diversen Partner einer Kollaboration kann das Konversationsdiagramm verwendet werden.

Tab. 3.4: Diagrammtypen - Business Process Model and Notation (BPMN)

Diagrammtyp	Beschreibung
Kollaboration	– Abbildung der Kommunikation verschiedener Partner (engl. Participants) durch den Nachrichtenaustausch (Pool und Nachrichtenfluss) – Ein Partner kann mehrere Teilnehmer (Lanes) haben und wird durch einen Prozess beschrieben
Prozess	– Reihenfolge der Interaktionen bzw. Beschreibung der einzelnen Aktivitäten innerhalb eines Partners

Diagrammtyp	Beschreibung
Choreographie	– Abbildung der Kommunikation verschiedener Partner – Nachrichtenaustausch wird unabhängig von den Prozessen der einzelnen Partner dargestellt und ermöglicht somit eine andere Sicht auf eine Kollaboration
Konversation	– Vogelperspektive für das Kommunikationsverhalten der Partner – Beschreibt einen mehrfach logisch zusammengehörigen Nachrichtenaustausch

Eine ausführliche Darstellung zu BPMN findet sich in [FrRü16], so dass nachfolgend die Modellierungselemente nur überblickartig veranschaulicht werden.

Tab. 3.5: Modellierungselemente - Business Process Model and Notation (BPMN)

Modellierungselement	Beschreibung
Aktivität	– Arbeitsschritt innerhalb eines Geschäftsprozesses – Kann atomar sein oder eine Vergröberung/Verfeinerung darstellen
Ereignis	– Tritt zu Beginn, im Verlauf oder am Ende eines Geschäftsprozesses auf und hat eine Ursache oder eine Wirkung – Im Allgemeinen erfordert oder ermöglicht ein Ereignis eine Reaktion
Gateway	– Können einen Kontrollfluss verzweigen/aufspalten oder zusammenführen/synchronisieren
Datenobjekt	– Kann zur Modellierung von Daten unabhängig von ihren physikalischen Eigenschaften verwendet werden – Kann in analoger oder digitaler Form vorliegen und Daten bzw. auch Datensätze beinhalten
Pool / Lane 1 / Lane 2	– Ein Pool und eine Lanes repräsentiert die Verantwortlichkeit für eine Aktivität – Ein Pool oder eine Lane können eine Organisation, eine Rolle oder ein System repräsentieren – Es besteht die Möglichkeit, private und öffentliche Pools zu modellieren – Die Reihenfolge des Informationsaustausches wird mittels der Nachrichtenflüsse visualisiert

Modellierungselement	Beschreibung
Sequenzfluss Nachrichtenfluss Datenassoziation Assoziation	– Ein Sequenzfluss definiert die Ausführungsreihenfolge von Aktivitäten – Ein Nachrichtenfluss symbolisiert den Informationsaustausch über organisatorische Grenzen hinweg – Eine Datenassoziation verknüpft Datenelemente mit Aktivitäten, Prozessen oder Aufruf-Aktivitäten – Eine Assoziation verknüpft ein Kompensationsereignis mit einer Kompensationsaktivität und visualisiert die Beziehung zwischen Artefakten und anderen Modellierungselementen

Das nachfolgende Geschäftsprozessmodell wendet die Konstrukte der BPMN an.

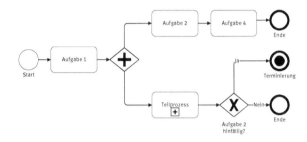

Abb. 3.2: Beispiel - Business Process Model and Notation (BPMN)

3.1.3 Unified Modeling Language (UML) – Aktivitätsdiagramm

Die Unified Modeling Language (UML) ist eine grafische Sprache zur Spezifikation, Konstruktion und Dokumentation von Eigenschaften eines Systems und kann für diverse Einsatzgebiete, wie beispielsweise im Gesundheits- und Finanzwesen, in der Telekomunikation sowie im Luft- und Raumfahrtbereich angewendet, aber auch als Implementierungssprache verwendet werden [UML2.4.1]. Die UML Version 1.0 wurde 1997 bei der Object Management Group (OMG) zur Standardisierung eingereicht, wodurch eine überarbeitete Version (Version 1.1) durch die OMG standardisiert wurde [Booc99], die Version 2.0 wurde im Jahr 2005 veröffentlicht [UML2.5]. Zusätzlich wurden die UML Versionen 1.4.2 [ISO19501] sowie Version 2.4.1 [ISO19505a; ISO19505b] durch die International Organization for Standardization (ISO) standardisiert. Die aktuelle UML Version ist die Version 2.5 [UML2.5] mit dem Ziel, ein einheitliches und lesbares Dokument zu schaffen [OeSc13]. Die Spezifikationsversion 2.5 [UML2.5] umfasst 14 Diagrammtypen und kann in Struktur- und Verhaltensdiagramme untergliedert werden. Die Strukturdiagramme illustrieren die statische Struktur von Objekten, d. h. unabhängig von der Systemdynamik. Die Verhaltensdiagramme bilden das dynamische Verhalten von Objekten in einem System ab [UML2.5].

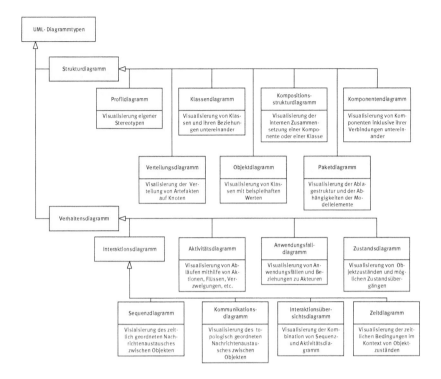

Abb. 3.3: UML-Diagrammtypen im Überblick

Ein Aktivitätsdiagramm besteht zunächst aus einer Aktivität (engl. Activity), die das Verhalten von untergeordneten Einheiten beschreibt und selbst durch einen Namen beschrieben werden muss, wie beispielsweise "Rechteckfläche berechnen". Des Weiteren kann eine Aktivität Ein- (z. B. Höhe und Breite) und Ausgangsparameter (z. B. Fläche) aufweisen (vgl. Objektknoten), aber auch Vor- (z. B. Breite ≥ 0 und Höhe ≥ 0) und Nachbedingungen (z. B. Fläche ≥ 0), wie die nachfolgende Abbildung beispielsweise zeigt [RuQu12; UML2.5].

Abb. 3.4: UML-Aktivitätsdiagramm - Aktivität (In Anlehnung an [RuQu12])

Die Aktivität kann weiter durch Aktivitätsknoten (engl. Activity Nodes) spezifiziert und mit Hilfe von Aktivitätsgruppen (engl. Activity Groups) strukturiert werden. Aktivitätsknoten sind eine untergeordnete Einheit einer Aktivität und untergliedern sich in ausführbare Knoten (engl.: Executable Nodes), Kontrollknoten (engl.: Control Nodes) und Objektknoten (engl.: Object Nodes). Im Rahmen der Aktivitätsgruppe wird zwischen Aktivitätsbereich (engl. Activity Partitions) und Unterbrechungsbereich (engl. Interruptible Activity Regions) unterschieden. Die grafische Darstellung der Modellierungelemente wird in der Spezifikation nicht explizit vorgeschrieben, sondern es werden nur Darstellungsvorschläge gegeben, mit der Argumentation, dass die Möglichkeit bestehen soll, bereits etablierte Notationen in der entsprechenden Domäne zu verwenden. Für den logisch-kausalen Zusammenhang der diversen Modellierungelemente werden Kanten (engl. Edges) verwendet, dabei wird zwischen Kontroll- (engl.: Control Flow) und Objektflüssen (engl.: Object Flow) unterschieden. Eine ausführliche Darstellung zu den Aktivitätsdiagrammen findet sich in [OeSc13] oder in der UML-Spezifikation [UML2.5], so dass nachfolgend die Modellierungelemente nur überblickartig veranschaulicht werden:

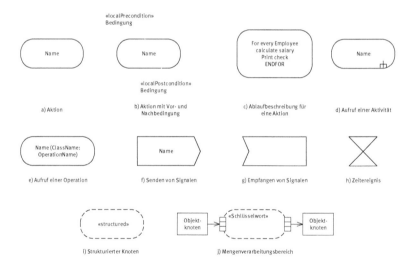

Abb. 3.5: UML-Aktivitätsdiagramm - Ausführbare Knoten

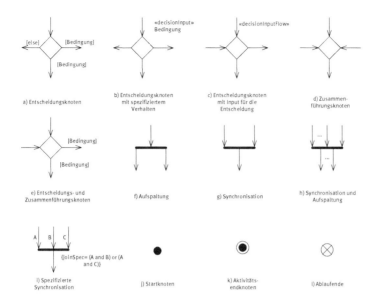

Abb. 3.6: UML-Aktivitätsdiagramm - Kontrollknoten

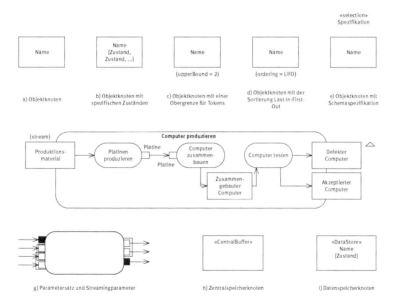

Abb. 3.7: UML-Aktivitätsdiagramm - Objektknoten

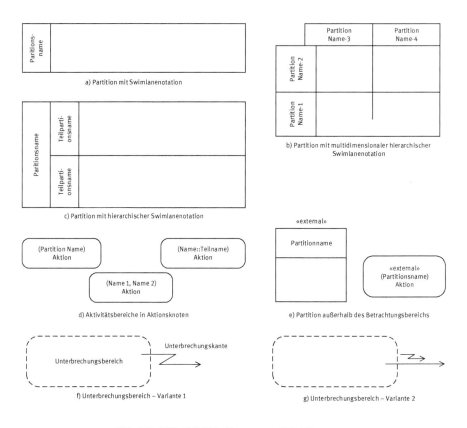

Abb. 3.8: UML-Aktivitätsdiagramm - Aktivitätsgruppe

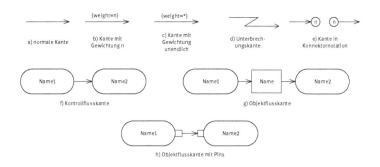

Abb. 3.9: UML-Aktivitätsdiagramm - Kanten

3.1.4 Petri-Netze

Das Konzept der Petri-Netze wurde 1962 von Carl Adam Petri in seiner Dissertation mit dem Titel „Kommunikation mit Automaten" [Petr62] am Institut für instrumentelle Mathematik in Bonn entwickelt. Petri-Netze werden heutzutage vielseitig eingesetzt, so beispielsweise um Geschäftsprozesse zu modellieren und zu simulieren. Dabei können auf der Grundlage des Konzeptes der Petri-Netze sequentielle, sich gegenseitig ausschließende sowie nebenläufige Aktivitäten modelliert werden, wofür lediglich drei Modellierungselemente erforderlich sind. Petri-Netze bestehen aus Stellen (engl. places), die als Kreise dargestellt werden, und aus Transitionen (engl. transitions), die als Rechtecke visualisiert werden. Die Stellen und Transitionen werden mit Kanten (engl. arcs) miteinander verknüpft, die die logisch-kausalen Zusammenhänge darstellen [Reis13]. Mithilfe von Stellen werden statische Aspekte dargestellt, wie beispielsweise das Vorhandensein von Dokumenten, Daten oder auch Ressourcen. Transitionen werden zur Darstellung der dynamischen Aspekte verwendet, das heißt der Aktivitäten oder lokalen Zustandsübergänge.

Petri-Netze kombinieren die Vorteile einer einfachen grafischen Darstellung von Geschäftsprozessen mit der formalen Semantik des beschriebenen Systemverhaltens. Durch Zuweisung von Marken zu Stellen können Systemzustände modelliert werden. Dabei wird in der Literatur begrifflich zwischen einem System und einem Netz differenziert. Ein System ergänzt ein Netz um Marken und damit um die Möglichkeit der Darstellung von Systemdynamik [Thia87; DeRe98; RoEn98]. Bei Bedingungs/Ereignis-Systemen (B/E-Systemen) kann höchstens eine Marke in einer Stelle vorliegen. Eine Verallgemeinerung bildet das Stellen/Transitions-System, welches allgemein als Petri-Netz-System bezeichnet wird und die Markenbeschränkung der Stellen aufhebt [Pete81]. Es können aber zusätzlich für die Stellen Kapazitäten sowie Kantengewichte eingeführt werden [Pete81; Reis90]. Nachdem die wesentlichen Grundzüge von Petri-Netzen genannt und erläutert wurden, werden Petri-Netze nun formal definiert.

Ein **Petri-Netz** (synonym: Netz) ist ein Tripel N = (S, T, F), mit S die Menge der Stellen, T die Menge der Transitionen und F die Flussrelation. Es gelten folgende Eigenschaften:
- S ∩ T = ∅, d. h. Stellen und Transitionen sind zwei disjunkte Mengen
- S ∪ T ≠ ∅, d. h. es gibt mindestens eine Stelle oder Transition
- F ⊆ (S × T) ∪ (T × S), d. h. die Flussrelation verbindet ausschließlich Stellen mit Transitionen und Transitionen mit Stellen.

[Petr76]

Weiterführend kann ein markiertes Petri-Netz bzw. ein Petri-Netz-System definiert werden, welches ein Petri-Netz ist, dessen Stellen Marken zugewiesen werden [Petr76]. Nach [Petr76] wird das Petri-Netz um die Funktion $M: S \to \mathbb{N}$ mit $\forall s \in S: M(s) \leq K(s)$ erweitert, so dass jeder Stelle eine nicht-negative Anzahl an Marken zugeordnet wird, die kleiner ist als die maximal zulässige Anzahl an Marken in der jeweiligen Stelle. Die maximal zulässige Markenanzahl in den Stellen wird durch die Kapazitätsfunktion $K: S \rightarrow \mathbb{N} \cup \{\infty\}$ festgelegt. Weiterhin können in Stellen/Transitions-Systemen Kantengewichte $W: F \rightarrow \mathbb{N}$ für die Kanten angegeben werden.

! Ein **Stellen/Transitions-System** (S/T-System) bzw. **Petri-Netz-System** ist ein 6-Tupel STS = (S, T, F, K, W, M_0), mit den Eigenschaften:
- (S, T, F) ist ein Petri-Netz
- $K: S \rightarrow \mathbb{N} \cup \{\infty\}$, d. h. jeder Stelle wird eine Kapazität zugewiesen
- $W: F \rightarrow \mathbb{N}$, d. h. jeder Kante wird ein Kantengewicht zugeordnet
- $M: S \rightarrow \mathbb{N}_0$ mit $\forall s \in S: M(s) \leq K(s)$, d. h. jeder Stelle wird eine Anzahl an Marken zugeordnet, die kleiner sein muss, als die Kapazität der Stelle

[Baum90; Reis90]

In einem Bedingungs/Ereignis-System sind die Kapazitäten aller Stellen und die Gewichte aller Kanten auf 1 beschränkt. Eine Stelle repräsentiert somit eine Bedingung, die in einem Zustand entweder wahr (Marke in der Stelle) oder falsch (keine Marke in der Stelle) sein kann. Eine Transition stellt ein Ereignis dar, das jeweils eine Marke aus den Eingangsbedingungen entfernt und jeweils eine Marke in die Ausgangsbedingungen einfügt [Reis90].

Eine Zustandsänderung für ein System erfolgt durch das Schalten von Transitionen [Pete81; Reis90]. Bei Bedingungs/Ereignis-Systemen kann ein Ereignis stattfinden, wenn alle Eingangsbedingungen wahr bzw. markiert sind und alle Ausgangsbedingungen falsch bzw. unmarkiert sind. Wenn ein Ereignis stattfindet, werden in einem unteilbaren Schritt aus allen Eingangsbedingungen die Marken entnommen und allen Ausgangsbedingungen wird jeweils eine Marke hinzugefügt. Die Eingangsbedingungen werden als Vorbereich und die Ausgangsbedingungen als Nachbereich der jeweiligen Transition bezeichnet.

! Für eine Stelle oder Transition $x \in S \cup T$ eines Petri-Netzes N ist:
- $\bullet x := \{y \mid (y, x) \in F\}$ der **Vorbereich** von x
- $x \bullet := \{y \mid (x, y) \in F\}$ der **Nachbereich** von x

---

Bei einem Stellen/Transitions-System ist eine Transition für eine Markierung aktiviert bzw. kann schalten, wenn in jeder Stellen im Vorbereich der Transition die Anzahl der Marken größer ist, als das Gewicht der Kante von der jeweiligen Stelle zur Transition, und wenn gleichzeitig in jeder Stelle im Nachbereich Platz vorhanden ist zur Aufnahme von zusätzlichen Marken, entsprechend dem Gewicht der Kante der Transition zur jeweiligen Stelle. Die Schaltregel eines Stellen/Transitions-Systems wird formal wie folgt beschrieben:

Sei ein S/T-System $STS = (S, T, F, K, W, M)$ gegeben. Eine Transition $t \in T$ ist **aktiviert** unter der Markierung M, wenn gilt: ❗

- $\forall s \in {}^\bullet t: M(s) \geq W(s, t)$ und
- $\forall s \in t^\bullet: M(s) \leq K(s) - W(t, s)$

Falls eine Transition t unter der Markierung M aktiviert ist, kann t **schalten**. Das Schalten einer Transition t unter M überführt M in die Folgemarkierung M′, wie folgt:

$$M'(s) = \begin{cases} M(s) - W(s, t) & \text{falls } s \in {}^\bullet t \backslash t^\bullet \\ M(s) + W(t, s) & \text{falls } s \in t^\bullet \backslash {}^\bullet t \\ M(s) - W(s, t) + W(t, s) & \text{falls } s \in t^\bullet \cap {}^\bullet t \\ M(s) & \text{sonst} \end{cases}$$

[Baum90; Reis90]

Es kann zwischen einfachen und höheren Petri-Netzen unterschieden werden. Bei einfachen Petri-Netzen sind die Marken (dargestellt als schwarzer Punkt) anonym und haben keine individuellen Eigenschaften. Bei höheren Petri-Netzen, wie beispielsweise bei gefärbten Petri-Netzen [Jens91], werden den Marken Eigenschaften zugewiesen und die Marken sind dadurch unterscheidbar voneinander. Eine Variante höherer Petri-Netze sind die Prädikate/Transitions-Netze (Pr/T-Netze), die wie folgt definiert sind:

Ein Tupel $PTN = (S, T, F, KB, TI, M_0)$ wird **Prädikate/Transitionen-Netz** (Pr/T-Netz) genannt, wenn ❗
gilt:

- (S, T, F) ist ein Netz, wobei S als Menge von Prädikaten (Relationenschemata) mit veränderlichen Ausprägungen (Relationen) und T als Menge von Transitionenschemata interpretiert werden.
- KB beschriftet die Kanten aus F mit Mengen von Variablentupeln, deren Stelligkeit der Stelligkeit des inzidenten Prädikats entspricht.
- TI weist einer Teilmenge von Transitionen $T' \subseteq T$ einen prädikatenlogischen Ausdruck als Inschrift zu. Jede Variable in diesem Ausdruck muss in der Beschriftung einer zur jeweiligen Transition inzidenten Kante vorkommen.
- M_0 ist eine Markierung der Prädikate mit Mengen von konstanten Individuentupeln (Relationen) mit der dem Prädikat entsprechenden Stelligkeit.

In Anlehnung an [GeLa81]

Die Einführung in die Modellierungssprachen Ereignisgesteuerte Prozesskette, Business Process Model and Notation, UML – Aktivitätsdiagramm sowie Petri-Netze bildet nur einen Überblick zur Wiederholung. In den entsprechenden Abschnitten wird auf weiterführende Literatur verwiesen.

Lernziel: Mittels 99 Aufgaben sollen Modellierungsansätze kennengelernt, Prozessmodelle erstellt ℹ️
und Abläufe modelliert werden. Hierzu werden verschiedene Modellierungssprachen angewandt und

deren Besonderheiten herausgearbeitet. Weiterhin sollen Sie nach dem Üben dieser Aufgaben Regelverstöße erkennen und Prozesse in natürlicher Sprache beschreiben können.

3.2 Aufgaben

Aufgabe 15: Modellierungsansätze und Modellierungssprachen

Zur Modellierung von Abläufen und Objekten sowie deren Zusammenhängen in der realen Welt gibt es verschiedene Ansätze. Die Wahl eines Modellierungsansatzes ist davon abhängig, welcher konkrete Ausschnitt der realen Welt beschrieben werden soll.

a) Nennen Sie verschiedene Modellierungsansätze und geben Sie einen sinnvollen Einsatzbereich für jeden einzelnen Modellierungsansatz an.

b) Welche Anforderungen an Modellierungssprachen kennen Sie?

c) Nennen Sie Beispiele für Modellierungssprachen und ordnen Sie diese in die nachfolgende Matrix ein.

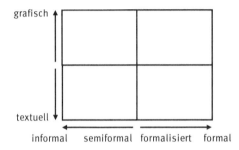

Aufgabe 16: EPK-Grundlagen

Sie sind mit EPK als Sprachen zur Geschäftsprozessmodellierung vertraut.

a) Beschreiben Sie die Grundelemente der EPK.

b) Welche Elemente wurden bei der erweiterten Ereignisgesteuerten Prozesskette (eEPK) hinzugefügt?

Aufgabe 17: EPK-Beschreibung einer Qualitätsanforderungsprüfung

Nachfolgend sehen Sie ein Geschäftsprozessfragment, welches mit Hilfe einer EPK modelliert wurde.

a) Beschreiben Sie das Geschäftsprozessfragment in natürlicher Sprache.

b) Werden alle Modellierungsregeln in dem Geschäftsprozessfragment eingehalten?

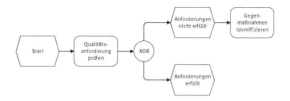

Aufgabe 18: EPK-Beschreibung zur Prüfungsanmeldung

Beschreiben Sie die Prüfungsanmeldung der folgenden EPK in natürlicher Sprache.

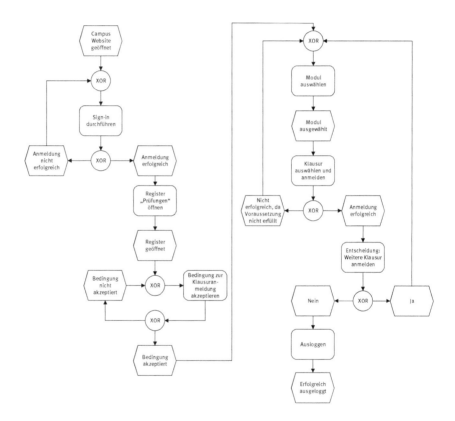

Aufgabe 19: EPK-Beschreibung zur Bearbeitung eines Auftrags in einem Unternehmen

Beschreiben Sie die in der folgenden EPK dargestellte Bearbeitung eines Auftrages in einem Unternehmen in natürlicher Sprache.

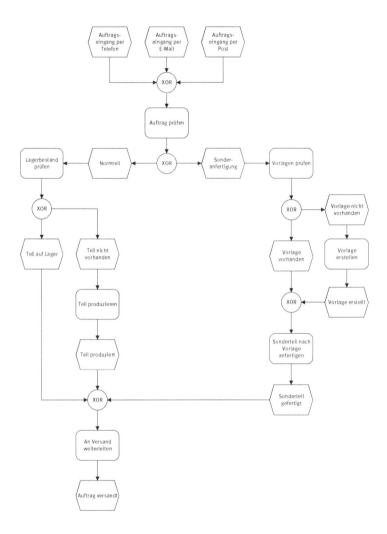

Aufgabe 20: EPK-Beschreibung zur Herstellung von Pfannkuchen

Beschreiben Sie die Herstellung von Pfannkuchen der folgenden EPK in natürlicher Sprache.

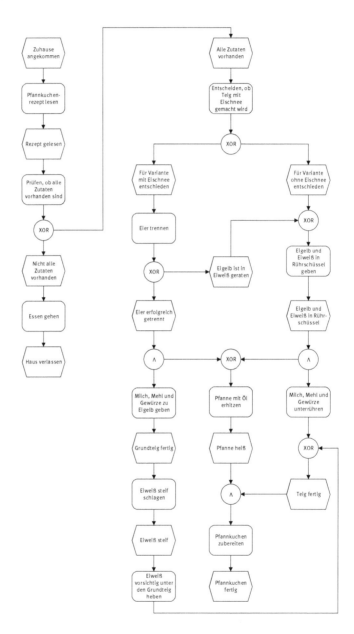

Aufgabe 21: EPK-Beschreibung zur Skontierung

Beschreiben Sie den Umgang mit einer vom Kunden vorgenommenen verspäteten Skontierung der folgenden EPK in natürlicher Sprache.

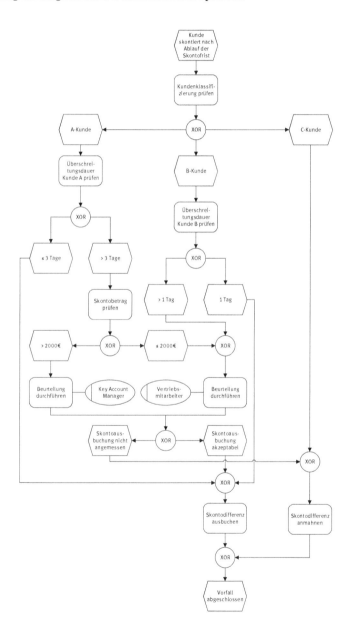

Aufgabe 22: EPK Multiple Choice

Welche der nachfolgenden Aussagen treffen nicht auf das jeweilige EPK-Modellfragment zu?

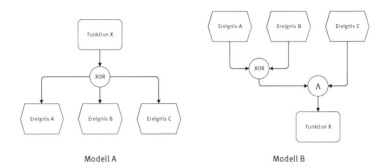

Modell A   Modell B

MODELL A:

1) Ereignis B kann erst auftreten, wenn Funktion X abgeschlossen ist.
2) Auf Funktion X folgt immer mindestens eines der Ereignisse A, B oder C.
3) Auf Funktion X folgen immer mehrere Ereignisse.
4) Auf Funktion X folgt immer genau Ereignis (A, B oder C).
5) In einem korrekten EPK-Modell muss nach einer XOR-Verzweigung immer mit einem Ereignis fortgefahren werden.

MODELL B:

1) Für die Ausführung der Funktion X ist es ausreichend, wenn eines der Ereignisse A oder B eintritt; Ereignis C muss aber in jedem Fall eintreten.
2) Wenn Funktion X ausgeführt wird, kann man daraus schließen, dass Ereignis B in jedem Fall aufgetreten ist.
3) Der Konnektor „logisches UND" bedeutet, dass die Ereignisse aus beiden Teilen bereits aufgetreten sein müssen bevor eine nachfolgende Funktion begonnen wird.

Aufgabe 23: EPK Multiple Choice

Bewerten Sie die nachfolgenden Aussagen auf ihre Richtigkeit.

1) Eine Ereignisgesteuerte Prozesskette ist ein ungerichteter Graph und besteht aus aktiven und passiven Komponenten.
2) Ereignisse besitzen stets eine Entscheidungskompetenz.
3) Funktionen sind aktive Komponenten, Ereignisse sind passive Komponenten.
4) Ereignisse können neben weiteren Ereignissen auch Funktionen auslösen.

5) Jede EPK beginnt mit mindestens einem Ereignis und endet mit mindestens einer Funktion.

6) Auf einen Konnektor darf ein Konnektor folgen.

7) Ein- und Ausgänge der Konnektoren müssen nicht zwangsläufig vom gleichem Typ sein.

8) Um ein syntaktisch korrektes EPK-Modell zu erstellen, müssen 5 der 6 Grundregeln der EPK-Modellierung befolgt werden.

Aufgabe 24: EPK Fehlerfinden Kundenbetreuung

Die nachfolgende erweiterte Ereignisgesteuerte Prozesskette enthält Modellierungsfehler. Verwenden Sie die Nummern aus dem Diagramm zur Fehlerbeschreibung.

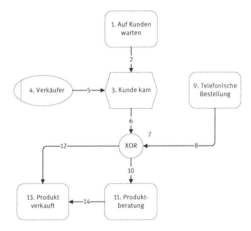

Aufgabe 25: EPK Fehlerfinden Bücher

Die nachfolgende erweiterte Ereignisgesteuerte Prozesskette enthält Modellierungs-fehler. Verwenden Sie die Nummern aus dem Diagramm zur Fehlerbeschreibung.

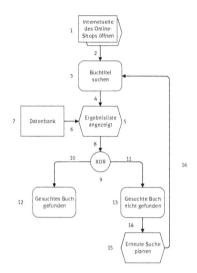

Aufgabe 26: EPK Fehlerfinden Bücherbestellung

Die nachfolgende erweiterte Ereignisgesteuerte Prozesskette enthält Modellierungsfehler. Welche der 6 Grundregeln zur EPK-Modellierung werden verletzt?

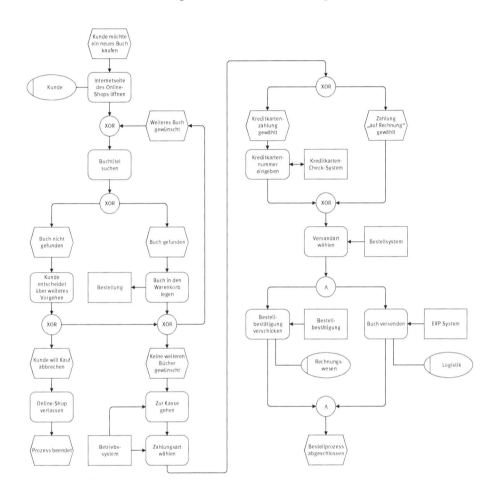

Aufgabe 27: EPK Fehlerfinden Angebotsanfrage

Die nachfolgende erweiterte Ereignisgesteuerte Prozesskette enthält Modellierungsfehler. Markieren Sie die Fehler im Diagramm.

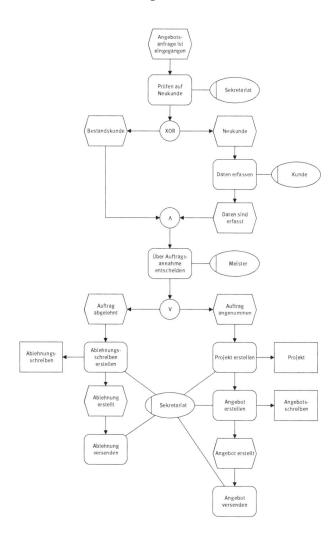

Aufgabe 28: EPK Fehlerfinden Partyvorbereitung

Die nachfolgende erweiterte Ereignisgesteuerte Prozesskette enthält Modellierungsfehler. Markieren Sie die Fehler im Diagramm.

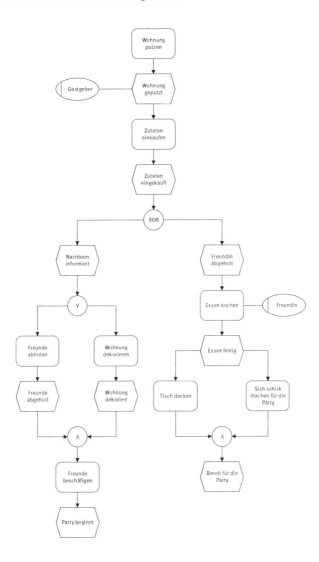

Aufgabe 29: EPK Fehlerfinden Urlaubsplanung

Die nachfolgende erweiterte Ereignisgesteuerte Prozesskette enthält Modellierungsfehler. Markieren Sie die Fehler im Diagramm.

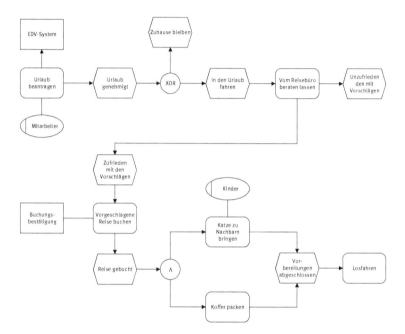

Aufgabe 30: EPK Fehlerfinden Bestellabwicklung

Die nachfolgende erweiterte Ereignisgesteuerte Prozesskette enthält Modellierungsfehler. Markieren Sie die Fehler im Diagramm.

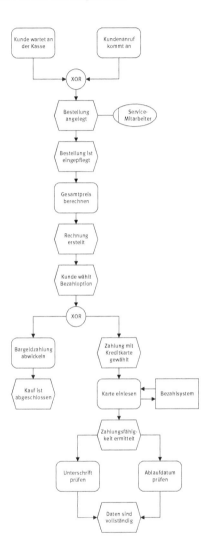

Aufgabe 31: EPK Fehlerfinden Bewerbung

Die nachfolgende erweiterte Ereignisgesteuerte Prozesskette enthält Modellierungsfehler. Markieren Sie die Fehler im Diagramm.

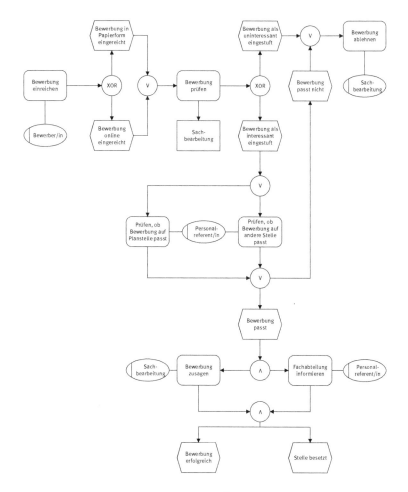

Aufgabe 32: EPK-Modellierung Termine in Übersee

Modellieren Sie den folgenden Prozess mit der EPK:

„Wenn der Außendienstmitarbeiter der Versicherungsgesellschaft TrafficAccident einen Termin in Übersee wahrnimmt, handelt es sich meist um Anfragen von Großkunden, die bestimmte Versicherungskonditionen erbeten. Bevor der Außendienstmitarbeiter einen solchen Termin wahrnimmt, wird intern von der Abteilung Finanzmathematik die Durchführbarkeit der Anfrage geprüft. Mögliche Ergebnisse sind: Anfrage ist durchführbar, Anfrage ist nicht durchführbar oder Anfrage ist möglicherweise durchführbar. Ist die Anfrage möglicherweise durchführbar, so nimmt zur Klärung vorab der zuständige Agent telefonischen Kontakt mit dem Kunden auf. Danach trägt er den Sachverhalt einem internen Prüfungskomitee vor. Ist die Klärung dann positiv, so wird ein vorläufiges Angebot erstellt und danach ein Angebotspreis bestimmt. Ist die Klärung negativ, so wird dem Kunden eine Absage erteilt. Dies geschieht auch sofort, wenn die Anfrage nicht durchführbar ist. Ist die Anfrage hingegen durchführbar, so wird direkt ein vorläufiges Angebot erstellt und danach der Angebotspreis bestimmt, so dass dieses an den Außendienstmitarbeiter weitergeleitet werden kann und dieser bereit für den Außentermin ist."

Aufgabe 33: EPK-Modellierung Student fährt nach Hause

Modellieren Sie folgenden Ablauf von Hans Wiwi, der den Besuch zu Hause bei seinen Eltern beschreibt, als Ereignisgesteuerte Prozesskette. Es dürfen keine Funktionen oder Ereignisse mit gleicher Bezeichnung wiederholt im Modell eingesetzt werden.

„Wenn Hans Wiwi seine Eltern besuchen möchte, überprüft er, ob seine Eltern und auch gleichzeitig seine Schulfreunde zu Hause sind. Sind die Eltern oder die Schulfreunde nicht zu Hause, bleibt Hans Wiwi an seinem Studienort und wiederholt den Vorgang solange, bis die Eltern und Schulfreunde zu Hause sind. Sind beide zu Hause, bucht er ein Ticket. Nach der Buchung des Tickets druckt sich Hans Wiwi das Ticket aus, falls es ein Online-Ticket ist. Er lädt es auf sein Handy, falls es ein Handyticket ist oder er holt es an der Servicestation ab. Abschließend kann er fahren, bis er am Heimatbahnhof angekommen ist."

Aufgabe 34: EPK-Modellierung Urlaubsplanung

Modellieren Sie folgenden Prozess als erweiterte Ereignisgesteuerte Prozesskette:

„Ein Mitarbeiter möchte Urlaub nehmen. Dazu muss er zunächst einen Urlaubsantrag stellen, wozu er ein entsprechendes Formular nutzt. Anschließend entscheidet sein Vorgesetzter über den Urlaubsantrag. Entweder er genehmigt den Antrag oder er weist ihn ab. Sollte der Antrag nicht genehmigt werden, so setzt die Personalabteilung den Mitarbeiter in Kenntnis und vermerkt dies auf dem Urlaubsantrag. Wird der Urlaub genehmigt, wird der Mitarbeiter ebenfalls durch die Personalabteilung informiert und entsprechendes auf dem Antrag vermerkt. Zusätzlich wird parallel hierzu die Anzahl der Urlaubstage des Mitarbeiters in der Personalakte aktualisiert."

Aufgabe 35: EPK-Modellierung Weihnachtsfeier

Für die Weihnachtsfeier des ABC Instituts der Universität möchte das Organisationsteam einen Caterer für das Abendessen beauftragen. Hierzu soll im Folgenden der Bestellprozess mittels der erweiterten Ereignisgesteuerten Prozesskette modelliert werden.

„Nachdem der Kundenauftrag vom Institut ABC beim Caterer eingegangen ist, möchte eine Mitarbeiterin der Zentraleinheit die Personalabteilung verständigen. Dazu sucht sie zuerst die Telefonnummer raus und bedient sich dabei des Telefonverzeichnisses. Nachfolgend verständigt sie telefonisch die Personalabteilung, so dass ein Personalplaner die Personalkapazität überprüfen kann. Dazu verwendet dieser den Dienstplan und das Auftragsbuch in der Datenbank des Caterers. Das Ergebnis der Prüfung ist, dass entweder noch freie Kapazitäten vorhanden sind oder die Kapazität nicht ausreicht. Sofern ausreichend Kapazität vorhanden ist, werden gleichzeitig die Catering Abteilung sowie der Kunde über die Bestätigung des Kundenauftrags informiert. Danach gilt der Auftrag als bestätigt. Die Cateringabteilung wird von dem Personalplaner informiert. Reicht die Kapazität nicht aus, wird der Kunde entsprechend über die Ablehnung des Kundenauftrags informiert. Der Prozess der Ablehnung bzw. Bestätigung wird von einer Kundenbetreuerin aus der Personalabteilung per E-Mail übernommen. Im Falle der Ablehnung endet der Prozess an dieser Stelle. Falls der Auftrag bestätigt wurde, wird gleichzeitig das Essen vom Küchenpersonal zubereitet sowie von der Buchhaltung eine Rechnung erstellt, die ins interne IT-System eingepflegt wird. Abschließend wird das Essen vom Lieferdienst ausgeliefert und die Annahme auf dem Lieferschein des Cateringunternehmens von einem Mitarbeiter des ABC-Instituts quittiert. Die Weihnachtsfeier kann nun starten und die Mitarbeiter können ein leckeres Abendessen genießen."

Aufgabe 36: EPK-Modellierung Softwarewerkzeug

Hans WiWi ist ein fleißiger Student der Wirtschaftsinformatik. Er besucht dieses Semester die Vorlesung „Modellierung von Geschäftsprozessen" und braucht Ihre Unterstützung.

„Hans Wiwi hat Probleme bei der Lösung einer Bonusaufgabe mit der Modellierungssoftware und überlegt daher, den Anbieter der Software zu kontaktieren oder die FAQ zu verwenden. Entscheidet er sich den Anbieter zu kontaktieren, nimmt er Kontakt auf. Nach der Kontaktaufnahme wird geprüft, ob Hans WiWi Stammkunde ist. Ist er Stammkunde, wird der angefragte Beratungsservice abgedeckt. Ist er kein Stammkunde, ist der Service entsprechend nicht abgedeckt. Bei abgedecktem Service wird versucht, das Anliegen zu klären, so dass das Problem durch den Service behoben werden kann oder nicht. Kann das Anliegen durch den Service behoben werden, löst Hans WiWi die Bonusaufgabe und die Bonusaufgabe ist damit bearbeitet. Kann ihm beim Service nicht geholfen werden, überlegt er sich, ob er erneut nach einer Lösung suchen soll. Entscheidet er sich für eine weitere Lösungsfindung, überlegt er sich wiederum, ob er den Anbieter kontaktieren oder die FAQ nutzen soll. Entscheidet er sich gegen die Bonusaufgabe, räumt er die Vorlesungsunterlagen weg. Die Bonusaufgabe ist damit nicht bearbeitet. Ist der Service jedoch nicht abgedeckt, da Hans WiWi kein Stammkunde ist, lässt er sich die kommerzielle Servicenutzung erläutern. Er willigt ein oder nicht. Willigt Hans WiWi ein, so versucht er das Anliegen zu klären, welches durch den Service behoben oder nicht behoben werden kann. Willigt Hans WiWi nicht ein, schreibt er eine Beschwerde-E-Mail an den Softwarehersteller und an den Übungsleiter. Daraufhin räumt er die Vorlesungsunterlagen weg. Die Bonusaufgabe ist damit nicht bearbeitet. Entscheidet sich Hans WiWi nach seiner Überlegung zu Beginn statt den Anbieter zu kontaktieren die FAQ zu nutzen, durchsucht er auf der Webseite des Herstellers die FAQ. Sein Anliegen kann in der FAQ dokumentiert oder nicht vorhanden sein. Ist sein Anliegen in der FAQ dokumentiert, so kann Hans WiWi die Bonusaufgabe lösen. Ist sein Anliegen in der FAQ nicht vorhanden, überlegt er sich wiederum, ob er erneut nach einer Lösung suchen soll."

Aufgabe 37: EPK-Modellierung Erasmusbewerbung

Gegeben sei folgender Ausschnitt aus einer Ablaufbeschreibung für die Prüfung einer Erasmusbewerbung, die mit Hilfe einer Ereignisgesteuerten Prozesskette modelliert werden soll:

„Bevor die Bewerbung geprüft werden kann, muss die Erasmusbewerbung zunächst beim zuständigen Amt eingegangen sein. Sind die Bewerbungsunterlagen nicht vollständig, erhält der Bewerber sofort eine Absage. Sind die eingegangenen Unterlagen vollständig, wird das Motivationsschreiben des Bewerbers überprüft. Falls das Motivationsschreiben überzeugt hat, wird die Bewerbung an das Sprachenzentrum weitergeleitet, um das erforderliche Sprachniveau festzustellen. Andernfalls wird eine Absage an den Bewerber versendet. Wenn die entsprechenden Sprachanforderungen erfüllt sind, wird dem Bewerber eine Zusage erteilt. Andernfalls erhält dieser eine Absage."

Aufgabe 38: EPK-Modellierung Wohnungssuche

Modellieren Sie folgenden Sachverhalt mit Hilfe einer Ereignisgesteuerten Prozesskette:

„Ein Student erhält eine Zusage zum Studium an der Universität Elite. Zum Start der Wohnungssuche fragt er zuerst Bekannte, ob sie jemanden kennen, der ein freies Zimmer in Karlsruhe hat. Ist er damit erfolgreich, kann er direkt den Vertrag unterschreiben und die Wohnungssuche beenden. Andernfalls beginnt er, Angebote im Internet zu lesen. Wenn ihm das Angebot nicht zusagt, liest er sofort das nächste Angebot. Gefällt ihm das Angebot, so nimmt er per E-Mail-Kontakt auf. Erhält er daraufhin eine Absage, so liest er ein neues Angebot. Wird er zur Besichtigung eingeladen, so nimmt er diesen Termin wahr. Wenn er daraufhin eine Zusage erhält, unterschreibt er in diesem Fall einen Mietvertrag. Erhält er nach der Besichtigung eine Absage, so liest er weitere Angebote."

Aufgabe 39: EPK-Modellierung Prüfungsanmeldung

Die Universität Elite möchte die Prüfungsanmeldung für Studierende effizienter gestalten und bittet Sie als Experte, den Prozess der Prüfungsanmeldung mittels einer Ereignisgesteuerten Prozesskette abzubilden.

„Studierende, die sich für eine Prüfung anmelden möchten, müssen sich zunächst im Online-Portal der Universität einloggen. Schlägt der Login fehl, so müssen sich die Studierenden erneut einloggen. War der Login erfolgreich, so können die Studierenden die entsprechende Prüfung der Lehrveranstaltung auswählen, für die sie sich anmelden möchten. Ist eine Anmeldung für die ausgewählte Prüfung in der Vergangenheit bereits erfolgt, so können die Studierenden entweder eine andere Prüfung auswählen oder das Online-Portal verlassen. Wenn die Prüfung in der Vergangenheit noch nicht angemeldet wurde, folgt die systemseitige Prüfung, ob alle Voraussetzungen für die Anmeldung erfüllt sind. Sind die Voraussetzungen nicht erfüllt, so kann der Studierende wieder entscheiden, ob er eine andere Prüfung auswählen oder das Online-Portal verlassen möchte. Sind alle Voraussetzungen erfüllt, so wird systemseitig die Anmeldung vorgenommen und anschließend dem Studierenden wieder angeboten, sich für weitere Prüfungen anzumelden oder das Online-Portal zu verlassen."

Aufgabe 40: EPK-Modellierung Kaffeebestellung

Modellieren Sie den folgenden Sachverhalt mit Hilfe einer Ereignisgesteuerten Prozesskette:

„Wenn ein Studierender Durst auf einen Kaffee im Arbeitskreis Kultur und Kommunikation (AKK) hat, so muss dieser nach dem Betreten des AKKs zunächst prüfen, ob ein Verkäufer gerade arbeitet oder ob er sich den Kaffee selbst ausschenken muss. Ist ein Verkäufer verfügbar, so stellt der Studierende sich in der Schlange an. Sobald er an der Reihe ist, nimmt er seinen Kaffee entgegen und bezahlt 50 Cent. Da er nun einen Kaffee trinken darf ist der Studierende glücklich. Falls kein Verkäufer arbeitet, prüft der Studierende zunächst, ob Kaffee verfügbar ist. Zusätzlich prüft er, um Zeit zu sparen, gleichzeitig, ob in der Kasse genügend Wechselgeld liegt, damit er die 50 Cent genau bezahlen kann. Ist dies beides der Fall, so schenkt er sich seinen Kaffee ein, bezahlt diesen und ist glücklich, da er nun einen Kaffee trinken darf. Ist nicht genügend Wechselgeld verfügbar oder nicht genügend Kaffee verfügbar, so verlässt der Student das AKK und ist unglücklich."

Aufgabe 41: EPK-Modellierung Würstchenbude

Modellieren Sie den Prozess mit einer Ereignisgesteuerten Prozesskette:

„Um am Weihnachtsmarkt eine Würstchenbude betreiben zu können, muss eine Genehmigung beim Ordnungsamt eingeholt werden. Wird der Antrag nicht genehmigt, muss im nächsten Schritt überprüft werden, ob die Frist zur Antragsstellung bereits abgelaufen ist. Falls nicht, werden die Unterlagen überarbeitet und anschließend wird erneut versucht, eine Genehmigung einzuholen. Falls die Frist abgelaufen ist, wird die Idee verworfen, sodass in diesem Jahr keine Würstchenbude aufgebaut werden kann. Erfolgt eine Genehmigung, werden die Konkurrenzstände ausgespäht. Eine Auswertung der Konkurrenz ergibt, dass deren Angebot entweder besser oder schlechter als das eigene Angebot ist. Hat die Konkurrenz ein besseres Angebot, muss das eigene Angebot angepasst werden, indem entweder neue Preise oder neue Produkte (oder beides) bestimmt werden. Anschließend werden die Produktangebotskarten gedruckt. Ist das eigene Produktangebot besser als das der Konkurrenz, bleibt dieses unverändert. Sobald das Angebot steht, muss das Personal eingewiesen werden. Zeitgleich zur Ausspähung der Konkurrenz und der anschließenden Personaleinweisung wird die Würstchenbude aufgebaut. Ist das Personal eingewiesen und der Stand aufgebaut, so ist der Stand betriebsbereit, sodass dieser im nächsten Schritt eröffnet werden kann."

Aufgabe 42: EPK-Modellierung Fußball

Modellieren Sie den folgenden Prozess mit einer erweiterten Ereignisgesteuerten Prozesskette:

„Ein Fußballer wird im gegnerischen Strafraum zu Fall gebracht. Der Schiedsrichter muss nun entscheiden, ob es ein Foulspiel gab, der Spieler im normalen Zweikampf zu Boden ging oder

der Stürmer eine Schwalbe gemacht hat. Begeht der Stürmer eine Schwalbe, so gibt es Freistoß für das gegnerische Team und eine gelbe Karte für den Stürmer. Die Situation ist nun vorerst geklärt. Gerät der Stürmer im normalen Zweikampf zu Fall, so gilt die Situation vorerst als geklärt. Sofern es ein Foulspiel gibt, entscheidet der Schiedsrichter auf Elfmeter und das Team wählt einen Schützen aus. Anschließend tritt der Fußballer zum Elfmeter an. Es können vier Ereignisse eintreten: Der Ball landet im Tor, der Ball wird so abgewehrt, dass es einen Eckball zur Folge hat, der Ball landet im Toraus und es folgt Abstoß oder der Ball wird abgewehrt und prallt zurück zum Schützen. Sofern der Ball zum Eckball abgewehrt wurde, ist es möglich, in der darauffolgenden Aktion noch ein Tor zu erzielen oder die Situation gilt vorerst als geklärt. Gibt es Abstoß, so ist die Aktion vorerst geklärt und kein Tor wurde erzielt. Wird der Ball abgewehrt und prallt zurück ins Feld, ist es möglich, in der Folgeaktion noch ein Tor zu schießen oder die Situation zählt vorerst als geklärt."

Aufgabe 43: EPK-Modellierung Mietwagen

Die Mietwagenfirma „Schneller Adrian" hat Sie beauftragt das Buchungssystem mit einer Ereignisgesteuerten Prozesskette abzubilden. Der Ablauf der Buchung ist wie folgt:

„Der Kunde kann in einer Filiale oder im Onlineauftritt ein Fahrzeug reservieren. Hierfür muss er zunächst ein Fahrzeug einer beliebigen Klasse wählen. Für diese muss er jedoch auch zugelassen sein. In einer zusätzlichen Anwendung werden die entsprechenden Parameter überprüft, ob der Kunde die Anforderungen für die Fahrzeugklasse erfüllt. Erfüllt der Kunde hierbei nicht den Anforderungen der gewählten Fahrzeugklasse, so erhält er einen Hinweis auf die Parameter der jeweiligen Fahrzeugklasse und kann anschließend erneut ein Fahrzeug auswählen oder den Vorgang abbrechen. Ist ein geeignetes Fahrzeug gefunden bzw. werden die Anforderungen erfüllt, so kann der Kunde seine Bezahlungsoption wählen (EC- oder Kreditkarte bzw. Barzahlung). Nach Auswahl der Zahlungsmodalität kann der Kunde über die Abholung entscheiden. Er kann entweder mit einem Ausweisdokument vor Ort am Schalter oder über einen Code sein Fahrzeug abholen. Den Code für das elektronische Terminal der Filialen erhält der Kunde per E-Mail. Für die E-Mail-Alternative muss eine gültige E-Mail-Adresse vorliegen. Sollte dies nicht der Fall sein, so muss der Kunde die Option Abholung am Schalter wählen. Ist auch die Abholungsoption gewählt, erhält der Kunde noch einen abschließenden Hinweis (bei gegebener Mailadresse per E-Mail) und der Vorgang ist beendet."

Aufgabe 44: BPMN-Beschreibung Weihnachtsbaum

Beschreiben Sie den folgenden in BPMN modellierten Geschäftsprozess so genau wie möglich in natürlicher Sprache:

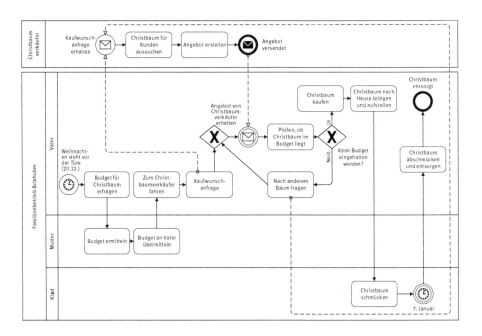

Aufgabe 45: BPMN-Beschreibung Kreditantrag

Beschreiben Sie den folgenden in BPMN modellierten Geschäftsprozess in natürlicher Sprache:

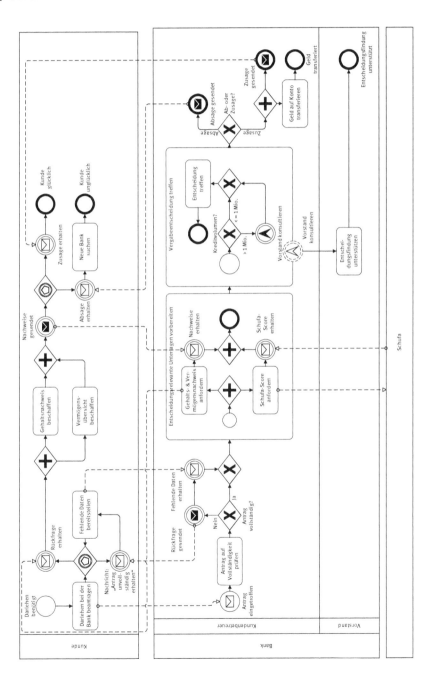

Aufgabe 46: BPMN-Beschreibung zur Vorbereitung einer Geburtstagsparty

Beschreiben Sie den folgenden in BPMN modellierten Geschäftsprozess in natürlicher Sprache:

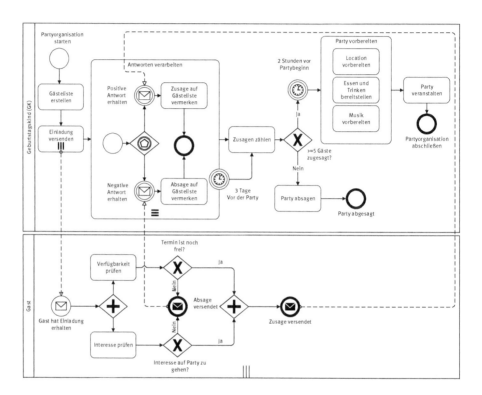

Aufgabe 47: BPMN-Beschreibung zur Reparatur eines Fernsehers

Beschreiben Sie den folgenden in BPMN modellierten Geschäftsprozess in natürlicher Sprache:

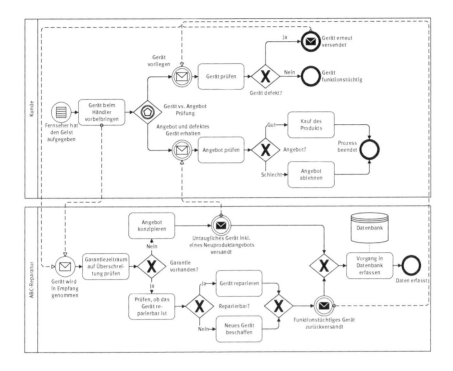

Aufgabe 48: BPMN-Beschreibung zur Planung eines Workshops

Beschreiben Sie den folgenden in BPMN modellierten Geschäftsprozess in natürlicher Sprache:

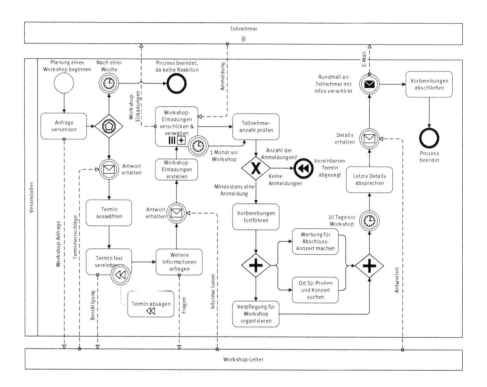

Aufgabe 49: BPMN Multiple Choice (1)

Prüfen Sie die nachfolgenden Aussagen auf ihre Richtigkeit:
1) Ein eingebundener Teilprozess ist eine Aktivität, deren Details durch Aktivitäten, Gateways, Ereignisse und Sequenzflüsse veranschaulicht werden.
2) Eine Transaktion ist eine Gruppe von Aktivitäten, die in logischer Weise zusammengehören, und die Ausführung wird in einem Transaktionsprotokoll dokumentiert.
3) Ereignisse können einen Prozess auslösen, im Ablauf beeinflussen oder beenden.
4) Bei einem exklusiven Gateway wird der Prozess an mindestens einem ausgehenden Zweig fortgesetzt.
5) Pools und Lanes veranschaulichen Verantwortlichkeiten für Aktivitäten.
6) Auf ereignisbasierte Gateways dürfen ausschließlich eintretende Ereignisse folgen.

7) BPMN ist die Abkürzung für Business Project Model and Notation.
8) Ein Kollaborationsdiagramm beschreibt ausschließlich den Kommunikationsablauf innerhalb eines Unternehmens.
9) Die Endereignisse zählen zur Klasse der eintretenden Ereignisse.

Aufgabe 50: BPMN Multiple Choice (2)

Bewerten Sie die nachfolgenden Aussagen auf ihre Richtigkeit:
1) Auslösende Ereignisse warten auf einen Auslöser und repräsentieren somit nicht selbst den Auslöser.
2) Manuelle Aufgaben werden durch eine Process Engine zugewiesen.
3) Ein instanziierendes ereignisbasiertes Gateway muss durch ein Startereignis ausgelöst werden.
4) Sowohl Start- und Endereignis zählen zur Klasse der eintretenden Ereignisse, während ein Zwischenereignis sowohl zur Klasse der eintretenden Ereignisse, als auch zur Klasse der auslösenden Ereignisse gehören kann.
5) Bei einem ereignisbasierten Gateway wird der Prozess an dem Ereignis fortgeführt, das zuerst eintritt.
6) Ein Endereignis vom Typ Abbruch darf nur innerhalb einer Transaktion verwendet werden.
7) Ereignisse können einen Kontrollfluss verzweigen.
8) Ein Zeitereignis wird ausschließlich für die Modellierung von Zeitpunkten verwendet.
9) Eine Kompensationsaufgabe darf nur innerhalb des Prozessflusses verwendet werden.
10) Ein datenbasiertes Gateway muss mindestens einen eingehenden und mindestens einen ausgehenden Sequenzfluss aufweisen.

Aufgabe 51: BPMN Fehlerfinden (1)

Finden Sie die Syntaxfehler im folgenden BPMN-Prozessmodell und begründen Sie kurz Ihre Antwort.

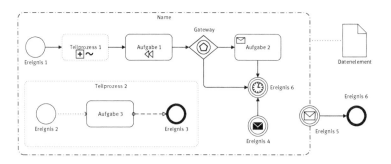

Aufgabe 52: BPMN Fehlerfinden (2)

Ein Prozess-Designer möchte einen Geschäftsprozess modellieren, der instanziiert wird, wenn entweder ein Signal eintritt oder sich eine Geschäftsbedingung geändert hat. Er übermittelt Ihnen den unten abgebildeten Prozess und fragt Sie als Experte, ob der Start des Geschäftsprozesses korrekt modelliert wurde und ob Modellierungsfehler enthalten sind. Finden Sie die Modellierungsfehler und begründen Sie kurz ihre Antwort.

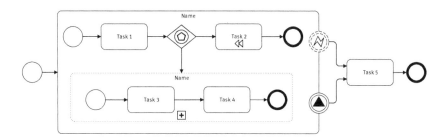

Aufgabe 53: BPMN Fehlerfinden (3)

Ein Prozess-Designer möchte einen Geschäftsprozess enden lassen, falls eine Aktivität nach einer Stunde nicht beendet ist. Dazu hat er den folgenden Geschäftsprozess modelliert. Welche Fehler hat der Modellierer begangen? Begründen Sie kurz ihre Antwort und modellieren Sie den Prozess korrekt.

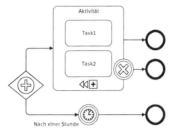

Aufgabe 54: BPMN Fehlerfinden (4)

Finden Sie die Syntaxfehler im folgenden Prozessmodell und begründen Sie kurz Ihre Antwort.

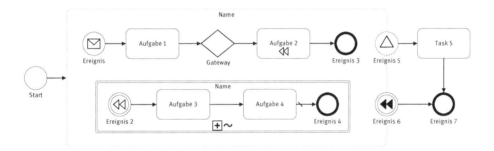

Aufgabe 55: BPMN Fehlerfinden (5)

Sie möchten bei einem Online-Flyer-Versand Flyer für ihren nächsten Bandauftritt drucken lassen. Der Bestellprozess eines Kunden beim Online-Flyer-Versand wurde mit der Business Process Model and Notation modelliert. Markieren Sie die Modellierungsfehler im BPMN-Diagramm und benennen Sie diese.

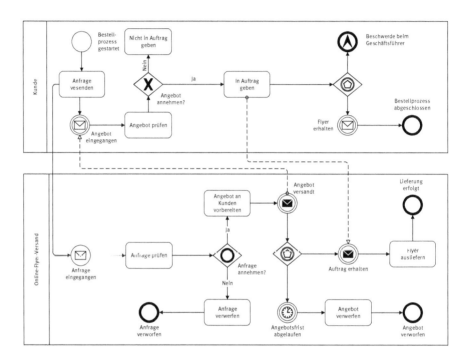

Aufgabe 56: BPMN Fehlerfinden (6)

Im folgenden Geschäftsprozessmodell haben sich Fehler eingeschlichen. Identifizieren und benennen Sie die Fehler.

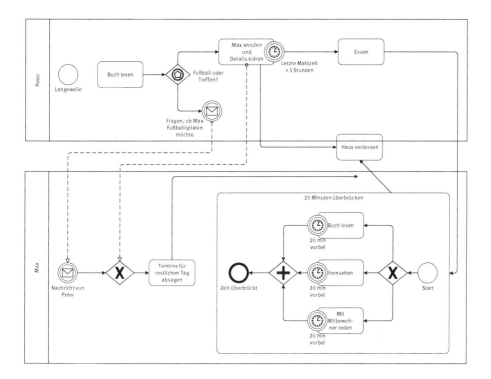

Aufgabe 57: BPMN Fehlerfinden (7)

Im Folgenden wurde der Recruitingprozess eines Unternehmens mit Hilfe der Business Process Model and Notation modelliert. Leider haben sich dabei Modellierungsfehler eingeschlichen. Finden und beschreiben Sie die Fehler.

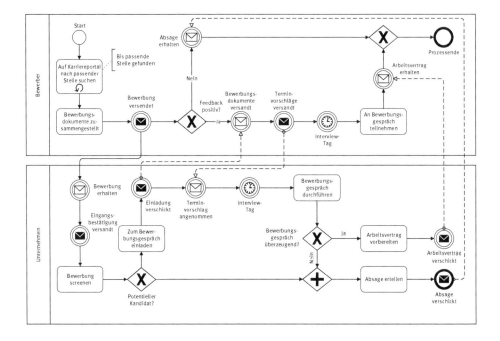

Aufgabe 58: BPMN Fehlerfinden (8)

Im folgenden Prozess, der mit Hilfe der Business Process Model and Notation modelliert wurde, haben sich Fehler eingeschlichen. Markieren Sie die entsprechenden Fehler und beschreiben Sie diese.

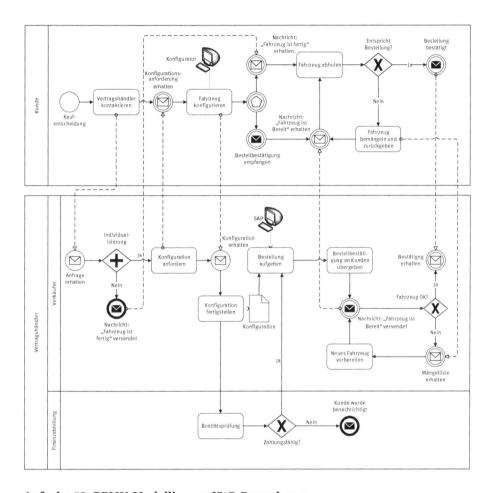

Aufgabe 59: BPMN-Modellierung IStO-Bewerbung

Sie sind Studierender und wollen sich bei dem International Students Office (IStO) der ABC Universität für ein Auslandssemester an einer Gastuniversität bewerben. Modellieren Sie den folgenden Bewerbungsprozess mittels eines BPMN-Kollaborationsdiagramms:

„Der Studierende sendet seine Bewerbung an das IStO. Nach Eingang der Bewerbung wird diese dort auf ihre Vollständigkeit geprüft. Ist die Bewerbung unvollständig, wird der Studierende daraufhin benachrichtigt. Dieser überarbeitet seine Bewerbung und sendet die überarbeitete Version erneut an das IStO. Sind die Unterlagen vollständig, trifft das IStO eine Entscheidung darüber, welcher der Bewerber für die Gastuniversität nominiert werden soll. Die Bewerber, die sich nicht durchsetzen konnten und nicht nominiert wurden, werden vom IStO informiert. Der Studierende hingegen, der sich gegen die anderen mit seiner Bewerbung durchgesetzt hat, wird vom IStO nominiert. Dieses sendet darauf die Unterlagen des Studierenden an die entsprechende Gastuniversität. Diese bearbeitet die Nominierung und trifft die endgültige Entscheidung darüber, ob der Studierende ein Auslandssemester an der Universität verbringen darf. Hält die Gastuniversität den nominierten Studierenden für geeignet, sendet sie diesem einen Zulassungsbescheid und wenn nicht, einen Ablehnungsbescheid. Zum Abschluss nimmt der Studierende die Entscheidung der entsprechenden Institution zur Kenntnis und der Bewerbungsprozess ist beendet."

Aufgabe 60: BPMN-Modellierung Sauerbraten

Modellieren Sie ein BPMN-Kollaborationsdiagramm ausgehend von der folgenden Beschreibung für die Zubereitung eines Sauerbratens mit Klößen und Soße.

„Für die Zubereitung des Gerichts werden insgesamt 3 Küchenutensilien (Bräter, Pfanne, Topf) benötigt. Zuerst muss der Sauerbraten in einen Sud eingelegt werden. Für den Sauerbraten benötigt man ein 1,5 kg großes Stück Fleisch, für den Sud benötigt man einen Liter Rotwein und ein bisschen Sauerbratengewürz. Nachdem das Fleisch zusammen mit dem Sud in einem Bräter zubereitet wurde, muss alles in den Kühlschrank gestellt werden. Danach werden parallel zum einen Zwiebeln in einer Pfanne angebraten, die danach beiseitegelegt werden. Zum anderen muss der Sud abgegossen werden, nachdem das Fleisch eine halbe Stunde im Kühlschrank gelegen hat. Daraufhin ist das Fleisch mit Salz und Pfeffer zu würzen. Nun muss der Sauerbraten von allen Seiten in der Pfanne kurz angebraten werden. Nachdem dieser Schritt abgeschlossen ist, kommt der Sauerbraten zusammen mit den vorher angebratenen Zwiebeln, einer Nelke, ein bisschen Thymian und etwas von dem vorher abgegossenen Sud wieder in den Bräter. Der Sauerbraten wird nun im Backofen bei 200 Grad für 2,5 Stunden gegart. Nachdem die 2,5 Stunden abgelaufen sind, wird der fertige Sauerbraten vom Rest getrennt und beiseitegelegt. Danach kann mit der Zubereitung der Beilagen begonnen werden. Dazu passieren nebenläufig zwei Dinge: die Zubereitung der Soße sowie die Zubereitung von Klößen. Für die Soße wird der Rest benötigt, der zuvor vom Fleisch getrennt wurde, außerdem etwas Rotwein, Soßenbinder sowie Salz und Pfeffer. Alles zusammen wird in einen Topf gegeben und auf mittlerer Hitze für eine halbe Stunde zum Köcheln gebracht. Danach werden noch größere Stücke mithilfe eines Pürierstabs zerkleinert. Die Soße ist nun fertig und kann in ein dafür vorgesehenes Kännchen umgefüllt werden. Für die Zubereitung der Klöße geschehen nebenläufig zwei Dinge. Zum einen muss ein Topf mit Wasser gefüllt werden und danach auf höchster Stufe zum Kochen gebracht werden. Zum anderen muss der rohe Kloßteig zu Kugeln geformt werden. Nachdem das Wasser kocht und die Klöße fertig geformt sind, werden die Klöße für 15 min in das kochende Wasser gegeben. Nachdem die Zeit abgelaufen ist, kann das überschüssige Wasser abgegossen und die Klöße beiseite gestellt werden. Da die Soße und die Klöße nun fertig sind, kann als letzter Schritt das Essen zum Tisch gebracht werden sowie vom Gastgeber der Tisch gedeckt werden. Dazu benötigt er zum einen den fertigen Sauerbraten, zum anderen die Soße und die Klöße. Außerdem müssen

Teller, Besteck und Getränke auf den Tisch gestellt werden. Nachdem der Tisch gedeckt wurde, kann mit dem Essen begonnen werden."

Aufgabe 61: BPMN-Modellierung Skiurlaub

Erstellen Sie für den folgenden Sachverhalt ein Kollaborationsdiagramm mit der Business Process Model and Notation:

„Der Planer hat Lust auf Skiurlaub und setzt einen Termin fest. Er fragt seine Freunde und sucht gleichzeitig ein Reiseziel. Die Freunde prüfen ihre Verfügbarkeit und melden diese an den Planer zurück. Spätestens nach 2 Tagen fragt er eine Unterkunft an, auf der Basis der derzeitigen Anzahl an Rückmeldungen. Wenn die Anfrage bei der Unterkunft angekommen ist, prüft diese die Verfügbarkeit. Sind keine Zimmer vorhanden, wird eine Absage zum Planer gesendet, der zunächst eine neue Unterkunft aussucht und dann eine neue Unterkunft anfragt. Sind Zimmer verfügbar, so wird ein Angebot zum Planer gesendet. Dieser informiert seine Freunde über das Reiseziel und die Kosten und wartet nachfolgend auf das Geld der Freunde. Sobald er von allen Freunden, die mitfahren, das Geld hat, überweist er dieses an die Unterkunft und wartet nun auch auf die Bestätigung. Hat die Unterkunft das Geld erhalten, erstellt sie die Bestätigung, welche dem Planer übermittelt wird. Hat der Planer schließlich die Bestätigung erhalten, können alle gemeinsam in den Urlaub fahren."

Aufgabe 62: BPMN-Modellierung Tankstelle

Sie haben eine neue Tankstellen-App entwickelt, mit der Sie Tankstellen suchen sowie ihre Tankfüllung bezahlen können. Damit Sie Investoren für eine große Marketingkampagne bekommen können, modellieren Sie einen typischen Tankprozess mit Ihrer App, der wie folgt beschrieben werden kann:

„Der Benutzer stellt fest, dass der Tank leer ist. Die nächste Tankstelle kann in der App gesucht werden, welche dem Benutzer eine Tankstellenliste liefert. Anschließend wählt der Benutzer eine Tankstelle aus und fährt dort hin. Sollten mehr als 10 Autos bei der Tankstelle in der Schlange anstehen, die warten, so stellt er sich in die Schlange, falls aber nach 5 Minuten immer noch Autos warten, sucht er mit seiner App die nächste Tankstelle, sonst wählt er eine Tanksäule aus. Im Idealfall, sofern 10 oder weniger Autos warten, so wählt der Kunde direkt eine Tanksäule aus. Ist diese Säule frei, kann er sofort tanken und mit der App bezahlen. Ist diese Tanksäule aber noch belegt, wartet er fünf Minuten, tankt dann, falls sie frei geworden ist, oder sucht die nächste Tankstelle mithilfe der App."

Modellieren Sie den Sachverhalt mit Hilfe eines Kollaborationsdiagramms.

Aufgabe 63: BPMN-Modellierung Fahrradreparatur

Modellieren Sie den nachfolgend beschriebenen Prozess mit Hilfe der Modellierungssprache Business Process Model and Notation. Der Reparaturprozess eines defekten Fahrrads wird wie folgt durchgeführt:

„Der Kunde bringt sein Fahrrad zu einem Radladenbesitzer, welcher zunächst alle Defekte am Fahrrad identifiziert und dem Kunden anschließend ein Angebot macht. Dieser hat drei Tage Bedenkzeit für das Angebot. Nimmt der Kunde das Angebot an, so beginnt der Radladenbesitzer mit der Demontage, während er unabhängig davon den Bestand der benötigten Teile prüft. Sind zu wenig Teile vorhanden, so muss er diese beim Teilehersteller bestellen. Dieser wiederum nimmt die Bestellung auf, kommissioniert, verpackt und versendet die Teile anschließend. Erst nach Erhalt der Teile oder bei ausreichendem Teilebestand kann der Ladenbesitzer mit der Montage beginnen, falls die Demontage schon abgeschlossen ist, welche er sonst zuerst fertigmachen muss. Ist die Montage dann abgeschlossen, kann er die Rechnung an den Kunden stellen und senden, welcher nach dem Eingang der Rechnung das Geld überweist. Ist das Geld eingegangen, erstellt der Ladenbesitzer die Abholaufforderung und sendet diese dem Kunden per Abholungsbescheid zu, sein Rad abzuholen. Einen solchen Abholungsbescheid bekommt der Kunde auch ohne eine Reparatur am Fahrrad, wenn er das Angebot des Ladenbesitzers ablehnt oder sich innerhalb von drei Tagen Bedenkzeit nicht meldet. Unabhängig davon holt der Kunde sein Fahrrad nach Erhalt des Abholungsbescheids ab und der Prozess ist beendet."

Aufgabe 64: BPMN-Modellierung Steuerkanzlei

Modellieren Sie den folgenden Sachverhalt mit Hilfe eines BPMN-Kollaborationsdiagramms:

„Sobald ein Mandant eine Einkommensteuererklärung erstellen lassen möchte, stellt dieser die entsprechenden Unterlagen zusammen und wendet sich damit an seine Steuerkanzlei. Dort erhält der verantwortliche Steuerberater die Unterlagen und prüft diese auf Vollständigkeit. Sind sie vollständig, so wird der Fall direkt an einen Steuergehilfen zur Bearbeitung weitergeleitet. Sind die Unterlagen jedoch noch unvollständig, so wird der Mandant vom Steuerberater kontaktiert und erhält eine Liste mit den fehlenden Unterlagen. Daraufhin stellt der Mandant dem Steuerberater die fehlenden Unterlagen zur Verfügung. Nachfolgend wird der Fall wiederum an den Steuergehilfen zur Bearbeitung abgegeben. Die Aktivität "Bearbeitung" ist in mehrere Teilschritte untergliedert: Zunächst muss sich der Gehilfe in die Unterlagen einarbeiten. Hat er keinerlei Rückfragen, so kann er die Steuererklärung direkt bearbeiten. Gibt es jedoch Unklarheiten, so werden Rückfragen durch den Steuerberater geklärt, so dass nachfolgend die Steuererklärung durch den Gehilfen weiterbearbeitet werden kann. Die Einarbeitung ist erst beendet, wenn alle offenen Fragen geklärt sind. Sobald die Bearbeitung beendet ist, wird die Erklärung an das Finanzamt übermittelt. Im Finanzamt wird der Steuerbescheid bearbeitet und an den Steuergehilfen zurückgeschickt. Sobald der Steuerbescheid beim Gehilfen angekommen ist, wird er von diesem geprüft. Im Anschluss an die Prüfung wird der Steuerbescheid zum einen an den Mandanten gesendet, welcher den Steuerbescheid in einem Ordner ablegt, und zum anderen wird eine Kopie des Steuerbescheides im Archiv durch den Steuergehilfen abgelegt."

Aufgabe 65: BPMN-Modellierung Wohnungssuche

Modellieren Sie den folgenden Sachverhalt mit Hilfe eines BPMN-Kollaborationsdiagramms:

„Sofern ein Wohnungssuchender eine neue Wohnung benötigt, liest er solange Anzeigen und bewertet diese, bis er eine passende Wohnung gefunden hat. Sobald er eine passende Wohnung gefunden hat, endet der Teilprozess „Wohnung finden". Nachfolgend bereitet der Wohnungssuchende eine Anfrage für die Besichtigung der Wohnung vor und versendet diese an den potenziellen Vermieter. Der Vermieter erhält die Anfrage und entscheidet, ob er den Wohnungssuchenden interessant findet. Wenn ja, erstellt und versendet er für den Wohnungssuchenden eine Einladung zu einer Besichtigung, wenn nein, erstellt und versendet er eine Absage. Erhält der Wohnungssuchende eine Absage, ist der Vorgang abgeschlossen. Erhält er eine Einladung, so besichtigt er die Wohnung und entscheidet, ob er die Wohnung gerne mieten würde. Wenn nein, ist der Vorgang abgeschlossen, ohne den Vermieter noch einmal zu benachrichtigen. Wenn ja, dann muss er auf die finale Entscheidung des Vermieters warten. Der Vermieter muss nun entscheiden, ob er die Wohnung dem Wohnungssuchenden vermieten will, oder nicht. Falls nein, erstellt und versendet er eine Absage und der Vorgang ist abgeschlossen. Falls ja, bereitet er den Mietvertrag vor und sendet diesen dem Wohnungssuchenden. Abschließend unterschreibt der Wohnungssuchende den Mietvertrag und sendet diesen an den Vermieter zurück."

Aufgabe 66: BPMN-Modellierung Krankenversicherung

Sie sind bei einem Krankenversicherer angestellt und für den Prozess Leistungserstattung zuständig. Daher möchten Sie den folgenden Sachverhalt mit BPMN modellieren:

„Der Prozess beginnt, sobald die Abrechnung des Kunden eingetroffen ist. Daraufhin müssen Sie die Vollständigkeit der Belege prüfen. Sind die Belege unvollständig, müssen Sie die fehlenden Belege anfordern und gleichzeitig die erhaltenen Belege ablegen. Auf ihre Anforderung schickt Ihnen der Kunde die Belege zu. Sind nun alle Belege vorhanden, stellen Sie alle Belege zusammen für eine erneute Prüfung auf Vollständigkeit. Sind die Belege vollständig, so wird geprüft, ob der Betrag komplett, gar nicht, teilweise oder ganz erstattet wird. Wird der Betrag gar nicht erstattet, dann melden Sie dem Kunden dies und der Prozess ist beendet. Sofern der Betrag teilweise erstattet wird, wird der Kunde ebenfalls über den Sachverhalt informiert und hat 10 Tage Zeit, auf den Sachverhalt positiv zu reagieren, so dass nachfolgend der Betrag erstattet werden kann und der Kunde über die erfolgreiche Erstattung informiert wird. Andernfalls wird der Prozess terminiert. Bei der vollständigen Erstattung wird die Erstattung zunächst durchgeführt und abschließend wird dem Kunden die Erstattung gemeldet, so dass der Prozess beendet werden kann."

Aufgabe 67: BPMN-Modellierung Überweisung

Gegeben sei die folgende Beschreibung zur Bearbeitung eines Rechnungseingangs in einem Unternehmen:

„Sollte eine Rechnung von einem Rechnungssteller in der Poststelle des Rechnungseingangs eingehen, wird diese von der Poststelle an die Abteilung Rechnungsfreigabe weitergeleitet. Diese entscheidet, ob die Rechnung zur Überweisung freigegeben wird. Bei negativem Ausgang ist der Praktikant dafür verantwortlich, die Rechnung zu klären. Wenn er erfolgreich ist, wird die Rechnung erneut der Abteilung Rechnungsfreigabe vorgelegt, ansonsten wird der Fall eskaliert und der Geschäftsprozess ist abgeschlossen. Wird die Rechnung zur Überweisung freigegeben, startet die Buchhaltung den Prozess der Rechnungsüberweisung. Hierbei wird zunächst die Überweisung vorbereitet. Nebenläufig wird nachfolgend die Überweisung durchgeführt und die

Rechnung in dem internen Buchhaltungssystem verbucht. Sollte die Überweisung erfolgreich gewesen und die interne Verbuchung abgeschlossen sein, ist der Teilprozess beendet und die Rechnung wird noch als „abgearbeitet" markiert und der Rechnungssteller wird über den erledigten Vorgang informiert. Sollte die Überweisung jedoch nicht erfolgreich gewesen sein, wird der komplette Prozess der Rechnungsüberweisung direkt abgebrochen und die Aktualisierung in dem Buchhaltungssystem rückgängig gemacht. Nachfolgend wird bei der Poststelle erneut die IBAN und BIC erfragt. Daraufhin schlägt die Poststelle diese in der Rechnung nach und teilt sie der Buchhaltung mit. Nach Erhalt der Antwort von der Poststelle werden die erhaltenen Daten mit den vorliegenden verglichen. Sollten sie unterschiedlich sein, wird erneut der Prozess der Rechnungsüberweisung gestartet. Sollten sie allerdings identisch sein, wird der Kunde telefonisch kontaktiert und die IBAN und BIC nachgefragt. Nachdem der Kunde die IBAN und BIC mitgeteilt hat, wird wiederum von der Buchhaltung der Prozess der Rechnungsüberweisung gestartet."

Modellieren Sie den Sachverhalt mit Hilfe eines BPMN-Kollaborationsdiagramms.

Aufgabe 68: BPMN-Modellierung Bewerbung

Im Folgenden wird der Bewerbungsprozess für ein Praktikum zwischen einem Bewerber und einem Unternehmen zusammengefasst. Modellieren Sie diesen Sachverhalt mit Hilfe eines BPMN-Kollaborationsdiagramms.

„Der Bewerber erstellt seine Bewerbungsunterlagen und übersendet diese an das von ihm ausgewählte Unternehmen ABC. Ist die Bewerbung beim Unternehmen eingetroffen, wird eine Eingangsbestätigung verfasst und an den Bewerber gesendet. Anschließend wird die Bewerbung im Unternehmen geprüft. Ist der Bewerber für die ausgeschriebene Stelle geeignet, wird eine Einladung zum Bewerbungsgespräch verschickt. Ist er nicht geeignet, wird eine Absage an den Bewerber versandt. Wurde die Absage durch den Bewerber empfangen, ist der Prozess beendet. Ist der Bewerber geeignet, wird eine Einladung zum Gespräch versendet. Sollte eine Einladung zum Bewerbungsgespräch verschickt werden, muss der Bewerber nach dem Empfang der Einladung den Termin zum Gespräch bestätigen. Nun warten beide Parteien bis zum Gesprächstermin. Ist der vereinbarte Zeitpunkt für das Bewerbungsgespräch erreicht, wird das Gespräch zwischen Unternehmen und Bewerber durchgeführt. Anschließend wird seitens des Unternehmens über den Bewerber entschieden. Ist der Bewerber geeignet, wird dem Bewerber die Zusage zugeschickt. Hat der Bewerber einen negativen Eindruck erweckt, entscheidet sich das Unternehmen gegen ihn und versendet eine Absage. Empfängt der Bewerber eine Absage, so ist der Prozess beendet. Erhält er eine Zusage, dann macht der Bewerber einen Luftsprung und nachfolgend ist der Prozess beendet."

Aufgabe 69: BPMN-Modellierung Fahrschule

Modellieren Sie den folgenden Sachverhalt mit Hilfe eines BPMN-Kollaborationsdiagramms:

„Der Fahrschüler möchte sich über die Fahrschule beim Prüfungsamt zur theoretischen Führerscheinprüfung anmelden. Dazu reicht er die Kopie seines Personalausweises bei der Fahrschule ein und überweist einen festen Betrag an das Prüfungsamt. Die Fahrschule prüft den Personalausweis und meldet die Anmeldung dem Prüfungsamt. Weiterhin überreicht die Fahrschule dem Fahrschüler das Übungsmaterial, welches zeitgleich zur Überweisung eintreffen kann. Das Prüfungsamt lässt Fahrschüler dann zu, wenn eine Anmeldung der Fahrschule und das Geld eingegangen sind. Wurde dies überprüft, wird dem Fahrschüler ein Bescheid über die Zulassung zugesendet. Der Fahrschüler vereinbart im Onlineportal einen Prüfungstermin und wartet auf die Terminbestätigung durch das Prüfungsamt. Ist dieser bestätigt, trägt der Fahrschüler den Termin in seinen Kalender ein und der Prozess ist beendet. Immer dann, wenn Fahrschüler oder Prüfungsamt auf Dokumente, Geld oder Informationen warten, wird nach einer Frist von 14 Tagen eine Erinnerung versendet."

Aufgabe 70: BPMN-Modellierung Weihnachtsdinner

Nina Info möchte mit ihren WG-Kollegen ein leckeres und aufwendiges Weihnachtsessen veranstalten. Erstellen Sie zum vorliegenden Sachverhalt ein BPMN-Kollaborationsdiagramm:

„Sie benötigen zunächst ein Raclettegerät, das im Vorfeld besorgt werden muss. Nina fragt also alle ihre WG-Kollegen, ob diese ein solches Gerät besitzen. Jeder WG-Kollege gibt ihr dahingehend eine Rückmeldung. Falls sie ein Gerät besitzen, so melden sie dies an Nina zurück und sie kann mit der Zutatenliste fortfahren. Falls das Gerät nicht vorhanden ist, so melden sie dies ebenfalls zurück und Nina kauft ein Gerät. Sind zwei Stunden ohne Rückmeldung verstrichen, so entschließt sich Nina, ein Gerät zu kaufen, um das Essen nicht absagen zu müssen. Ist das Gerät dann endlich organisiert, geht es darum, alle Zutaten einzukaufen. Daher fertigt Nina eine Liste an, in der sie online Zutatenlisten für ein leckeres Set-Up sucht und auswählt. Ihre WG-Kollegen sollen jeweils die gewünschte Menge Glühwein einkaufen. Nina besorgt die gewünschten Zutaten. Wenn ihre WG-Kollegen den Glühwein gekauft haben und sich schick gemacht haben, klopfen sie an die Tür von Nina und signalisieren damit, dass sie fertig zum Essen sind. Wenn alle WG-Kollegen fertig sind, dann kann die WG essen, indem Nina Fleisch auf die Heizplatte legt und die Pfännchen fleißig befüllt und anschließend den Inhalt der Pfännchen und das Fleisch isst. Natürlich gibt Nina auch Fleisch und Pfännchen an ihre Mitbewohner ab, sobald diese fertig sind. Das Essen endet, wenn bei allen ein unüberwindbares Sättigungsgefühl eingesetzt hat. Aufgrund des harten Winters kann es während des Raclettes jederzeit zu einem unvorhergesehenen Stromausfall kommen. In diesem Fall muss das Racletteessen abgebrochen werden und Nina sucht zum Zeitvertreib das Spiel Monopoly."

Aufgabe 71: BPMN-Modellierung Mietwagenfirma

Hans Wiwi lernt in seinem Praktikum bei einer Mietwagenfirma eine weitere Abteilung kennen. Diese kümmert sich insbesondere um alle nach der Buchung auftretenden Belange. Damit Sie sich einen besseren Überblick verschaffen können, modellieren Sie den folgenden Sachverhalt als BPMN-Kollaborationsdiagramm.

„Der Prozess der After-Sales-Abteilung wird initiiert, wenn Rechnungen von Mietwagenbuchungen auch nach zwei Wochen noch nicht durch den Kunden beglichen wurden. Ist dies der Fall, wird zunächst ein automatisierter Teilprozess der Mahnungen vollzogen. Nach einer Frist von zwei Wochen wird eine Prüfung über die Begleichung des Rechnungsbetrages durchgeführt. Ist diese positiv, so ist der Prozess beendet. Ist die Prüfung jedoch negativ wird der Fall an die neuerdings ausgelagerte Rechtsabteilung weitergegeben, die eine Bonitätsprüfung vollzieht. In der Rechtsabteilung werden je nach Rechnungsbetrag verschiedene Verfahrensweisen vollzogen. Ist der Betrag kleiner als 100 Euro wird der Fall zu den Akten gelegt, d. h. beendet. Hierüber muss die Abteilung After-Sales direkt benachrichtigt werden. Liegt die Rechnungssumme zwischen 100 und 500 Euro, so werden die Einträge der SchuFA des Schuldners geprüft und unabhängig davon wird eine Anfrage über Zahlungsrückstände bei dem Verband „Deutsche Autovermieter" durchgeführt. Sollte hier eine der beiden Überprüfungen positiv sein, d. h. ein Eintrag ist vorhanden, wird der Fall ebenfalls zu den Akten gelegt, da die Erfolgsaussichten einer Anzeige zu gering sind. Auch hierüber wird die Abteilung After-Sales benachrichtigt. Ansonsten wird der Fall zur Anzeige bei der Staatsanwaltschaft gebracht. Ist die Rechnungssumme über 500 Euro, wird der Fall grundsätzlich zur Anzeige gebracht. In allen Fällen wird der Kunde auf Lebenszeit gesperrt. Der Kunde wird am Ende der Prüfung über die Sperrung informiert. Hierfür wird zunächst das Schreiben erstellt und nachfolgend an den Kunden versendet. Die an die Staatsanwaltschaft weitergeleite Anzeige löst einen für die Mietwagenfirma nicht näher einsehbaren Teilprozess aus. Die Anzeige wird hierbei vor Gericht gebracht und der Vorgang beendet. Ebenso erhält der Kunde die Nachricht über die Sperrung mit einer unbekannten Vorgehensweise und beendet diesen Vorgang. Die Abteilung After-Sales bearbeitet unabhängig vom jeweiligen Ausgang der Prüfung nach deren Ablauf die Daten des Kunden in ihrer Datenbank und der Vorgang ist nachfolgend beendet."

Aufgabe 72: BPMN-Modellierung Autohaus

Modellieren Sie den folgenden Sachverhalt mit Hilfe eines BPMN-Kollaborationsdiagramms:

„Ein Kunde sendet einem Autohaus eine Anfrage für die Besichtigung seines Wunschautos. Ein Verkäufer des Autohauses bearbeitet daraufhin die Anfrage des Kunden. Im Falle, dass sich das Wunschauto des Kunden in der Ausstellung des Autohauses befindet, prüft der Verkäufer den Terminkalender, erstellt die Einladung und sendet dem Kunden diese zur Besichtigung des Fahrzeuges zu. Hat der Kunde die Einladung erhalten, akzeptiert er den vorgeschlagenen Termin und der Prozess endet damit, dass er den Termin akzeptiert hat. Im Falle, dass sich das Wunschauto des Kunden nicht in der Ausstellung des Autohauses befindet, fragt der Verkäufer gleichzeitig in verschiedenen Partner-Autohäusern nach, ob sich das Wunschauto des Kunden vielleicht in deren Ausstellung befindet. Ist das der Fall, prüft ein Partner-Autohaus mögliche Termine für eine Besichtigung und gibt diese an den Verkäufer des anderen Autohauses weiter, welcher in der Liste die Adresse des Partner-Autohauses und die möglichen Termine aktualisiert. Nach Erhalt mindestens einer positiven Rückmeldung von einem Partner-Autohaus sendet das Autohaus die Liste an den Kunden. Dieser prüft daraufhin die Entfernungen zu den genannten Partner-Autohäusern. Ist die Entfernung zu mindestens einem der Partner-Autohäuser akzeptabel, vereinbart der Kunde beim Partner-Autohaus mit der geringsten Entfernung einen Termin, welches den Termin zwei Tage für den Kunden geblockt hat. Ist die Entfernung zu keinem der Partner-Autohäuser akzeptabel, sucht der Kunde nach anderen Fahrzeugmodellen und der Prozess endet damit. Falls das Wunschauto des Kunden auch in der Ausstellung eines Partner-Autohauses nicht vorhanden ist, gibt dieses eine negative Rückmeldung an den Verkäufer des Autohauses. Erhält der Verkäufer nur negative Rückmeldungen der Partner-Autohäuser recherchiert er alternative Modelle, welche sich in der Ausstellung befinden und schlägt dem Kunden eine Besichtigung dieser alternativen Modelle vor. Der Kunde nimmt diesen Vorschlag entweder an und schaut sich das Auto an oder er lehnt diesen Vorschlag ab. Nach der Entscheidung bzw. nach der Besichtigung des Autos ist der Prozess beendet."

Aufgabe 73: PN-Beschreibung Führerscheinkontrolle

Nachfolgend sehen Sie ein Geschäftsprozessmodell, das als Petri-Netz modelliert wurde. Beschreiben Sie den Prozess so genau wie möglich in natürlicher Sprache.

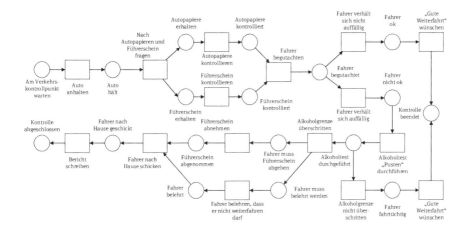

Aufgabe 74: PN-Beschreibung Catering

Beschreiben Sie den abgebildeten Geschäftsprozess eines Catering-Unternehmens in natürlicher Sprache:

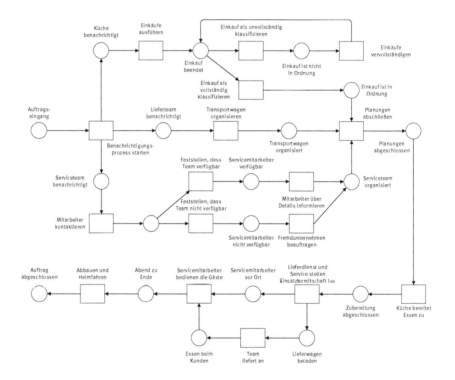

Aufgabe 75: PN-Beschreibung Frachtflug

Nachfolgend sehen Sie einen Geschäftsprozess, der mit Hilfe eines Petri-Netzes modelliert worden ist. Beschreiben Sie den Geschäftsprozess in natürlicher Sprache.

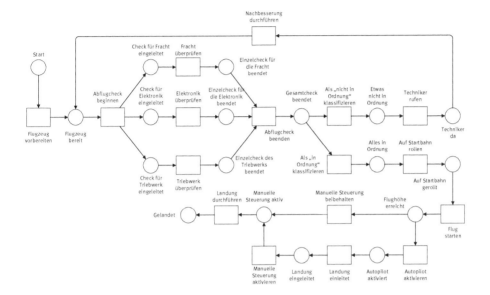

Aufgabe 76: PN-Beschreibung Buchhandlung

Beschreiben Sie den im Folgenden als Petri-Netz abgebildeten Prozess eines Bestellvorgangs in einer Buchhandlung in natürlicher Sprache.

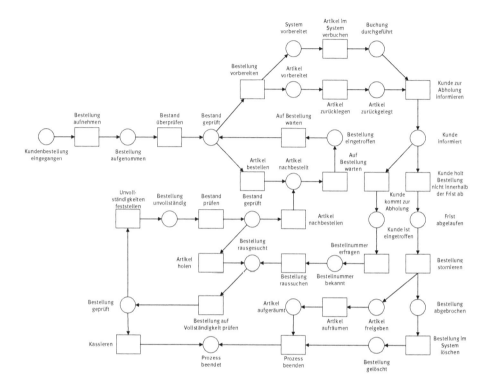

Aufgabe 77: PN-Beschreibung Autokauf

Beschreiben Sie den nachfolgend dargestellten Geschäftsprozess in natürlicher Sprache:

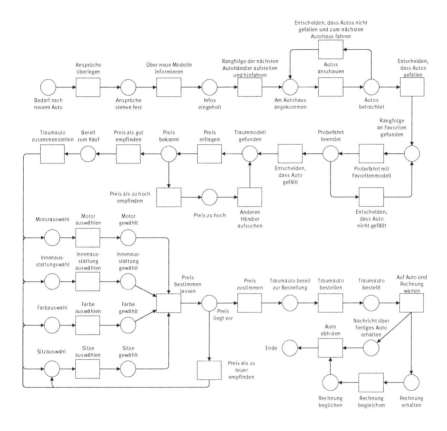

Aufgabe 78: PN Multiple-Choice

Bewerten Sie die nachfolgenden Aussagen auf ihre Richtigkeit und begründen Sie kurz Ihre Antwort.

1) Petri-Netze bestehen aus Transitionen, Stellen und Kanten.
2) Transitionen sind Elemente dynamischer Art und Stellen sind Elemente statischer Art, welche durch Kanten miteinander verbunden werden.
3) Kanten sind gerichtete Pfeile, welche nur zwei Knoten unterschiedlicher Art (Stellen und Transitionen) miteinander verbinden können.
4) Es gibt zwei verschiedene Arten von Petri Netzen: Bedingungs/Ereignis-Netz und Stellen/Transitions-Netz.

5) Ein Bedingungs/Ereignis-System ist ein spezielles Stellen/Transitions-System in dem alle Stellen die Kapazität 1 und alle Knoten die Gewichtung 1 haben.

6) Ein Petri-Netz ist ein ungerichteter und bipartiter Graph.

7) Ein Ereignis in einem Bedingungs/Ereignis-System ist aktiviert, wenn alle seine Vorbedingungen und keine seiner Nachbedingungen zutreffen.

8) Ein Stellen/Transitions-System besteht aus einem Petri-Netz, einer Startmarkierung, der Kapazität der Stellen und der Gewichtung der Kanten.

9) Ein Bedingungs/Ereignis-System enthält im Vergleich zu einem Petri-Netz noch zusätzlich eine Startmarkierung M_0.

Aufgabe 79: Pr/T-Netz-Modellierung Büroarbeitsplatz

An einem Büroarbeitsplatz bearbeiten Mitarbeiter Dokumente. Die Daten über Dokumente und Mitarbeiter sind dabei in folgenden Relationen gespeichert:
– Dokument(<u>Dokument#</u>, Arbeitsschritt)
– Mitarbeiter(<u>Name</u>, Arbeitsschritt)
– InBearbeitung(<u>Dokument#</u>, Name, Arbeitsschritt)

Zu jedem Dokument wird der gerade benötigte Arbeitsschritt festgehalten, außerdem werden zu jedem Mitarbeiter die Arbeitsschritte, die sie durchführen können, gespeichert. Es soll folgender Sachverhalt mit Hilfe eines Pr/T-Netzes modelliert werden:

„Zunächst werden Dokumente von Mitarbeitern bearbeitet und die Dokumente befinden sich dann im Zustand „in Bearbeitung". Anschließend wird die Bearbeitung beendet und der Mitarbeiter ist wieder für den Arbeitsschritt verfügbar."

Aufgabe 80: Pr/T-Netz-Modellierung Bewerbung

In einer Datenbank seien 4 Relationen wie folgt gegeben:
– Bewerber(<u>Name</u>, Studienfachwunsch, Schulabschlusszeugnis)
– Studienfach(<u>Studienfachname</u>, Studentenanzahl)
– ImmatrikulationsZähler(<u>Matrikelnummer</u>)
– Student(<u>Matrikelnummer</u>, Name, Studienfachname)

Das Schulabschlusszeugnis kann die Werte Abitur, Mittlere Reife und Hauptschulabschluss annehmen. Beschreiben Sie den folgenden Ablauf einer Immatrikulation mit einem Pr/T-Netz:

„Ein Bewerber muss sein Schulabschlusszeugnis bei der Immatrikulation vorlegen und seinen Studienfachwunsch angeben. Der Studienfachwunsch entspricht dem Studienfachnamen. Nur Bewerber mit Abitur können immatrikuliert werden. Die Matrikelnummern werden aufsteigend vergeben. Die Anzahl der eingeschriebenen Studierenden in einem Studienfach wird gespeichert. Als Ergebnis der Immatrikulation wird für den Studierenden die Matrikelnummer, der Name und der Studienfachname gespeichert."

Aufgabe 81: Pr/T-Netz-Modellierung Datenbankabfrage Berlin

In einer Datenbank seien zwei Relationen wie folgt gegeben:
- Person1(<u>Name</u>, Wohnort)
- Person2(<u>Name</u>, Alter)

Beschreiben Sie diese Datenbankanfrage als Transition in einem Pr/T-Netz:

„Es werden zwei beliebige Personen gesucht, die in Berlin wohnen und älter als 18 Jahre sind (Alter > 18). Der Wertebereich von Name und Wohnort sei jeweils string, der Wertebereich von Alter integer. Das Resultat wird in eine Relation Erwachsene-Berliner(<u>Name</u>) abgelegt. Beachten Sie, dass das gesamte Resultat der Anfrage durch einmaliges Schalten der Transition erzeugt werden soll. Die Transition sei nicht aktiviert, wenn das Resultat der Anfrage gleich der leeren Menge ist."

Aufgabe 82: Pr/T-Netz-Modellierung Datenbankabfrage Aufträge

Es seien drei Relationsschemata gegeben:
- Vertreter(<u>V#</u>, VName)
- Kunde(<u>K#</u>, KName)
- Auftrag(<u>A#</u>, K#, V#, Produkt, Menge)

Beschreiben Sie die folgende Datenbankanfrage als Transition in einem Pr/T-Netz:

„Suche einen Vertreter, der mindestens zwei Aufträge vom Kunden 'Müller' erhalten hat."

Das Ergebnis-Tupel soll in der Relation Ergebnis(VName) abgelegt werden.

Aufgabe 83: Pr/T-Netz-Modellierung Bibliothek

Das Schema einer relationalen Datenbank (Bibliothek) beinhaltet die folgenden Relationen:
- Buch(<u>BuchNr</u>, Titel, Status)
- Leser(<u>LeserNr</u>, Name, AnzahlBuecherGeliehen)
- Vormerkungen(<u>LeserNr</u>, <u>BuchNr</u>)
- Ausleihe(<u>LeserNr</u>, <u>BuchNr</u>)

Weiterhin gilt: W(Status) = {'ausleihbar', 'vorgemerkt', 'ausgeliehen'}. Beschreiben Sie den folgenden Sachverhalt durch ein Pr/T-Netz mit genau einer Transition:

„Jeder Leser darf ein Buch ausleihen, falls dieses Buch für ihn vorgemerkt ist. Insgesamt darf er nicht mehr als fünf Bücher gleichzeitig ausgeliehen haben."

Aufgabe 84: Pr/T-Netz-Modellierung Wohnungssuche

In einer Datenbank seien fünf Relationen wie folgt gegeben:
- Makler(<u>Maklername</u>, Immobilienportfolio)
- Immobilie(Größe, Miete, <u>Immobilienkennzahl</u>, Besitzer)
- Wohnungssuchender(Wunschgröße, MaxMiete, <u>Kundenname</u>)
- Immobilienportfolio(<u>Immobilienkennzahl</u>, Maklername)
- Kundenportfolio(<u>Kundenname</u>, Miete, <u>Besitzer</u>)

Beschreiben Sie den folgenden Ablauf der Wohnungssuche durch ein Pr/T-Netz:

„Ein Makler hat ein Immobilienportfolio. Ein Kunde stellt eine Anfrage mit Wunschgröße und maximaler Miete. Hat der Immobilienmakler eine passende Immobilie in seinem Portfolio, die die maximale Miete nicht übersteigt und mindestens die Wunschgröße hat, so werden diese Wohnungen in das Kundenportfolio abgelegt."

Aufgabe 85: Pr/T-Netz-Transformation in B/E-Netz

Modellieren Sie folgendes Pr/T-Netz als B/E-Netz mit gleichem Informationsgehalt:

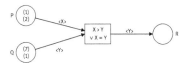

Aufgabe 86: B/E-Netz-Transformation in Pr/T-Netz

Modellieren Sie folgendes B/E-Netz als Pr/T-Netz mit gleichem Informationsgehalt, dabei darf das Pr/T-Netz nur eine Stelle enthalten.

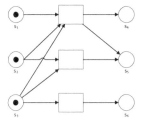

Aufgabe 87: PN-Modellierung Sequenz – Verzweigung – Synchronisation

Modellieren Sie je ein Stellen/Transitions-System mit entsprechender Startmarkierung zu folgenden Vorgangsbeschreibungen:

a) Eine Transition A kann schalten, wenn zuvor eine Transition B geschaltet hat (sequentielle Ausführung).

b) Zwei Transitionen A und B können nebenläufig schalten, aber erst nachdem eine Transition C geschaltet hat.

c) Zwei Transitionen A und B können unabhängig voneinander schalten.

d) Zwei Transitionen A und B können beliebig oft alternierend (abwechselnd) schalten.

e) Eine Transition A kann solange beliebig oft schalten, bis eine Transition B schaltet. Danach kann Transition A nicht mehr schalten.

f) Es kann entweder eine Transition A oder eine Transition B schalten (Exklusives Oder).

Aufgabe 88: PN-Modellierung Klausurvorbereitung

Gegeben sei die folgende Ablaufbeschreibung:

„Studierende eines bestimmten Studiengangs müssen sich im Rahmen ihres Studiums in den beiden Fächern Modellierung von Geschäftsprozessen (MvG) und Workflow-Management (WFM) prüfen lassen, wobei die Reihenfolge der Prüfungen keine Rolle spielt. Vorher lernen Studierende für die Fächer. Die Prüfungen werden mit bestanden oder mit nicht-bestanden bewertet. Einem Studierenden wird ein Zeugnis ausgestellt, falls beide Prüfungen bestanden wurden. Ansonsten muss die entsprechende Prüfung bzw. die beiden Prüfungen erneut geschrieben werden.“

Modellieren Sie den Ablauf als Petri-Netz und geben Sie eine geeignete Startmarkierung an.

Aufgabe 89: PN-Modellierung Philosophenproblem

Fünf Philosophen sitzen zum Essen um einen runden Tisch, dabei kann jeder Philosoph entweder denken oder essen, wobei jeder zum Essen zwei Gabeln benötigt. Unglücklicherweise gibt es nur fünf Gabeln und jeder darf nur die Gabeln verwenden, die unmittelbar links und rechts von ihm liegen (https://de.wikipedia.org/wiki/Philosophenproblem). Modellieren Sie ein entsprechendes Bedingungs/Ereignis-System.

Aufgabe 90: PN-Modellierung Behörde

Modellieren Sie den folgenden Sachverhalt Stellen/Transitions-System und geben Sie eine geeignete Startmarkierung an:

> „Der Schalterraum einer Behörde ist mit einem Beamten besetzt, der für die Bearbeitung eines Antrags zuständig ist. Die Bearbeitung erfolgt in Anwesenheit des Antragstellers. Aus Datenschutzgründen darf stets nur ein Antragsteller den Raum betreten."

Aufgabe 91: PN-Modellierung Eisenbahnschranke

Modellieren Sie einen Eisenbahnübergang mit Hilfe eines Stellen/Transitions-Systems. Mögliche Kapazitätsbeschränkungen des Stellen/Transitions-System sind mit Hilfe von Komplementstellen zu lösen. Der Verkehr auf der Straße sowie die fahrenden Züge müssen die folgenden Bedingungen erfüllen:

- Zur Vereinfachung wird angenommen, dass sowohl die Straße als auch die Eisenbahnstrecke nur in eine Richtung befahren werden können.
- Die Straße besteht aus drei Abschnitten (s_1, s_2, s_3) wie auch der Eisenbahnabschnitt (g_1, g_2, g_3).
- Autos kommen aus westlicher Richtung in den Abschnitt s_1 und verlassen den Abschnitt über s_3. In Abschnitt s_2 kann sich der Einfachheit halber nur ein Auto befinden. In den beiden anderen Teilstrecken können aber mehrere Autos vorhanden sein.
- Züge fahren von Norden nach Süden und in Abschnitt g_2 kann sich der Einfachheit halber nur ein Zug befinden. In den beiden anderen Teilstrecken können aber mehrere Züge vorhanden sein.
- Eine Schranke bei s_2 verhindert Unfälle zwischen Autos und Zügen und befindet sich bei der Überschneidung von s_2 mit g_2. Die Schranke kann entweder geöffnet oder geschlossen sein.

Aufgabe 92: PN-Modellierung Lichtstudio

Modellieren Sie den folgenden Sachverhalt mit Hilfe eines Stellen/Transitions-Netzes:

> „Ein Lichtstudio erstellt Lichtplanungen für Räume. Um eine solche Lichtplanung zu erstellen, müssen mehrere Schritte ausgeführt werden. Möchte ein Kunde eine Lichtplanung, so meldet er sich bei dem Lichtstudio. Nachdem ein Mitarbeiter die benötigten Informationen während dieses Gesprächs aufgenommen hat, bietet er dem Kunden einen Vor-Ort-Besuch an, um sich ein Bild von den Räumlichkeiten zu machen. Der Kunde kann dieses Angebot annehmen oder ablehnen. Lehnt er das Angebot ab, so wird direkt ein Termin für die Lichtplanung im Studio vereinbart. Nimmt der Kunde das Angebot an, so wird zuerst ein Termin für einen vor Ort Besuch vereinbart. Nachdem dieser Termin vereinbart ist, besucht ein Mitarbeiter den Kunden vor Ort. Hat sich der Mitarbeiter des Lichtstudios ein Bild der Situation gemacht, so wird nun auch ein Termin für die

Lichtplanung im Lichtstudio vereinbart. Im Lichtstudio werden die verschiedenen Möglichkeiten für eine Lichtplanung mit dem Kunden durchgesprochen. Anschließend erarbeitet der Mitarbeiter des Lichtstudios ein Lichtkonzept sowie verschiedene Preiskategorien für die Umsetzung mit Lampen. Nachdem sich der Mitarbeiter ein Lichtkonzept überlegt hat, zeichnet er die Pläne. Nebenläufig dazu muss er auch die Preiskategorien erarbeiten und anschließend die verschiedenen Lampen für die jeweiligen Preiskategorien heraussuchen. Sind die Pläne gezeichnet und die Lampen ausgewählt, schickt der Mitarbeiter das Angebot an den Kunden. Der Kunde kann das Angebot nun annehmen oder ablehnen. Nimmt er das Angebot an, werden die Rechnung für die Lichtplanung und die gewählten Lampen bzw. die Bestellung versendet. Lehnt der Kunde das Angebot ab, so wird nur eine Rechnung für die Lichtplanung versendet."

Aufgabe 93: PN-Modellierung Personenzug

Modellieren Sie das Verhalten der Türen eines Personenzuges mit einem Bedingungs/Ereignis-System (B/E-System) unter Berücksichtigung des folgenden vereinfachten Sachverhalts. Geben Sie eine gültige Anfangsmarkierung an.

„Erst wenn der Personenzug an einem Bahnhof hält, dürfen alle Türen des Personenzuges geöffnet werden, damit Personen ein- bzw. aussteigen können. Weiterhin darf der Personenzug erst wieder losfahren, wenn alle Türen geschlossen sind. Der Personenzug fährt immer wieder Bahnhöfe an und lässt an jedem Bahnhof Personen ein- bzw. aussteigen. Insgesamt gibt es somit zwei mögliche Bedingungen für die Türen des Personenzuges:
–   Türen geschlossen
–   Türen geöffnet
Um den Zustand des Personenzuges zu beschreiben, sollen folgende Bedingungen verwendet werden:
–   Zug hat am Bahnhof gehalten
–   Zug ist vom Bahnhof losgefahren"

Aufgabe 94: PN-Modellierung Online-Shop

Modellieren Sie den folgenden Sachverhalt als Petri-Netz:

„Ein Kunde möchte im Online Shop eines Herstellers eine Bestellung tätigen. Zunächst ist der Kunde daher bereit für die Bestellung und öffnet im Webbrowser die Internetseite des Herstellers. Nachdem sich die Webseite öffnet, ist er nun bereit, das Sortiment nach dem gewünschten Artikel zu durchsuchen. Nachfolgend kann der Artikel entweder in der Ergebnisliste vorhanden sein bzw. ausgewählt werden oder aber nicht im Sortiment geführt werden. Wird der Artikel vom Hersteller nicht angeboten, so kann der Kunde den Online Shop nach Alternativen durchsuchen. Hat der Kunde seine Artikel oder Alternativen hierfür gefunden, kann er diese dem Warenkorb hinzufügen. Nun ist der Kunde bereit zum Bezahlen. Er gibt seine Daten zum Login ein. Diese werden auf ihre Richtigkeit überprüft. Bei fehlerhaften Login-Daten ist die erneute Eingabe erforderlich. Ist der Login-Vorgang erfolgreich, so wird die Kreditkartennummer durch den Kunden eingegeben und es erfolgt eine Überprüfung der Kreditkartendaten. Nebenläufig zu diesem Vorgang wird die Lieferadresse des Kunden eingegeben sowie das Lieferunternehmen festgelegt. Nur bei erfolgreicher Eingabe der Daten kann die Bestätigung der Bestellung erfolgen und es kommt zum Abschluss des Bestellvorgangs."

Aufgabe 95: PN-Modellierung Spielverlegung

Modellieren Sie den Ablauf einer Spielverlegung als Petri-Netz, der wie folgt beschrieben wird:

„Ein Mannschaftsführer (MF) befindet sich in der Situation, ein Verbandsspiel terminbedingt verlegen zu wollen. Hierfür kontaktiert er all seine Mitspieler, um ihnen zwei Terminvorschläge zu unterbreiten. Nachdem er von allen eine Antwort erhalten hat, prüft er, ob die Terminvorschläge als Ausweichtermine in Frage kommen. Als Ergebnis erhält er entweder keinen, einen oder zwei Ausweichtermine. Im Falle von keinem möglichen Ausweichtermin ist der Verlegungsprozess gescheitert, die Mitspieler werden daraufhin benachrichtigt und der Prozess ist beendet. Bei einem oder zwei möglichen Ausweichterminen leitet der Mannschaftsführer diese an den gegnerischen Mannschaftsführer weiter. Von diesem kann er nun eine positive oder eine negative Rückmeldung erhalten. Bei einer positiven Rückmeldung informiert der Mannschaftsführer seine Spieler darüber und leitet den neuen Termin an die Ligaleitung weiter. Diese trägt den neuen Termin in den Spielplan ein. Bei einer negativen Rückmeldung ist der Verlegungsprozess wiederum gescheitert und die Mitspieler werden darüber informiert.“

Aufgabe 96: PN-Modellierung Stromzähler

Modellieren Sie den folgenden Sachverhalt als Bedingungs/Ereignis-System:

„Pünktlich für die Strom-Jahresrechnung benötigt die Abrechnungsabteilung eines kleinen Stadtwerks die Zählerstände seiner Kunden. Daher gibt das Abrechnungsteam der Abteilung für das Zähldatenmanagement (ZDM) Bescheid, dass die Zählerstände der Kunden in Erfahrung gebracht werden müssen. Daraufhin werden die Kunden vom ZDM-Team darüber informiert, dass sie ihre Zählerstände innerhalb einer vorgegebenen Frist x melden müssen. Dies geschieht bei Kunden mit Standardverträgen per Brief und bei Kunden mit Onlineverträgen per E-Mail. Anschließend wird die Zeitspanne x abgewartet, ob die Kunden ihre Zählerstände melden oder nicht. Haben sich die Kunden innerhalb der Frist gemeldet, so wird ein Bestätigungsschreiben per E-Mail versendet und die tatsächlichen Zählerstände sind für die Jahresrechnung vorhanden. Haben sich die Kunden nicht gemeldet, wird eine Erinnerung mit einer neuen Frist y auf demselben Kommunikationskanal wie das Informationsschreiben versendet. Meldet sich der Kunde innerhalb der Frist y, so wird wie nach Frist x ein Bestätigungsschreiben versendet. Melden sich die Kunden erneut nicht mit ihren Zählerständen, so wird der Zählerstand geschätzt und der Schätzwert für die Jahresabrechnung verwendet.“

Aufgabe 97: PN-Modellierung Erasmussemester

Modellieren Sie den folgenden Prozess als Petri-Netz:

„Der Wunsch, ein Erasmussemester in einem bestimmten Zeitraum zu verbringen, stößt einen Bewerbungsprozess an. Zunächst muss die Bewerbungsfrist für das gewünschte Semester überprüft werden. Ist die Frist noch nicht verstrichen, holt der Interessent weitere Informationen über die Bewerbung ein (u.a. über Partneruniversitäten, benötigte Bewerbungsunterlagen, etc.). Daraufhin muss er entscheiden, ob er an mindestens einer Partneruniversität interessiert ist. Bei vorhandenem Interesse müssen dann die an den interessanten Universitäten angebotenen Vorlesungen gesucht und mit dem eigenen Studienplan verglichen werden. Sind die Vorlesungen kompatibel, muss eine Prioritätenliste der verschiedenen Universitäten erstellt werden, woraufhin die Bewerbungsunterlagen zusammengestellt werden müssen. Solange die Bewerbungsunterlagen nicht komplett sind, muss die Zusammenstellung fortgesetzt werden. Sobald die Bewerbungsunterlagen komplett sind, werden sie an das Auslandsbüro der Fakultät gesendet, wo dann eine Kommission die Unterlagen überprüft und entweder positiv oder negativ bewertet. Im Falle einer positiven Bewertung schickt das Auslandsbüro dem Bewerber die Zusage zu und der Prozess endet, da der Erasmusaufenthalt im Wunschsemester möglich ist. In den Fällen, dass die Bewerbungsfrist bereits verstrichen ist, kein Interesse an den Partneruniversitäten besteht, die Vorlesungen nicht kompatibel sind oder die Bewerbung negativ bewertet wird, wird nichts weiter unternommen. So wird der Prozess beendet, da ein Erasmusaufenthalt im Wunschsemester nicht möglich ist."

Aufgabe 98: PN-Modellierung Krankenhaus

Modellieren Sie den folgenden Sachverhalt als B/E-Netz:

„In einem Krankenhaus mit zwei Chirurgen im Dienst und einem in Bereitschaft müssen sich Patienten nach der Ankunft zunächst an der Aufnahme melden und ein Formular ausfüllen. Abhängig davon, wie schwerwiegend der Fall ist, wird der Patient entweder der Warteschlange, dem nächsten freiwerdenden Chirurgen oder dem in Bereitschaft stehenden Chirurgen zugeteilt. Schwerwiegende Fälle werden von dem in Bereitschaft stehenden Chirurgen sofort behandelt. Harmlose Fälle müssen bis zu ihrer Behandlung Zeit im Warteraum verbringen. Mittelschwere Fälle dürfen die Warteschlange überspringen und direkt im Vorzimmer des Chirurgen Platz nehmen. Nach abgeschlossener Behandlung dürfen die Patienten das Krankenhaus entweder sofort verlassen, oder sie müssen noch für eine Nacht dableiben. Nach der ersten Nacht erfolgt eine Untersuchung. Im Falle einer Genesung erfolgt die Entlassung. Wenn die Genesung noch nicht vollständig stattgefunden hat, muss der Patient noch eine weitere Nacht im Krankenhaus verbringen und es folgt erneut eine Untersuchung, in der festgestellt wird, ob eine Genesung stattgefunden hat."

Aufgabe 99: PN-Modellierung Zimmerverteilung

Sie werden von einem Hotel beauftragt, die Zimmerverteilung für interne Verbesserungszwecke als Petri-Netz zu modellieren. Nach einigen Beobachtungen erkennen Sie den folgenden Ablauf:

„Ein Kunde erscheint an der Rezeption. Zuerst wird der Kunde nach seinem Wunsch gefragt, wobei dieser entweder ein neues Zimmer buchen oder ein Zimmer zurückgeben kann. Falls der Kunde ein neues Zimmer buchen möchte, kann er zwischen den Ausstattungen Standard und Premium wählen. Bei Premium-Zimmern wird, zusätzlich zum Standard-Service, noch der Gepäckservice gerufen. Bei Standard-Zimmern wird zunächst ein geeignetes Zimmer ausgewählt und nachfolgend der Schlüssel übergeben und die Buchung zeitgleich in das Buchungssystem eingetragen. Der Zimmerbuchungsprozess endet an dieser Stelle. Möchte ein Kunde sein Zimmer zurückgeben, wird zeitgleich die Rechnung gedruckt und der Geldbetrag eingefordert; der

Kunde wird nach Feedback befragt und dieses wird im Buchungssystem eingetragen. Außerdem wird der Schlüssel zurückverlangt. Nach einer Verabschiedung ist der Prozess beendet."

Aufgabe 100: UML-AD Beschreibung Ablauf

Nachfolgend sehen Sie den Ausschnitt eines UML-Aktivitätsdiagramms. Beschreiben Sie die gemäß dem Modellausschnitt möglichen Folgen von Aktivitäten (entspricht den Aktionen des UML-Aktivitätsdiagramms). Begründen Sie Ihre Antwort.

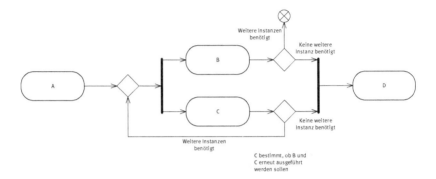

Aufgabe 101: UML-AD-Fehlerfinden (1)

Finden Sie Modellierungsfehler in folgendem UML-Aktivitätsdiagramm und beschreiben Sie kurz, worin der jeweilige Fehler besteht.

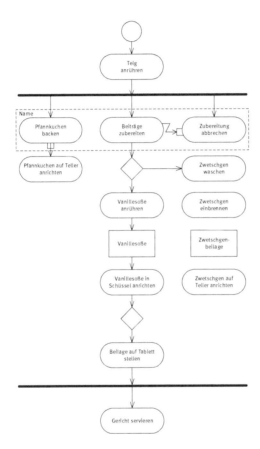

Aufgabe 102: UML-AD-Fehlerfinden (2)

Finden und beschreiben Sie die Fehler in folgendem UML-Aktivitätsdiagramm:

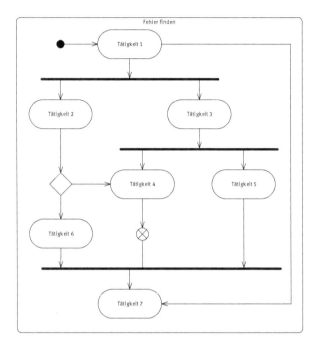

Aufgabe 103: UML-AD-Modellierung Bewerbungsgespräch

Modellieren Sie den folgenden Sachverhalt mit Hilfe eines UML-Aktivitätsdiagramms:

> „Eine Person erhält die Einladung zu einem Vorstellungsgespräch. Zunächst überprüft die Person, ob sie an diesem Tag Zeit hat. Danach überlegt sie sich, ob sie überhaupt weiterhin an dieser Stelle interessiert ist. Hat die Person keine Zeit oder kein Interesse, sagt sie das Vorstellungsgespräch ab. Andernfalls sagt sie zu."

Aufgabe 104: UML-AD-Modellierung Klausur

Modellieren Sie die beiden folgenden Abläufe aus dem universitären Umfeld mit UML-Aktivitätsdiagrammen:

> a) Damit Studenten an einer Klausur teilnehmen können, muss diese zunächst erstellt werden. Anschließend muss die Klausur ausgedruckt werden. Während des Druckvorgangs kann es zu einem Papierstau kommen, der behoben werden muss. Auch kann das Papierfach des Druckers leer sein. Dann muss Papier nachgefüllt werden. Nach dem Drucken

wird geprüft, ob weitere Klausuren gedruckt werden sollen. Ansonsten ist der Prozess beendet.

b)   Um sich in einer Vorlesung prüfen zu lassen, müssen Sie sich zunächst für die Vorlesung anmelden. Daraufhin müssen Sie die Vorlesung besuchen und die zugehörige Übung absolvieren. Wenn Sie beides absolviert haben, dann schreiben Sie die Prüfung und erhalten daraufhin ein Ergebnis, wodurch der Prozess beendet ist. Nachdem Sie sich für die Vorlesung angemeldet haben, kann das Ereignis „Abmelden" auftreten, woraufhin die Aktion „Studierenden abmelden" durch eine Ausnahmebehandlung ausgeführt wird und der Prozess ebenfalls beendet ist. Dieses Ereignis muss allerdings vor der Prüfung auftreten.

Aufgabe 105: UML-AD-Modellierung Bestellabwicklung

Modellieren Sie den folgenden Bestellprozess zwischen einem Kunden und dem Warenhändler ModeHaus mit einem UML-Aktivitätsdiagramm. Geben Sie insbesondere die Objekte mit an.

> „Ein Kunde füllt einen Bestellauftrag aus, den das Unternehmen ModeHaus anschließend empfängt. Ein Lieferauftrag wird daraufhin an die Versandabteilung weitergegeben, die die Waren versendet. Parallel wird der Rechnungsbetrag abgebucht. Nach diesen Tätigkeiten wird die Bestellung abgeschlossen und der Kunde erhält ein Paket mit seinen Waren."

Aufgabe 106: UML-AD-Modellierung Urlaubsvorbereitung

Modellieren Sie ihre Urlaubsvorbereitung als UML-Aktivitätsdiagramm:

> „Sie wollen in den Urlaub fahren. Sie stellen Ihren Wecker auf drei Stunden vor Abfahrt. Sobald Sie das Wecksignal wahrgenommen haben, beginnen Sie gleichzeitig den Koffer zu packen und ein Taxi zu bestellen. Wenn der Koffer gepackt ist und das Taxi ein Hupsignal zur Abreise gib, brechen Sie zum Flughafen auf."

Aufgabe 107: UML-AD-Modellierung Webshop

Ein Webshop-Betreiber möchte seine Geschäftsprozesse zur Unterstützung der Bestellabwicklung überprüfen lassen. In einem ersten Schritt werden Sie als Berater hinzugezogen und sollen den Prozess in einem UML-Aktivitätsdiagramm festhalten. Hierzu erhalten Sie folgende Prozessbeschreibung von einem Fachexperten:

> „Sobald eine Bestellung eingeht, wird deren Verarbeitung angestoßen. Hierbei wird geprüft, ob die Bestellung alle notwendigen Informationen enthält. Danach wird nebenläufig einerseits die Ware gerichtet und verpackt, andererseits die Rechnung vorbereitet. Sobald Rechnung und Ware bereit sind, erfolgt das Versenden der Bestellung. Nach dem Versand ist der Geschäftsprozess abgeschlossen. Sind die Bestelldaten nicht vollständig, scheitert das Richten der Ware oder die Rechnungslegung, so wird der Prozess vor dem Versenden abgebrochen."

Aufgabe 108: UML-AD Modellierung Ampelanlage

Eine Ampelanlage kontrolliert einen Bahnübergang. Neben den beiden Fahrzeugampeln sind zur Sicherheit zwei Schranken am Bahnübergang installiert. Der Bahnübergang wird vollautomatisch über in den Schienen eingelassene Sensoren gesteuert. Die korrekte Schaltabfolge der Anlage soll mit Hilfe eines UML-Aktivitätsdiagramms modelliert werden. Als externer Berater müssen Sie dabei die folgenden Anforderungen umsetzen:

1) Im Standardbetrieb (Ausgangssituation) zeigen die Fahrzeugampeln Grün an, die Schranken sind währenddessen oben, sodass der Fahrzeugverkehr den Bahnübergang passieren kann.
2) Sobald einer der Sensoren vor dem Bahnübergang auf einen ankommenden Zug reagiert, erhält die Ampelanlage ein Wechselsignal.
3) Wenn die Ampelanlage das Wechselsignal empfangen hat, werden die Ampeln zunächst für die Dauer z_1 auf Gelb und danach auf Rot geschaltet. Gleichzeitig mit der Umschaltung auf Rot werden die Schranken geschlossen.
4) Sobald alle Züge, die sich im Bereich des Bahnübergangs befinden, die Sensoren im Bereich nach dem Bahnübergang passiert haben, erhält die Ampelanlage erneut ein Wechselsignal.
5) Nachdem die Ampelanlage das Wechselsignal empfangen hat, werden zunächst die Schranken geöffnet, danach schalten die Ampeln wieder auf Grün um und befinden sich somit erneut in der Ausgangssituation.

Hinweis: Modellieren Sie die Ausgangssituation bis zur Reaktion eines Sensors als Schleife.

Aufgabe 109: UML-AD-Transformation EPK in UML-AD (1)

Transformieren Sie die folgende Ereignisgesteuerte Prozesskette in ein UML-Aktivitätsdiagramm:

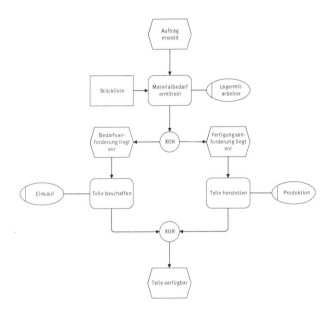

Aufgabe 110: UML-AD-Transformation EPK in UML-AD (2)

Transformieren Sie die folgende Ereignisgesteuerte Prozesskette in ein UML-Aktivitätsdiagramm:

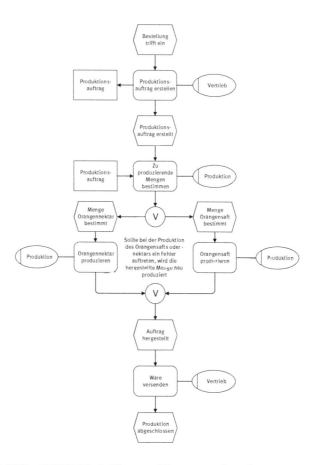

Aufgabe 111: EPK-, BPMN-Modellierung Klausurvorbereitung

Modellieren Sie den folgenden Ablauf von Hans Wiwi als EPK und BPMN, die die Vorbereitung zur Klausur Modellierung von Geschäftsprozessen beschreibt:

„Der Tag von Hans Wiwi beginnt mit dem Klingeln des Weckers um 8 Uhr, worauf er aufsteht und das Wetter überprüft. Sofern das Wetter schlecht ist, schläft er noch eine Stunde, bis der Wecker wieder klingelt. Dies macht er solange, bis das Wetter schön ist und geht dann in den Schlosspark oder besucht die Vorlesung. Trotz schlechtem Wetter kann es vorkommen, dass Hans Wiwi in die Vorlesung geht, falls Nina Wiwi zu viel Lärm macht. Nachdem die Vorlesung überstanden ist, geht Hans Wiwi in die Bibliothek, um zu lernen. Wenn er in den Park gehen sollte, packt Hans Wiwi ein Buch ein und liest dies. Abends, wenn der Tag überstanden ist, legt er sich schlafen bis der Wecker am nächsten Tag um 8 Uhr wieder klingelt und der Tag erneut beginnt."

Aufgabe 112: EPK-, BPMN-Modellierung Büromaterial

Gegeben sei der folgende Ausschnitt aus einem Ablauf zur Beschaffung von Büromaterial in einem Unternehmen:

„Wenn ein Mitarbeiter Büromaterial benötigt, füllt er einen Materialanforderungsschein aus und schickt diesen an die zentrale Ausgabestelle für Büromaterialien. Bei einem Materialpreis von über 100€ muss der ausgefüllte Anforderungsschein zuvor noch vom jeweiligen Abteilungsleiter genehmigt werden. Sofern das Büromaterial nicht genehmigt wird, ist der Prozess beendet. Andernfalls wird der Anforderungsschein vom Anforderer an die Anforderungsstelle weitergeleitet. Nachfolgend prüft die Ausgabestelle die Verfügbarkeit des gewünschten Büromaterials. Ist die angeforderte Menge verfügbar, so wird diese von der Ausgabestelle ausgegeben. Ist die angeforderte Menge nicht verfügbar, so wird die Beschaffung des Materials eingeleitet und nachfolgend von der Ausgabestelle ausgegeben."

a) Modellieren Sie diesen Ablauf möglichst genau als erweiterte Ereignisgesteuerte Prozesskette (eEPK).

b) Modellieren Sie diesen Ablauf mit BPMN und stellen Sie den Anforderungsschein hierbei explizit als Datenobjekt dar.

Aufgabe 113: EPK-, BPMN-, PN-, UML-AD-Modellierung Ampelschaltung

Eine typische Ampelschaltung verfügt über drei Zustandsanzeigen: Rot, Gelb und Grün. Sobald der Verkehr angehalten werden soll, wird die Anzeige von Grün nach Gelb gewechselt. Anschließend erfolgt die Umschaltung von Gelb nach Rot automatisch nach einer Zeitspanne z_1. Sobald der Verkehrsfluss in Richtung der Ampel wieder freigegeben werden soll, wird zunächst zusätzlich zu Rot über die Zeitspanne z_2 noch Gelb signalisiert, anschließend wird das Signal direkt auf Grün weitergeschaltet.

a) Modellieren Sie das Verhalten der Ampelschaltung mit EPK.

b) Modellieren Sie das Verhalten der Ampelschaltung mit BPMN.

c) Modellieren Sie das Verhalten der Ampelschaltung mit einem Stellen/Transitions-System.

d) Modellieren Sie das Verhalten der Ampelschaltung mit einem UML-Aktivitätsdiagramm. Zusätzlich soll die Ampel bei einem Fehlersignal auf Rot geschaltet werden.

e) An einer Kreuzung dürfen gleichzeitig nur die gegenüberliegenden Ampeln (A, B) oder (C, D) grün signalisieren. Modellieren Sie die Kreuzung mit der EPK, BPMN und UML-AD.

Aufgabe 114: EPK-, BPMN-, PN-, UML-AD-Modellierung Versicherungsgesellschaft

Eine Versicherungsgesellschaft bearbeitet Kfz-Verkehrsunfälle. Für die Abwicklung der Schadensanzeigen wird bei der Versicherungsgesellschaft folgendermaßen vorgegangen:

> „Jeder Schaden, der von einem Versicherungsnehmer angezeigt wird, wird von einem Angestellten der Abteilung für Autounfälle aufgenommen. Nach der Aufnahme der Schadensanzeige wird diese in eine der zwei Kategorien einfach oder komplex eingeteilt. Diese Einteilung wird von einem Gutachter aus der Abteilung für Autounfälle vorgenommen. Fälle der einfachen Kategorie umfassen zwei Arbeitsschritte: Werkstatt anrufen und Versicherungspolice überprüfen. Diese Arbeitsschritte sind voneinander unabhängig. Fälle der komplexen Kategorie umfassen drei Arbeitsschritte: Versicherungspolice überprüfen, Schadensfallhistorie überprüfen und Werkstatt verständigen. Diese Arbeitsschritte sollen nacheinander in der angegebenen Reihenfolge ausgeführt werden. Die Angestellten der Abteilung für Autounfälle sind für die Überprüfung der Versicherungspolice und der Prüfung der Schadensfallhistorie sowie für den Anruf bei der Werkstatt zuständig. Nach Beendigung dieser zwei bzw. drei Arbeitsschritte wird eine Entscheidung getroffen. Diese Entscheidung fällt ein Gutachter aus der Bewertungsabteilung. Mögliche Entscheidungen sind entweder positiv oder negativ. Ist die Entscheidung positiv, dann wird die Versicherungsgesellschaft die Schadensfallsumme begleichen. Die Zahlung wird von einem Angestellten der Finanzabteilung bearbeitet. In jedem Fall wird die Versicherungsgesellschaft einen Brief an den Versicherungsnehmer senden. Diesen Brief schreibt ein Angestellter der Abteilung für Autounfälle.“

a) Erstellen Sie eine EPK zu diesem Sachverhalt.
b) Erstellen Sie ein Stellen/Transitions-System zu diesem Sachverhalt.
c) Erstellen Sie ein UML-AD zu diesem Sachverhalt, wobei zusätzlich folgender Aspekt gilt:

> „Während der Bearbeitung eines Schadensfalles soll es dem betroffenen Kunden außerdem jederzeit möglich sein, die Schadensfallmeldung zurück zu ziehen.“

d) Erstellen Sie ein Prozessmodell mit der Modellierungssprache BPMN. Zusätzlich gilt folgender Aspekt:

> „Während der Bearbeitung eines Schadensfalles soll es dem betroffenen Kunden außerdem jederzeit möglich sein, die Schadensfallmeldung zurück zu ziehen. Weiterhin hat der Kunde die Möglichkeit, sofern die Versicherung nach drei Tagen nicht reagiert, den Fall zu eskalieren.“

3.3 Lösungen

Lösungsvorschlag zu Aufgabe 15: Modellierungsansätze und Modellierungssprachen

a) MODELLIERUNGSANSÄTZE:
- Funktionsorientiert, z. B. Nutzung eines Datenflussdiagramms (DFD) zur grafischen Beschreibung der Funktionalität eines Systems:

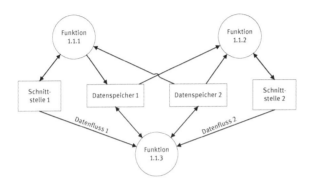

- Datenorientiert, z. B. Nutzung des Entity-Relationship-Modells (ER-Modell), um Entitäten und deren Beziehungen zueinander zu definieren:

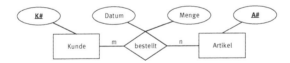

- Prozessorientiert, z. B. Nutzung der Ereignisgesteuerten Prozesskette (EPK), der Business Process Model and Notation (BPMN), des UML-Aktivitätsdiagramms (UML-AD) oder der Petri-Netze. Beispielsweise ein BPMN-Prozessmodell:

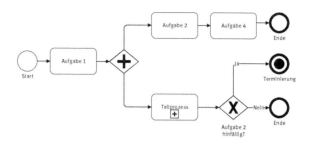

- Objektorientiert, z. B. Nutzung der Unified Modeling Language (UML), welche grafische Modellierungssprachen für die gesamte Systement- wicklung bereitstellt, d. h. zur Modellierung von Anforderungen, Imple- mentierung und Systemevolution. Es werden unterschiedliche Dia- grammtypen für die unterschiedlichen Sichten auf ein System zur Verfügung gestellt.

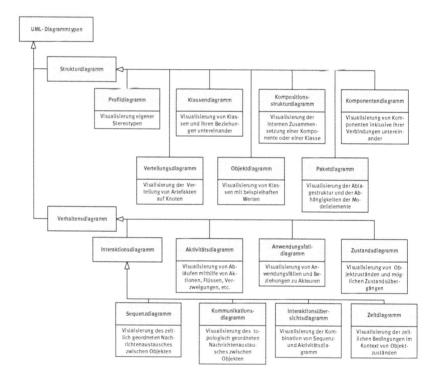

- Wissensbasiert, z. B. Nutzung von textuellen (XML-basierten) Modellie- rungssprachen, wie Web Ontology Language (OWL) oder auch Resource

Description Framework (RDF). Ein einfacher RDF-Graph zur Beschreibung einer Beziehung zwischen einem Buch und dem Verlagshaus De Gruyter.

b)

Ausdrucksmächtigkeit	– Um alle relevanten Aspekte mit adäquaten und angemessenen Modellierungskonstrukten zu modellieren
Erweiterbarkeit	– Um später benötigte Konstrukte hinzuzufügen
Dynamische Anpassbarkeit	– Zur Reaktion auf veränderte Rahmenbedingungen
Wiederverwendbarkeit	– Zur Vermeidung aufwändiger Neuentwicklungen
Offenheit	– Zur Integration von existierenden und neuen Modellen
Einfachheit, Verständlichkeit	– Zum leichten Erlernen der Sprache – Zur leichten Verwendung der Sprache
Formalisierungs- bzw. Präzisierungsgrad	– Zur flexiblen Anpassbarkeit an das Ziel der Modellierung – Zur flexiblen Anpassbarkeit an die Zielgruppe des Modells
Visualisierungsmöglichkeit	– Zur graphischen Darstellung (leichte Handhabbarkeit, Lesbarkeit, Abstraktion) – Für unterschiedliche Sichten mit angemessenem Detaillierungsgrad und Modularisierbarkeit
Entwicklungsunterstützung	– Zur methodischen Unterstützung für die Modellierung – Zur Werkzeugunterstützung
Analysierbarkeit bzw. Ausführbarkeit/Simulierbarkeit	– Zur Validierung, Verifizierung und Leistungsbewertung – Zur formalen Repräsentation und Konsistenz des Modells – Zur Analyse anwendungsbezogener Aspekte, wie Durchlaufzeiten, Reaktionszeiten, etc.
Unabhängigkeit von einem Unternehmen	– Zur universellen Verwendung sollte idealerweise ein unabhängiges Standardisierungsgremium vorliegen

c)

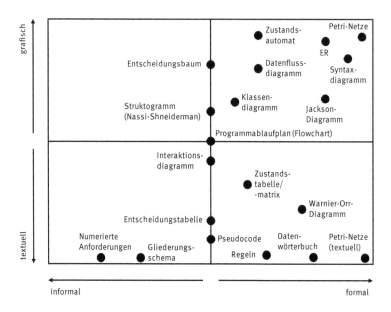

Lösungsvorschlag zu Aufgabe 16: EPK-Grundlagen

a) Eine Funktion repräsentiert eine auszuführende Aktivität, die physischer oder geistiger Natur ist, um ein definiertes Ziel zu erreichen, innerhalb einer vordefinierten Zeitspanne. Hierbei veranschaulicht die Funktion die aktive Komponente in einem Informationssystem, die einen definierten Eingangszustand benötigt und in einen Zielzustand transformiert. Das Pendant zu einer Funktion ist das Ereignis, welches einen Zustand repräsentiert und die passive Komponente im Rahmen einer EPK darstellt. Dementsprechend kann ein Ereignis ein Prozessobjekt auslösen (bspw. „Buch geliefert") oder eine Veränderung (bspw. „ISBN wurde geändert") aufzeigen. Die dritte Elementgruppe, namentlich die Verknüpfungsoperatoren, stellen Verknüpfungsoperationen (logisches Und, logisches exklusives Oder sowie logisches inklusives Oder) zur Verfügung. Das Verbindungselement definiert die letzte Elementgruppe der Basiselemente und beschreibt logisch-kausale Zusammenhänge [KeNS92].

b) Die erweiterte Ereignisgesteuerte Prozesskette besteht aus Organisationsein-
heiten (engl. Organization Unit), Informationsobjekten (engl. Information,
Material or Resource Object) sowie aus Prozesswegweisern (engl. Process
Path).

– Durch das Element Organisationseinheit kann eine auszuführende
Funktion bzw. Aufgabe einer entsprechenden Person oder einer Rolle
zugeordnet werden. Damit besteht die Möglichkeit, mittels einer Anordnung festzulegen, welche Person oder Rolle für die Ausführung einer
definierten Funktion verantwortlich ist. Vor diesem Hintergrund ist eine
bestimmte Organisationseinheit mittels einer Verbindungslinie einer
definierten Funktion zuzuordnen.

– Des Weiteren stellen Informationsobjekte Informationen in analoger
oder digitaler Form zur Verfügung. Visuell ist das Informationsobjekt
durch einen Pfeil mit der Funktion verbunden, sofern für die Ausführung dieser Aktivität eine bestimmte definierte Information benötigt
wird, d. h. die Verbindung der Modellierungselemente erfolgt durch einen Pfeil, der vom Informationsobjekt ausgehend in Richtung Funktion
zeigt. Andernfalls verläuft der Pfeil mit der Pfeilspitze von der Funktion
zum Informationsobjekt hin, wenn die Funktion eine Information oder
einen Output liefert.

– Das Element Prozesswegweiser wird zur Hierarchisierung von Prozessen verwendet. Mit diesem Modellierungselement besteht die Möglichkeit, größere und komplexe Prozesse übersichtlich zu gestalten.

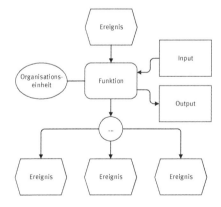

Lösungsvorschlag zu Aufgabe 17: EPK-Beschreibung einer Qualitätsanforderungsprüfung

1) Es handelt sich hierbei um ein Prozess(-fragment) zur Prüfung von Qualitätsanforderungen, wie beispielsweise die Prüfung von Anforderungen an ein System (Requirements Engineering). Der Ablauf ist dabei wie folgt:
   1) Der Prozess wird durch ein Starterereignis ausgelöst.
   2) Als erste Aktion werden die Qualitätsanforderungen geprüft.
   3) Jetzt entscheidet sich, ob diese Anforderungen erfüllt werden können.
      i) Die Anforderungen sind nicht erfüllbar, dann werden nachfolgend Gegenmaßnahmen identifiziert.
      ii) Die Anforderungen sind erfüllt.

2) Üblicherweise beginnt und endet jede EPK mit jeweils (mindestens) einem Ereignis. In diesem Beispiel liegt nur ein Geschäftsprozessfragment vor, das im Kontext eines großen Geschäftsprozessmodells gesehen werden muss, so dass keine Regelverletzung vorliegt.

Lösungsvorschlag zu Aufgabe 18: EPK-Beschreibung zur Prüfungsanmeldung

Bei dem vorliegenden Geschäftsprozess handelt es sich um den Prozess einer Klausuranmeldung. Der Ablauf ist dabei wie folgt:
1) Die Anmeldung läuft über die Campus-Website. Ist diese geöffnet, wird der Prozess gestartet.
2) Zunächst muss der Sign-In erfolgen.
   i) Ist die Anmeldung nicht erfolgreich, so muss der Sign-In erneut durchgeführt werden.
   ii) Erst nach erfolgreicher Anmeldung kann die Registerkarte „Prüfungen" geöffnet werden.
3) Als nächstes muss der Benutzer die Bedingung zur Klausuranmeldung akzeptieren. Solange er diese nicht akzeptiert hat, wird er nicht zur Modulauswahl weitergeleitet.
4) Wurde die Bedingung zur Klausuranmeldung akzeptiert, wählt der Benutzer das Modul und die Vorlesung aus, für die er sich anmelden möchte.
   i) Die Anmeldung wird dabei nur durchgeführt, wenn der Benutzer die Voraussetzungen für die Klausur erfüllt.
   ii) Sind die Voraussetzungen nicht erfüllt, wird der Benutzer wieder zur Modulauswahl geleitet.
5) War die Klausuranmeldung erfolgreich, besteht für den Benutzer die Möglichkeit, sich für weitere Klausuren anzumelden.
   i) Möchte der Benutzer eine weitere Klausur anmelden, wird er wieder zur Modulauswahl geleitet.

     ii)   Ansonsten kann sich der Benutzer von der Website ausloggen.

6)   Der Prozess endet schließlich mit dem erfolgreichen Logout des Benutzers.

Lösungsvorschlag zu Aufgabe 19: EPK-Beschreibung zur Bearbeitung eines Auftrags in einem Unternehmen

Der vorliegende Geschäftsprozess beschreibt die Bearbeitung eines Auftrags in einem Unternehmen vom Auftragseingang bis zur Auslieferung der bestellten Teile. Der Ablauf ist dabei wie folgt:

1)   Der Prozess wird durch einen Auftrag ausgelöst, der entweder telefonisch, per E-Mail oder per Post eingeht.

2)   Im Anschluss daran erfolgt die Prüfung des Auftrags. Entweder es handelt sich bei der Bestellung um ein Normteil oder um eine Sonderanfertigung.

     i)   Bei Normteilen wird geprüft, ob das Teil auf Lager ist:
   –   Entweder ist das Teil auf Lager,
   –   oder das Teil ist nicht vorhanden, woraufhin es umgehend produziert wird.

     ii)   Falls es sich um eine Sonderanfertigung handelt, wird geprüft, ob bereits eine Vorlage existiert.
   –   Existiert bereits eine passende Vorlage, wird das Teil auf Basis dieser produziert.
   –   Ist keine Vorlage vorhanden, wird eine Vorlage erstellt und das Teil daraufhin umgehend gefertigt.

3)   Die Bestellung wird schließlich an den Versand weitergeleitet.

4)   Der gesamte Prozess endet mit dem erfolgreichen Versand des Auftrags.

Lösungsvorschlag zu Aufgabe 20: EPK-Beschreibung zur Herstellung von Pfannkuchen

Der vorliegende Geschäftsprozess beschreibt die Herstellung von Pfannkuchen. Der Ablauf ist dabei wie folgt:

1)   Mit der Ankunft Zuhause wird der Prozess zunächst ausgelöst.

2)   Nachdem das Rezept gelesen wurde, wird geprüft, ob alle Zutaten für das Rezept vorhanden sind.

     i)   Sind nicht alle benötigten Zutaten vorhanden, wird stattdessen Essen gegangen. Mit dem Verlassen des Hauses endet der gesamte Prozess.

     ii)   Sind alle Zutaten vorhanden, folgt die Entscheidung zwischen zwei verschiedenen Arten der Teigzubereitung.
   –   Bei der Variante mit Eischnee, müssen zuerst die Eier getrennt werden.

–   Ist das Trennen der Eier gelungen, werden Milch, Mehl und Gewürze mit dem Eigelb vermischt. Nachdem der Grundteig angerührt ist, wird das Eiweiß steif geschlagen und vorsichtig unter den Grundteig gehoben. Nachfolgend ist der Teig fertig. Unabhängig davon wird eine Pfanne mit Öl erhitzt.

–   Gelingt das Trennen der Eier nicht, da Eigelb ins Eiweiß geraten ist, erfolgt die Zubereitung wie beim normalen Teig.

–   Bei der Zubereitung des Teigs ohne Eischnee werden zunächst Eigelb und Eiweiß in eine Rührschüssel gegeben. Anschließend werden Milch, Mehl und Gewürze untergerührt. Damit ist der Teig fertig. Unabhängig von der Teigzubereitung wird auch hier eine Pfanne mit Öl erhitzt.

3)   Ist der Teig fertig und die Pfanne heiß, werden schließlich die Pfannkuchen zubereitet und der Prozess ist beendet, wenn die Pfannkuchen fertig sind.

Lösungsvorschlag zu Aufgabe 21: EPK-Beschreibung zur Skontierung

Der vorliegende Geschäftsprozess beschreibt den Umgang mit einer vom Kunden vorgenommenen verspäteten Skontierung. Der Ablauf ist dabei wie folgt:

1)   Der Prozess wird ausgelöst, falls ein Kunde von einem (nicht näher definierten) Rechnungsbetrag den Skonto abzieht, obwohl die Skontofrist bereits abgelaufen ist.

2)   Zunächst wird daraufhin die Kundenklassifizierung überprüft.

i)   Handelt es sich bei dem Kunden um einen C-Kunden, wird der Skonto auf jeden Fall angemahnt.

ii)   Handelt es sich um einen B-Kunden, wird zunächst die Überschreitungsdauer geprüft:

–   Beträgt die Überschreitungsdauer genau einen Tag, wird die Skontodifferenz ausgebucht.

–   Beträgt die Dauer mehr als einen Tag, so entscheidet ein Vertriebsmitarbeiter, ob die Skontodifferenz ausgebucht oder angemahnt wird.

iii)   Ist der Kunde ein A-Kunde, wird auch hier zuallererst die Überschreitungsdauer überprüft:

–   Beträgt die Überschreitungsdauer maximal drei Tage, wird die Skontodifferenz ausgebucht.

–   Handelt es sich um mehr als drei Tage, wird zusätzlich zur Überschreitungsdauer der Skontobetrag geprüft:

     – Beträgt der Skontobetrag maximal 2000 Euro, entscheidet ein Vertriebsmitarbeiter, ob die Skontodifferenz ausgebucht oder angemahnt wird.

     – Liegt der Betrag bei über 2000 Euro, entscheidet statt dem Vertriebsmitarbeiter der Key-Account-Manager über das weitere Vorgehen.

3) Nach dem Ausbuchen oder der Anmahnung der Skontodifferenz gilt der jeweilige Vorfall schließlich als abgeschlossen und der Geschäftsprozess ist beendet.

Lösungsvorschlag zu Aufgabe 22: EPK Multiple Choice

MODELL A:

1) Wahr, da Ereignis B auf Funktion X folgt. Jedoch muss Ereignis B nicht immer nach Funktion X auftreten, da durch das Exklusive Choice (XOR-Verzweigung) auch das Ereignis A oder das Ereignis C auftreten kann.

2) Wahr, da aufgrund des Exklusive Choice nachfolgend genau ein Ereignis auftritt, somit folgt mindestens ein Ereignis.

3) Falsch, da durch das Exklusive Choice immer nur eines der nachfolgenden Ereignisse auftreten kann.

4) Wahr, da die Aussage genau der Definition des Exklusive Choice entspricht (siehe Kontrollflusspattern 4).

5) Wahr, da Ereignisse keine Entscheidungskompetenz besitzen. Dementsprechend muss vor dem Konnektor eine Funktion verwendet werden, da Konnektoren stets Ereignisse mit Funktionen bzw. Funktionen mit Ereignissen verbinden. Folglich muss nach einem Exklusive Choice (XOR-Verzweigung) ein Ereignis folgen.

MODELL B:

1) Richtig, da die Ereignisse A und B durch ein Simple Merge zusammengeführt werden.

2) Falsch, da Funktion X beispielsweise auch ausgeführt werden könnte, wenn Ereignis A und C eingetreten sind.

3) Wahr, da erst wenn alle Ereignisse bzw. Funktionen vor einem „logischen UND" (Parallel Split) eingetreten bzw. ausgeführt sind der Prozess fortgeführt werden kann.

Lösungsvorschlag zu Aufgabe 23: EPK Multiple Choice

1) Falsch, da eine Ereignisgesteuerte Prozesskette ein gerichteter Graph ist, der aus aktiven und passiven Komponenten besteht.

2) Falsch, Ereignisse besitzen keine Entscheidungskompetenz (Regel 5)

3) Wahr, da Ereignisse die passiven Komponenten sind, die Funktionen auslösen und Ereignis von Funktionen sind. Funktionen sind aktive Komponenten, die üblicherweise Zeit verbrauchen.

4) Falsch, da jede Kante nur zwei Knoten von jeweils unterschiedlichem Typ verbinden darf. Eine Ausnahme sind die Konnektoren - Konnektor darf auf Konnektor folgen (Regel 3).

5) Falsch, da jede EPK mit einem Startereignis (oder mehreren) beginnt und mit einem Endereignis (oder mehreren) abgeschlossen wird. Eine Ausnahme ist der Verweis auf eine andere EPK mit dem Prozesswegweiser (Regel 1). Eine EPK darf daher nicht mit einer Funktion enden.

6) Wahr, da Regel 3 besagt, dass Konnektor auf Konnektor folgen darf.

7) Falsch, da Regel 4 besagt, dass alle Ein- und Ausgänge der Konnektoren vom gleichen Typ sind.

8) Falsch, es müssen alle Regeln für ein syntaktisch korrektes EPK-Modell erfüllt werden.

Lösungsvorschlag zu Aufgabe 24: EPK Fehlerfinden Kundenbetreuung

Folgende syntaktische Fehler können im dem EPK-Modell identifiziert werden:

1) Regel 1 wird verletzt durch die Elemente 1 und 13: Jede EPK beginnt mit einem Startereignis (oder mehreren) und wird mit einem Endereignis (oder mehreren) beendet. Eine Ausnahme ist der Verweis auf eine andere EPK (Prozesswegweiser).

2) Regel 2 wird verletzt durch die Elemente 12, 13 und 14: Ereignisse und Funktionen haben jeweils genau eine Ausgangs- und Eingangskante. Der Kontrollfluss verzweigt und vereinigt sich nur an Konnektoren.

3) Regel 3 wird verletzt durch die Elemente 11, 13 und 14: Jede Kante verbindet zwei Knoten von jeweils unterschiedlichem Typ (Ausnahme: Konnektor darf auf Konnektor folgen).

4) Regel 4 wird verletzt durch die Elemente 3, 6, 7, 8 und 9: Alle Ein- und Ausgänge der Konnektoren sind vom gleichen Typ.

5) Regel 5 wird verletzt durch die Elemente 3 und 6: Ereignisse haben keine Entscheidungskompetenz.

6) Regel 6 wird verletzt durch die Elemente 3, 6, 7, 8, 9, 10, 11, 12 und 13: Konnektoren verbinden stets Ereignisse mit Funktionen bzw. Funktionen mit Ereignissen.

7) Organisationseinheiten dürfen nur mit Funktionen verbunden werden.

8) Das Element 13 bzw. „Produkt verkauft" ist eine passive Beschriftung und daher keine Funktion, sondern ein Ereignis.

Lösungsvorschlag zu Aufgabe 25: EPK Fehlerfinden Bücher

Folgende syntaktische Fehler können in dem EPK-Modell identifiziert werden:

1) Regel 1 ist verletzt durch das Element 12: Jede EPK beginnt mit einem Start-ereignis (oder mehreren) und wird mit einem Endereignis (oder mehreren) geschlossen. Eine Ausnahme ist der Verweis auf eine andere EPK (Prozess-wegweiser).

2) Regel 2 ist verletzt durch die Elemente 2, 3 und 16: Ereignisse und Funktio-nen haben jeweils genau eine Ausgangs- und Eingangskante. Der Kontroll-fluss verzweigt und vereinigt sich nur an Konnektoren.

3) Regel 3 ist erfüllt: Jede Kante verbindet zwei Knoten von jeweils unterschied-lichem Typ (Ausnahme: Konnektor darf auf Konnektor folgen).

4) Regel 4 ist erfüllt: Alle Ein- und Ausgänge der Konnektoren sind vom glei-chen Typ.

5) Regel 5 ist verletzt durch die Elemente 5, 8 und 9: Ereignisse haben keine Entscheidungskompetenz.

6) Regel 6 ist erfüllt: Konnektoren verbinden stets Ereignisse mit Funktionen bzw. Funktionen mit Ereignissen.

7) Die Funktionen 12 bzw. „Gesuchtes Buch wurde gefunden" und 13 bzw. „Ge-suchtes Buch wurde nicht gefunden" dürfen keine Funktion sein, sondern müssten von ihrer Eigenschaft her Ereignisse sein.

8) Das Ereignis 15 bzw. „Erneute Suche planen" dürfte kein Ereignis, sondern müsste von seiner Eigenschaft her eine Funktion sein.

9) Das eEPK-Symbol 7 bzw. „Datenbank" darf nur mit Funktionen verknüpft werden.

Lösungsvorschlag zu Aufgabe 26: EPK Fehlerfinden Bücherbestellung

Folgende Fehler können im dem EPK-Modell identifiziert werden:

1) Regel 1 wird erfüllt: Jede EPK beginnt mit einem Startereignis (oder mehre-ren) und wird mit einem Endereignis (oder mehreren) beendet. Eine Aus-nahme ist der Verweis auf eine andere EPK (Prozesswegweiser).

2) Regel 2 wird erfüllt: Ereignisse und Funktionen haben jeweils genau eine Ausgangs- und Eingangskante. Der Kontrollfluss verzweigt und vereinigt sich nur an Konnektoren.

3) Regel 3 wird verletzt durch die Elemente „Zur Kasse gehen" und „Zahlungs-art wählen": Jede Kante verbindet zwei Knoten von jeweils unterschiedli-chem Typ (Ausnahme: Konnektor darf auf Konnektor folgen).

4) Regel 4 wird verletzt durch „Internetseite des Online-Shops öffnen" und „Weiteres Buch gewünscht": Alle Ein- und Ausgänge der Konnektoren sind vom gleichen Typ.

5) Regel 5 wird erfüllt: Ereignisse haben keine Entscheidungskompetenz.

6) Regel 6 wird verletzt durch die Elemente „Internetseite des Online-Shops öffnen" und „Buchtitel suchen"; „Kreditkartennummer eingegeben" und „Versandart wählen" sowie „Versandart wählen", „Bestellbestätigung verschi-
cken" und „Buch versenden": Konnektoren verbinden stets Ereignisse mit
Funktionen bzw. Funktionen mit Ereignissen.

Lösungsvorschlag zu Aufgabe 27: EPK Fehlerfinden Angebotsanfrage

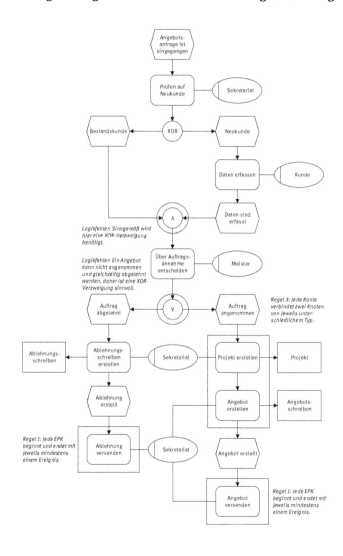

Lösungsvorschlag zu Aufgabe 28: EPK Fehlerfinden Partyvorbereitung

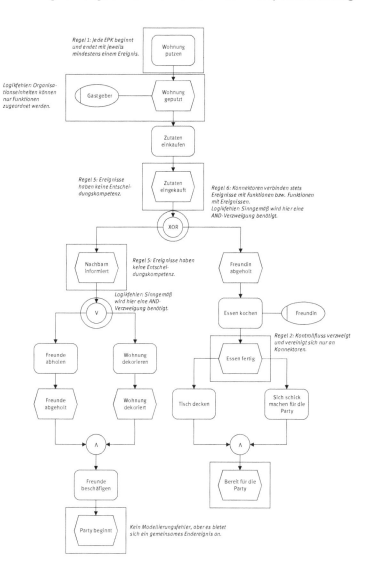

Lösungsvorschlag zu Aufgabe 29: EPK Fehlerfinden Urlaubsplanung

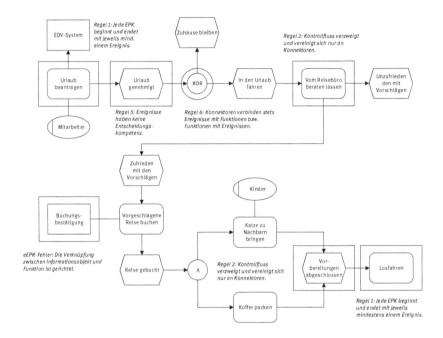

Lösungsvorschlag zu Aufgabe 30: EPK Fehlerfinden Bestellabwicklung

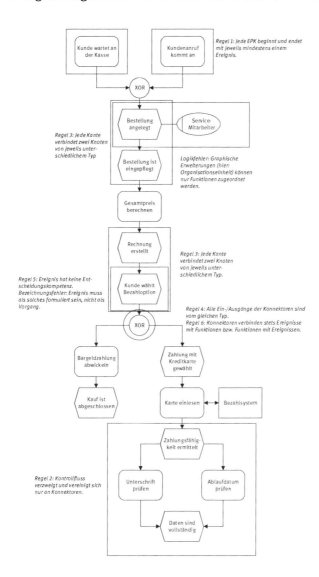

Lösungsvorschlag zu Aufgabe 31: EPK Fehlerfinden Bewerbung

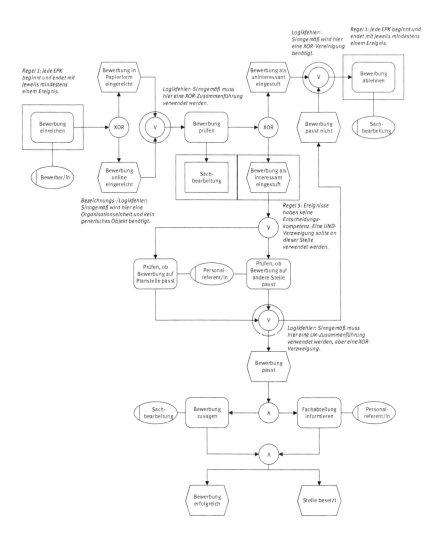

Lösungsvorschlag zu Aufgabe 32: EPK-Modellierung Termine in Übersee

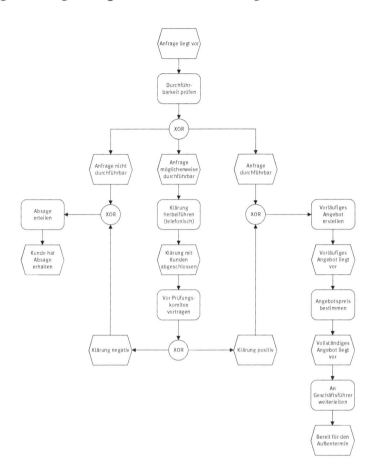

Lösungsvorschlag zu Aufgabe 33: EPK-Modellierung Student fährt nach Hause

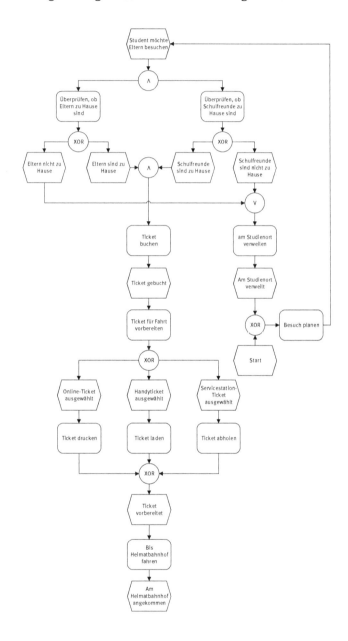

Lösungsvorschlag zu Aufgabe 34: EPK-Modellierung Urlaubsplanung

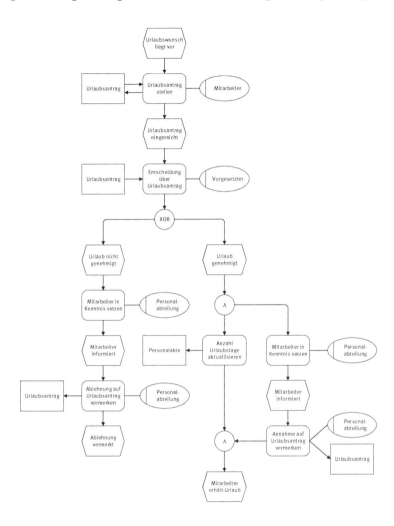

Lösungsvorschlag zu Aufgabe 35: EPK-Modellierung Weihnachtsfeier

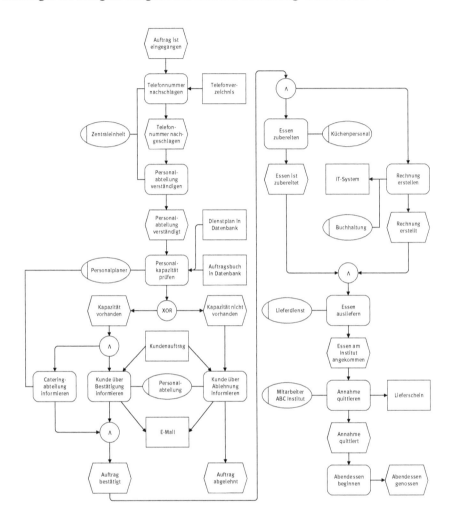

Lösungsvorschlag zu Aufgabe 36: EPK-Modellierung Softwarewerkzeug

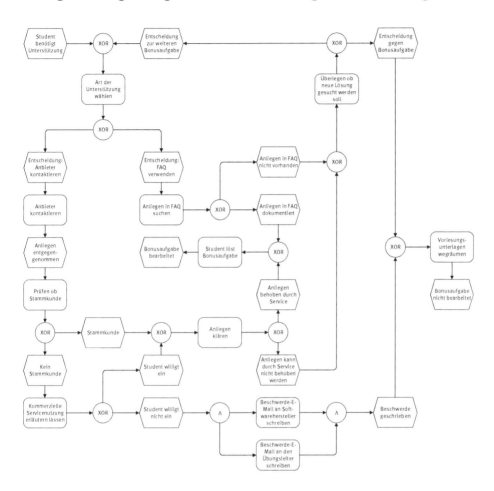

Lösungsvorschlag zu Aufgabe 37: EPK-Modellierung Erasmusbewerbung

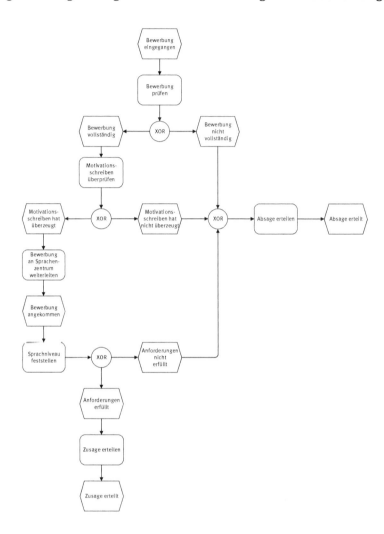

Lösungsvorschlag zu Aufgabe 38: EPK-Modellierung Wohnungssuche

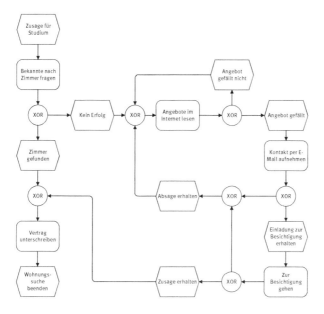

Lösungsvorschlag zu Aufgabe 39: EPK-Modellierung Prüfungsanmeldung

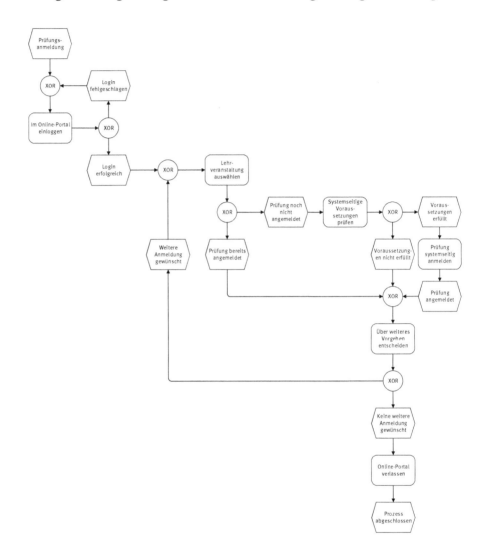

Lösungsvorschlag zu Aufgabe 40: EPK-Modellierung Kaffeebestellung

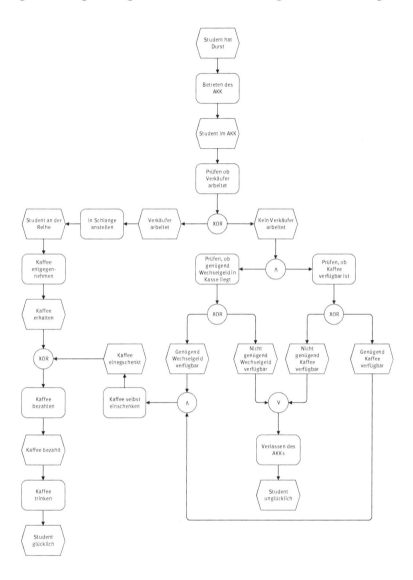

Lösungsvorschlag zu Aufgabe 41: EPK-Modellierung Würstchenbude

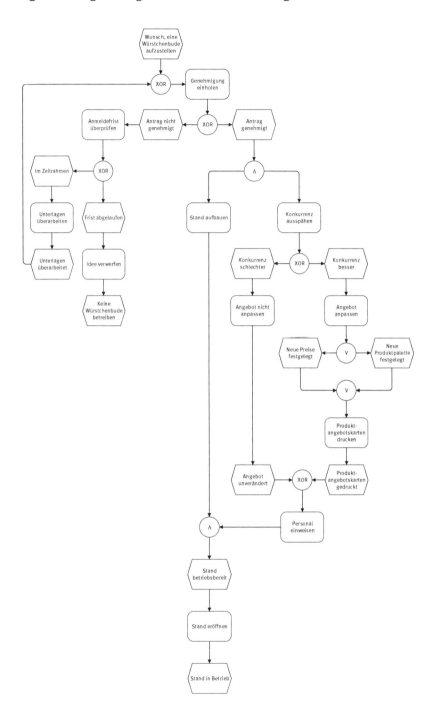

Lösungsvorschlag zu Aufgabe 42: EPK-Modellierung Fußball

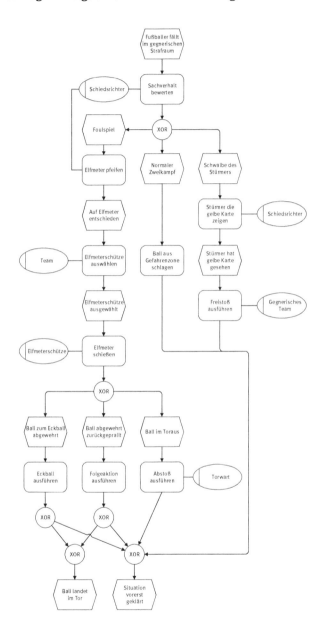

Lösungsvorschlag zu Aufgabe 43: EPK-Modellierung Mietwagen

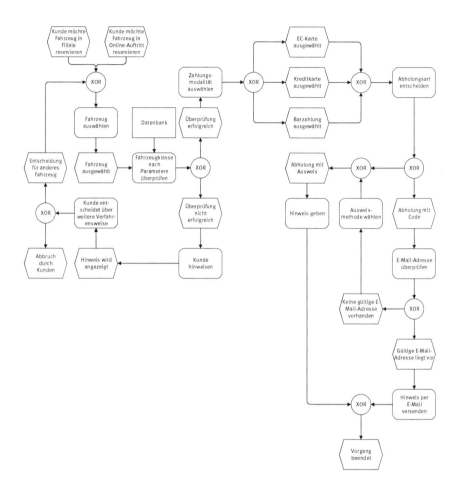

Lösungsvorschlag zu Aufgabe 44: BPMN-Beschreibung Weihnachtsbaum

In dem Geschäftsprozess sind der Familienbetrieb Brixhuber und ein Christbaumverkäufer involviert. Der Familienbetrieb Brixhuber gliedert sich in die Rollen „Vater",
zuständig für den Einkauf, „Mutter", zuständig für die Finanzen und „Kinder" zuständig für das Design.
Jährlich am 20.12. muss der Familienbetrieb Brixhuber einen Christbaum kaufen.
Hierfür muss der Vater zunächst ein Budget bei der Mutter erfragen. Nachdem diese
das Budget ermittelt hat, übermittelt sie dieses dem Vater. Dieser fährt zum Christbaumverkäufer. Beim Christbaumverkäufer stellt der Vater eine Kaufwunschanfrage.
Der Christbaumverkäufer sucht daraufhin einen passenden Christbaum aus, erstellt
ein Angebot und übermittelt dieses an den Vater. Der Vater muss nun prüfen, ob der

angebotene Christbaum im Budget liegt. Ist dies nicht der Fall, fragt er nach einem anderen Baum und wartet erneut auf die Übermittlung eines Angebotes durch den Verkäufer, der durch die neuerliche Anfrage einen neuen Baum aussucht. Kann das Budget eingehalten werden, kauft der Vater den Baum, bringt den Christbaum nach Hause und stellt ihn auf. Die Kinder schmücken nun den Christbaum. Anschließend pausiert der Prozess bis zum 7. Januar. Am 7. Januar schmückt der Vater den Christbaum ab und entsorgt ihn. Danach ist der Prozess beendet.

Lösungsvorschlag zu Aufgabe 45: BPMN-Beschreibung Kreditantrag

Es handelt sich um einen Geschäftsprozess, in dem ein Bankkunde, die Bank (Kundenbetreuer und Vorstand) und die SCHUFA involviert sind. Der Geschäftsprozess läuft folgendermaßen ab:
Auslöser ist die Tatsache, dass auf Kundenseite ein Darlehen benötigt wird. Daraufhin beantragt der Kunde ein Darlehen bei der Bank, indem er dem zuständigen Kundenbetreuer einen Darlehensantrag sendet. Davon in Kenntnis gesetzt, prüft der Kundenbetreuer den Antrag auf Vollständigkeit. Entweder ist der Antrag vollständig oder unvollständig. Ist der Antrag unvollständig, so kontaktiert der Kundenbetreuer den Kunden, der daraufhin die fehlenden Daten bereitstellt. Sobald alle Daten vollständig vorliegen, kann der Kundenbetreuer beginnen, die entscheidungsrelevanten Unterlagen vorzubereiten. Dabei muss er nebenläufig die zwei folgenden Aktivitäten ausführen: Zum einen muss vom Kunden ein Vermögensnachweis angefordert werden, zum anderen muss der SCHUFA-Score des Kunden angefordert werden. Auf der Seite des Kunden werden durch die Nachricht des Kundenberaters zwei Aktivitäten ausgelöst. Zum einen muss er einen Gehaltsnachweis beschaffen, zum anderen einen Vermögensnachweis. Hat er beide Nachweise organisiert, so schickt er dem Kundenbetreuer eine Nachricht mit den Nachweisen. Hat der Kundenbetreuer die Nachweise und zusätzlich den SCHUFA-Score von der SCHUFA erhalten, so sind alle entscheidungsrelevanten Unterlagen vorbereitet und der Teilprozess ist beendet. Als nächstes muss der Kundenbetreuer eine Entscheidung hinsichtlich der Vergabe treffen. Hier muss unterschieden werden: Beträgt das Kreditvolumen dabei maximal 1 Million Euro, so darf er die Entscheidung eigenständig treffen. Ist das Kreditvolumen jedoch größer als 1 Million Euro, so muss der Kundenbetreuer Rücksprache mit dem Vorstand halten (dargestellt mit Hilfe eines Zwischenereignisses Eskalation auslösend, dass auf ein angeheftetes nicht-unterbrechendes Eskalations-Ereignis hinweist). Der Vorstand unterstützt den Betreuer bei der Entscheidungsfindung. Die endgültige Entscheidung trifft in beiden Fällen jedoch der Kundenbetreuer, wodurch der aufgeklappte Teilprozess "Vergabeentscheidung treffen" beendet ist. Als Resultat ergibt sich entweder eine Absage oder eine Zusage an den Kunden. Im Falle einer Absage informiert der Kundenbetreuer den Kunden, der sich daraufhin eine neue Bank sucht. Im Falle einer Zusage hat der Kundenbetreuer noch zwei Aufgaben zu erledigen: Zum einen muss er den Kunden über die Zusage informieren, zum anderen muss er das

Kreditvolumen auf das Konto des Kunden transferieren. Daraufhin ist der Prozess beendet.

Lösungsvorschlag zu Aufgabe 46: BPMN-Beschreibung zur Vorbereitung einer Geburtstagsparty

Da jemand bald Geburtstag hat, möchte dieses Geburtstagskind (GK) eine Party veranstalten. Zunächst erstellt das Geburtstagskind dafür eine Liste mit den Gästen, die es zur Party einladen will und verschickt anschließend an jeden möglichen Gast eine Einladung (parallele Mehrfachausführung). Jeder potentielle Gast erhält seine Einladung und muss auf dieses Ereignis hin einzeln prüfen, ob er dem Geburtstagskind eine Zusage oder eine Absage zukommen lässt. Hierfür muss der Gast genau zwei Punkte überprüfen: Zum einen, ob er am Termin der Party Zeit hat und zum anderen ob er überhaupt Interesse daran hat, auf diese Party zu gehen. Hat er keine Zeit oder kein Interesse oder beides, so wird er dem Geburtstagskind eine Absage zuschicken. Hat er sowohl Zeit wie auch Interesse auf die Party zu gehen, lässt er dem Geburtstagskind eine Zusage zukommen. In beiden Fällen ist dieser Vorgang für den jeweiligen Gast damit beendet. In der Zeit nach der Versendung der Einladungen will das Geburtstagskind die ankommenden Antworten nacheinander in einem Teilprozess verarbeiten. Sobald bisher nicht verarbeitete Antworten existieren, startet das Geburtstagskind mit dieser Verarbeitung. Für jede Antwort wird dabei unterschieden, ob die angekommene Antwort eine Zusage oder eine Absage ist und die entsprechende Entscheidung auf der Gästeliste bei dem jeweiligen Gast vermerkt. Damit endet der jeweilige Teilprozess. Der Teilprozess wird solange ausgeführt, bis alle Antworten verarbeitet wurden, oder 3 Tage vor der Party wird der Teilprozess unterbrochen. Nachfolgend wird aus den Anmerkungen in der Gästeliste heraus die Anzahl der erscheinenden Gäste bestimmt. Falls weniger als fünf Gäste zugesagt haben, wird die Party abgesagt und der Prozess endet damit. Bei fünf oder mehr Zusagen findet die Party in jedem Fall statt. Bevor sie jedoch veranstaltet werden kann, müssen zwei Stunden vor Partybeginn noch die Location vorbereitet, das Essen und Trinken bereitgestellt und die Musik vorbereitet werden. Ist dies alles erledigt, kann die Party veranstaltet werden und der Prozess endet danach.

Lösungsvorschlag zu Aufgabe 47: BPMN-Beschreibung zur Reparatur eines Fernsehers

Wenn der Fernseher den Geist aufgibt, dann bringt der Kunde das Gerät in die nächste Filiale von ABC-Reparatur. Dort wird geprüft, ob eine Garantie auf den Fernseher vorhanden ist. Sollte dies der Fall sein, wird abhängig davon, ob das Gerät reparierbar ist oder nicht, entweder das Produkt repariert oder es wird ein neues Gerät beschafft. In jedem Fall wird ein funktionstüchtiges Gerät an den Kunden zurückgesendet. Sollte die Garantie jedoch schon abgelaufen sein, sieht die ABC-Reparatur Filiale vor, dem Kunden ein Angebot für ein Neuprodukt zu unterbreiten und das defekte Gerät zurückzugeben. Die Kundenanfrage wird immer in einer Datenbank erfasst. Nachdem der Kunde das Gerät in der Filiale abgeliefert hat, erwartet er die Rücksendung eines funktionstüchtigen Geräts oder aber ein Angebot für ein Neuprodukt. Sollte ein Gerät eintreffen, wird dies geprüft. Sollte es funktionieren, ist der Vorgang abgeschlossen. Sollte es nicht funktionieren, sendet der Kunde das Produkt wieder an die Filiale und der Prozess in der ABC-Reparatur-Filiale wird erneut gestartet. Sollte ein Angebot für ein Neuprodukt beim Kunden ankommen, wird er dieses prüfen und abhängig davon, ob das Angebot gut oder schlecht ist, einen Kauf durchführen oder das Angebot ablehnen. Daraufhin ist der Vorgang beendet.

Lösungsvorschlag zu Aufgabe 48: BPMN-Beschreibung zur Planung eines Workshops

Der Prozess beginnt damit, dass der Veranstalter eine Anfrage an den Workshop-Leiter schickt. Falls er nach einer Woche keine Reaktion bekommt, wird der Prozess beendet. Wenn er eine Antwort mit Terminvorschlägen erhält, wählt er einen Termin aus. Er vereinbart daraufhin einen festen Termin mit dem Workshop-Leiter, indem er diesem eine Bestätigung schickt und nachfolgend weitere Informationen erfragt. Wenn der Veranstalter die Antwort mit Informationen erhält, kann er anschließend eine Workshop-Einladung erstellen. In einem nicht näher spezifizierten Teilprozess werden die Einladungen versendet und verwaltet. Der Teilprozess ist beendet, wenn alle Mehrfachinstanzen abgearbeitet wurden. Alternativ wird der Teilprozess unterbrochen, wenn es nur noch einen Monat bis zum Workshop ist. Falls er bis einen Monat vor dem Workshop keine Anmeldung erhält, wird der Prozess beendet und das Kompensationsereignis ausgelöst. In diesem Fall würde das bedeuten, den fest vereinbarten Termin mit dem Workshop-Leiter abzusagen. Wenn der Veranstalter jedoch mindestens eine Anmeldung erhält, können die Vorbereitungen fortgeführt werden. Das bedeutet, dass unabhängig voneinander ein Ort für die Proben und das Konzert zu suchen sind, Werbung für das Abschlusskonzert zu machen sind und die Verpflegung für den Workshop zu organisieren ist. Zehn Tage vor dem Workshop werden letzte Detailfragen an den Workshop-Leiter geschickt. Sobald die Antworten erhalten wurden, kann eine E-Mail an alle Teilnehmer mit den entsprechenden Informationen verschickt werden. Danach werden die Vorbereitungen abgeschlossen, womit der Prozess endet.

Lösungsvorschlag zu Aufgabe 49: BPMN Multiple Choice (1)

1) Wahr. Ein Teilprozess repräsentiert eine Aktivität, deren Details durch Aktivitäten, Gateways, Ereignisse und Sequenzflüsse veranschaulicht wird. Durch die Aufklappfunktion kann der Detailprozess direkt betrachtet und verändert werden.

2) Wahr. Eine Transaktion ist eine Gruppe von Aktivitäten, die in logischer Weise zusammengehören. Es existieren drei mögliche Ergebnisse einer Transaktion (Ausführung erfolgreich, fehlgeschlagene Ausführung oder fehlerhafte Ausführung). Die Ausführung wird in einem Transaktionsprotokoll dokumentiert.

3) Wahr. Ereignisse können einen Prozess auslösen, einen Prozess im Ablauf beeinflussen oder beenden.

4) Wahr. Abhängig von Verzweigungsbedingungen verläuft der Prozessfluss an genau einem ausgehenden Zweig weiter und bei einer Zusammenführung wird auf eine der eingehenden Kanten gewartet, um den Prozess fortzuführen.

5) Wahr. Pools und Lanes veranschaulichen Verantwortlichkeiten für Aktivitäten. Dabei kann ein Pool oder eine Lane eine Organisation, eine Rolle oder ein System repräsentieren. Es besteht die Möglichkeit, private und öffentliche Pools zu modellieren.

6) Falsch. Auf das Ereignis dürfen ausschließlich eintretende Ereignisse oder empfangende Aufgaben folgen. Es dürfen entweder empfangende Aufgaben oder das Ereignis Nachricht folgen, aber nicht beide gleichzeitig. Der Sequenzfluss wird zu dem Ereignis geleitet, das zuerst eintritt.

7) Falsch. BPMN steht für Business Process Model and Notation.

8) Falsch. Es wird die Kommunikation verschiedener Partner (engl. Participants) durch den Nachrichtenaustausch (Pool und Nachrichtenfluss) abgebildet. Ein Partner kann mehrere Teilnehmer (Lanes) haben und wird durch einen Prozess beschrieben.

9) Falsch. Die Endereignisse zählen zur Klasse der auslösenden Ereignisse.

Lösungsvorschlag zu Aufgabe 50: BPMN-Multiple Choice (2)

1) Falsch. Auslösende Ereignisse warten nicht auf einen Auslöser, sondern repräsentieren selbst den Auslöser.

2) Falsch. Eine Aufgabe mit dem Typ Manuell (z. B. Ablage eines Dokumentes in einen Aktenordner) wird durch eine menschliche Ressource ausgeführt und nicht durch eine Process Engine zugewiesen.

3) Falsch. Ein instanziierendes ereignisbasiertes Gateway darf keine eingehenden Sequenzflüsse aufweisen.

4) Falsch. Eintretende Ereignisse warten auf einen definierten Auslöser und auslösende Ereignisse warten nicht auf einen Auslöser, sondern repräsentieren selbst den Auslöser. Die Startereignisse zählen zur Klasse der eintretenden Ereignisse, da ein nicht instanziierter Prozess kein Ereignis auslösen kann (Differenzierung zwischen Startereignis-Standard, Ereignis-Teilprozess Unterbrechend und Ereignis-Teilprozess Nicht-Unterbrechend). Die

Zwischenereignisse zählen zur Klasse der eintretenden und auslösenden Ereignisse (Differenzierung zwischen Zwischenereignis Eingetreten, Angeheftet Unterbrechend, Angeheftet Nicht-Unterbrechend und Ausgelöst). Die Endereignisse zählen zur Klasse der auslösenden Ereignisse.

5) Richtig. Mit Hilfe des ereignisbasierten Gateways kann unter anderem das Kontrollflussmuster 16 (Deferred Choice) modelliert werden.

6) Richtig. Die Ereignisse vom Typ Abbruch dürfen nur in Kombination mit einer Transaktion verwendet werden.

7) Falsch. Mehrere ausgehende Sequenzflüsse eines Ereignisses modellieren einen Parallel Split (Kontrollflussmuster 2).

8) Falsch. Es können periodische, zeitliche Ereignisse, Zeitpunkte oder auch Zeitspannen mit dem Zeitereignis modelliert werden.

9) Falsch. Eine Kompensationsaufgabe darf nur außerhalb des normalen Prozessflusses in Kombination mit einem Kompensationsereignis verwendet werden.

10) Falsch. Ein Gateway hat eine verzweigende oder zusammenführende Wirkung, daher muss ein Gateway mindestens zwei eingehende und mindestens einen ausgehenden Sequenzfluss aufweisen. Alternativ müssen mindestens ein eingehender und mindestens zwei ausgehende Sequenzflüsse existieren.

Lösungsvorschlag zu Aufgabe 51: BPMN Fehlerfinden (1)

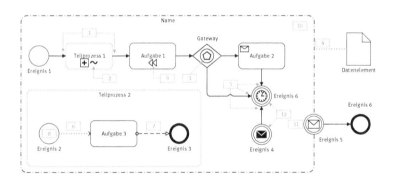

1) Ein Ereignisteilprozess (Teilprozess 1) darf keinen ein- und ausgehenden Sequenzfluss aufweisen.

2) Ein Ereignisteilprozess (Teilprozess 1) darf nicht mit dem Marker Ad-Hoc modifiziert werden.

3) Es wurde ein ereignisbasiertes Gateway (instanziierend) anstatt eines nicht-instanziierendes ereignisbasiertes Gateway verwendet.

4) Datenobjekte dürfen nicht mit Gruppen verknüpft werden.

5) Ereignisse nach einem ereignisbasierten Gateway dürfen nicht mehrere eingehende Sequenzflüsse aufweisen.

6) Das Ereignis 2 darf mit Aufgabe 3 nur mit einem Sequenzfluss verbunden werden, anstatt mit einer gerichteten Assoziation.

7) Die Aufgabe 3 darf mit Ereignis 3 nur mit einem Sequenzfluss verbunden werden, anstatt mit einem Nachrichtenfluss.

8) Es dürfen nur typisierte Startereignisse (Nachricht, Timer, Eskalation, Bedingung, Fehler, Kompensation, Signal, Mehrfach, Mehrfach/Parallel) für den Ereignisteilprozess verwendet werden.

9) Die Kompensationsaufgabe darf nicht im normalen Sequenzfluss verwendet werden, sondern nur in Verbindung mit dem Kompensationsereignis.

10) Sofern ein Startereignis verwendet wird, muss auch ein Endereignis verwendet werden.

11) An eine Gruppe darf kein Ereignis angeheftet werden. Ereignisse dürfen nur an Aktivitäten angeheftet werden.

12) Ein Zwischenereignis (Ereignis 4 und Ereignis 6) muss mindestens einen ein- bzw. ausgehenden Sequenzfluss aufweisen.

Lösungsvorschlag zu Aufgabe 52: BPMN-Fehlerfinden (2)

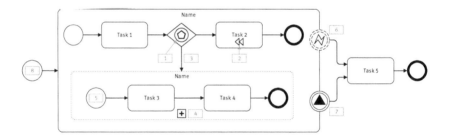

1) Ein ereignisbasiertes Gateway (instanziierend) darf nicht innerhalb eines Prozesses verwendet werden. Task 2 darf den Kompensationsmarker nicht aufweisen, da eine Kompensationsaktivität nur in Verbindung mit einem Kompensationsereignis und nicht im normalen Prozessfluss verwendet werden darf.

2) Ein ereignisbasierter Teilprozess darf keine eingehenden Sequenzflüsse aufweisen.

3) Der ereignisbasierte Teilprozess ist bereits aufgeklappt und darf den Teilprozessmarker daher nicht aufweisen.

4) Ein Ereignisteilprozess muss ein typisiertes Startereignis aufweisen.

5) Das angeheftete Ereignis Fehler (Nicht-Unterbrechend) existiert nicht in BPMN 2.0.

6) Ein auslösendes Ereignis darf nicht angeheftet werden.

7) Der Start des Geschäftsprozesses ist falsch modelliert. Ein Mehrfachstartereignis sollte verwendet werden, da der Prozess gestartet werden soll, wenn ein Signal eintritt oder sich eine Geschäftsbedingung geändert hat.

Lösungsvorschlag zu Aufgabe 53: BPMN-Fehlerfinden (3)

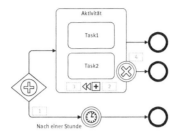

1) Der Prozess wird erst instanziiert, wenn das Zeitereignis und die Aktivität eintreten. Zum einen darf die Aktivität nicht auf das ereignisbasierte Gateway folgen sowie zum anderen muss das Zeitereignis an die Aktivität angeheftet werden, um den zeitlichen Abbruch des Teilprozesses zu modellieren.
2) Ein Teilprozess mit dem Marker Kompensation darf nicht Bestandteil des normalen Prozessflusses sein.
3) Ein aufgeklappter Teilprozess darf den Marker Teilprozess nicht aufweisen.
4) Ein Abbruchereignis darf nur an Transaktionen angeheftet werden.

Eine bessere Lösung zu dieser Aufgabe wäre:

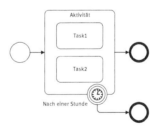

Lösungsvorschlag zu Aufgabe 54: BPMN Fehlerfinden (4)

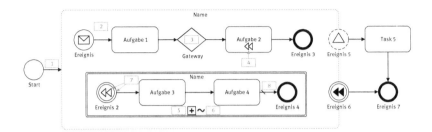

1) Ein ereignisbasierter Teilprozess darf keine eingehenden Sequenzflüsse aufweisen.

2) Ein ereignisbasierter Teilprozess darf nur innerhalb eines Teilprozesses platziert werden.

3) Ein Gateway muss eine verzweigende oder zusammenführende Wirkung haben, d. h. es müssen mindestens eine eingehende und zwei ausgehende Sequenzflüsse bzw. mindestens zwei eingehende und ein ausgehender Sequenzfluss existieren. Eine Ausnahme sind die ereignisbasierten instanziierenden Gateways.

4) Aufgabe 2 darf den Kompensationsmarker nicht aufweisen, da dieser nur außerhalb des normalen Prozessflusses verwendet werden darf und in Kombination mit dem Kompensationsereignis.

5) Die Transaktion ist bereits aufgeklappt und darf den Teilprozessmarker nicht aufweisen.

6) Es kann entweder eine Transaktion oder ein Ad-Hoc Teilprozess vorliegen, aber nicht beides gleichzeitig.

7) Ereignis 2 muss ein untypisiertes Startereignis sein, da ein Teilprozess bzw. eine Transaktion nur mit einem untypisierten Startereignis gestartet werden darf.

8) Aufgabe 4 hat nur einen ausgehenden Sequenzfluss und dieser darf daher nicht als default-Sequenzfluss gekennzeichnet werden.

Lösungsvorschlag zu Aufgabe 55: BPMN Fehlerfinden (5)

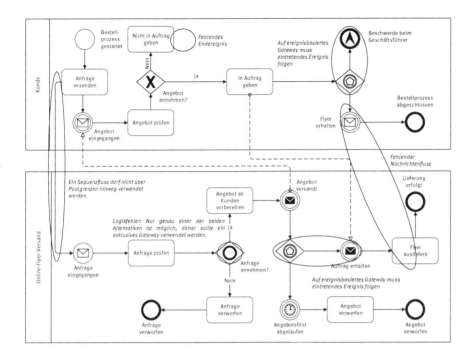

Lösungsvorschlag zu Aufgabe 56: BPMN Fehlerfinden (6)

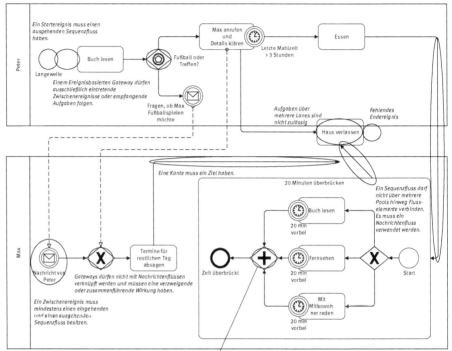

Zusatz: Insofern bei Max ein Startereignis kreiert wird,
muss gleichzeitig auch ein Endereignis erzeugt werden.

Max entscheidet sich für eine der drei Beschäftigungen (exklusives Gateway)
und durch das parallele Gateway wird aber auf die Beendigung aller drei
Beschäftigungen gewartet.

Lösungsvorschlag zu Aufgabe 57: BPMN Fehlerfinden (7)

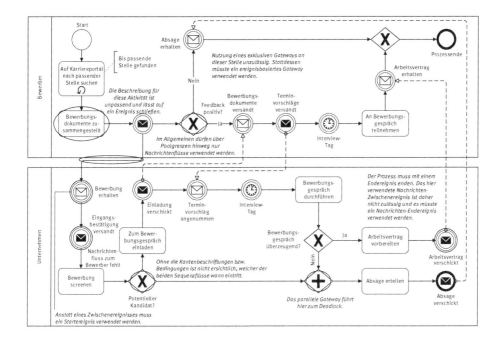

Lösungsvorschlag zu Aufgabe 58: BPMN Fehlerfinden (8)

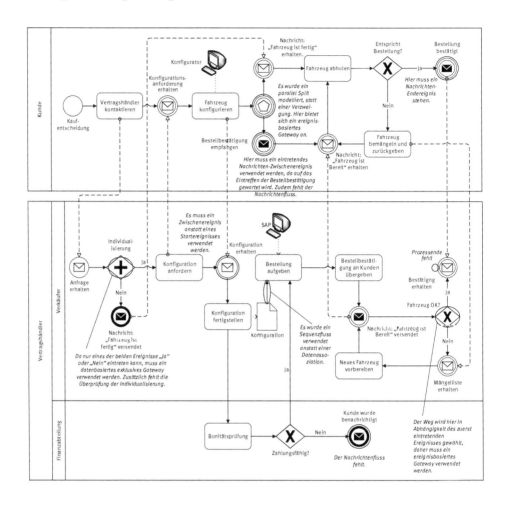

Lösungsvorschlag zu Aufgabe 59: BPMN-Modellierung IStO-Bewerbung

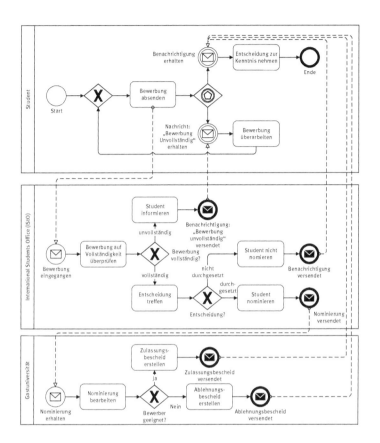

Lösungsvorschlag zu Aufgabe 60: BPMN-Modellierung Sauerbraten

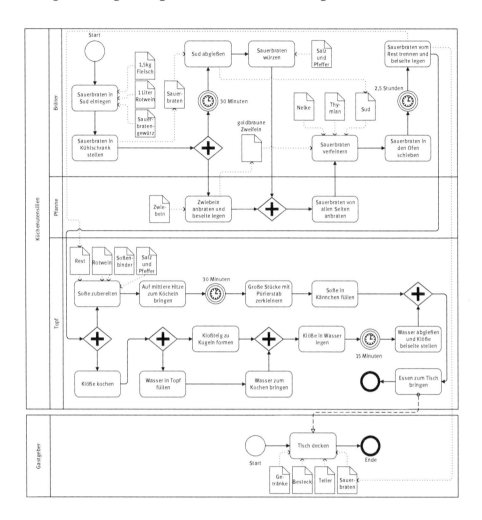

Lösungsvorschlag zu Aufgabe 61: BPMN-Modellierung Skiurlaub

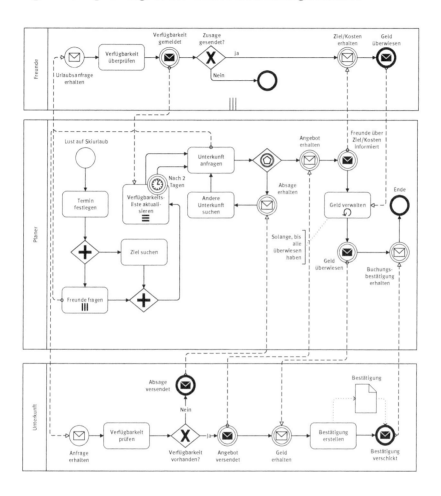

Lösungsvorschlag zu Aufgabe 62: BPMN-Modellierung Tankstelle

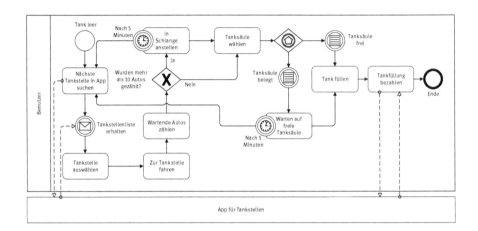

Lösungsvorschlag zu Aufgabe 63: BPMN-Modellierung Fahrradreparatur

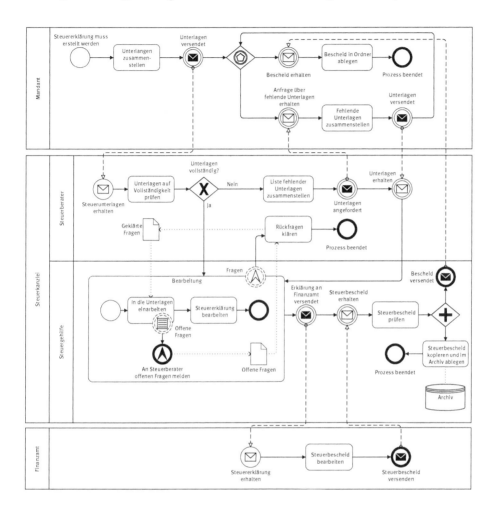

Lösungsvorschlag zu Aufgabe 64: BPMN-Modellierung Steuerkanzlei

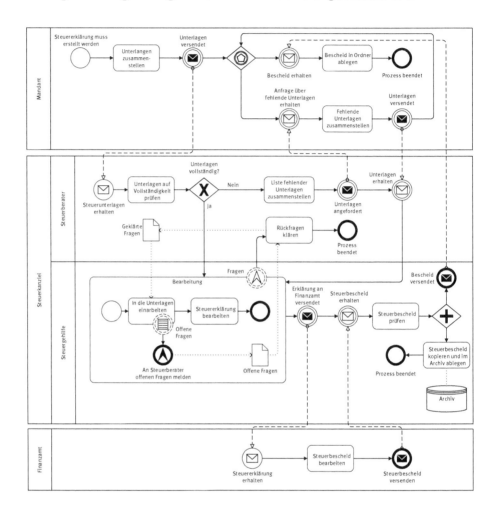

Lösungsvorschlag zu Aufgabe 65: BPMN-Modellierung Wohnungssuche

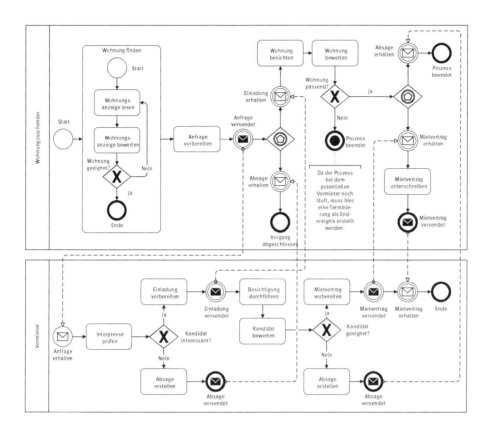

Lösungsvorschlag zu Aufgabe 66: BPMN-Modellierung Krankenversicherung

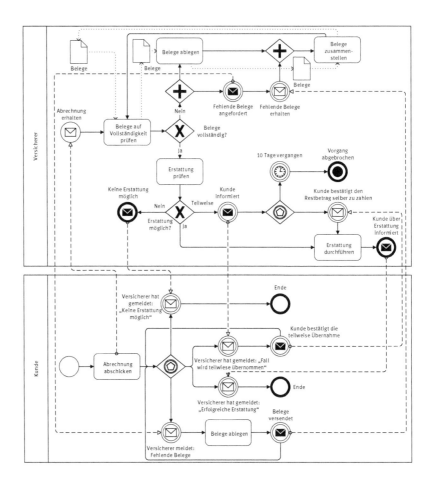

Lösungsvorschlag zu Aufgabe 67: BPMN-Modellierung Überweisung

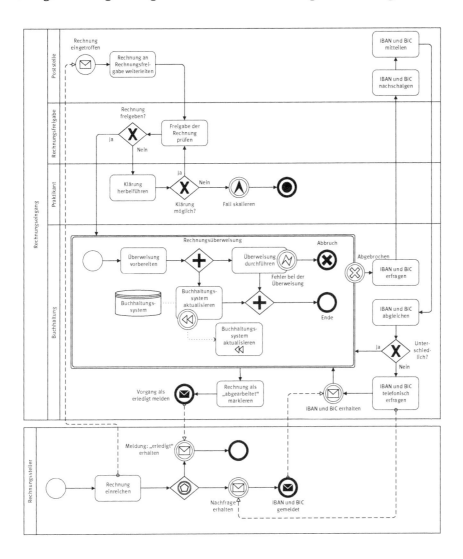

Lösungsvorschlag zu Aufgabe 68: BPMN-Modellierung Bewerbung

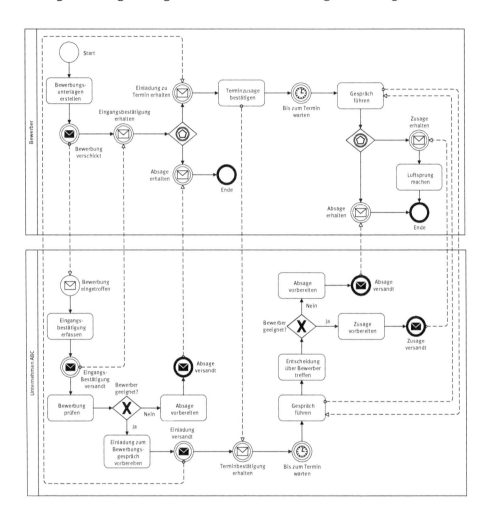

Lösungsvorschlag zu Aufgabe 69: BPMN-Modellierung Fahrschule

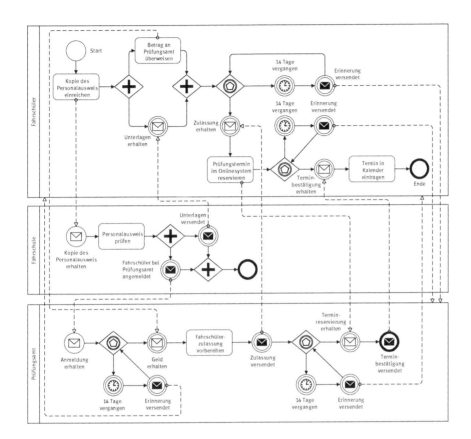

Lösungsvorschlag zu Aufgabe 70: BPMN-Modellierung Weihnachtsdinner

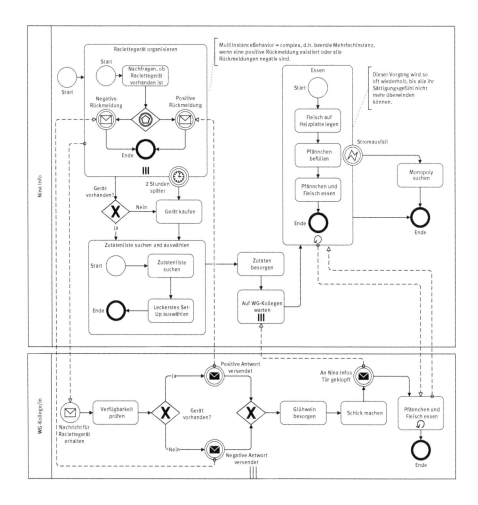

Lösungsvorschlag zu Aufgabe 71: BPMN-Modellierung Mietwagenfirma

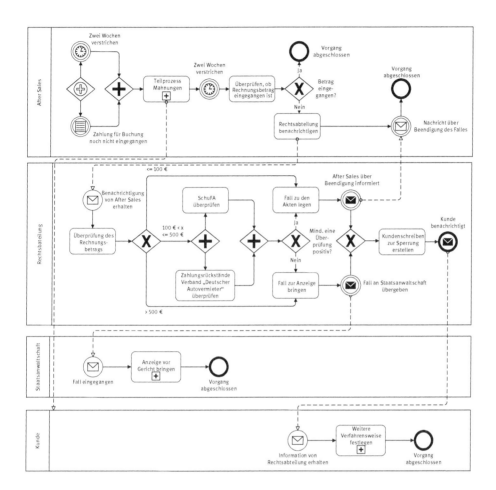

Lösungsvorschlag zu Aufgabe 72: BPMN-Beschreibung Autohaus

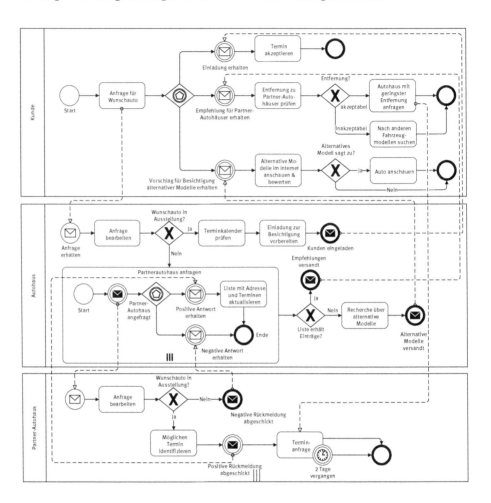

Lösungsvorschlag zu Aufgabe 73: PN-Beschreibung Führerscheinkontrolle

Es handelt sich um einen Geschäftsprozess, der beschreibt, welche Aufgaben ein Polizist bei der Durchführung einer Verkehrskontrolle mit möglichem Alkoholtest hat. Der Polizist steht am Verkehrskontrollpunkt und hält ein Auto an. Nachdem das Auto gehalten hat, fragt der Polizist den Fahrer nach den Autopapieren und dem Führerschein. Der Polizist kontrolliert die Autopapiere und den Führerschein nebenläufig. Sind die Autopapiere und der Führerschein kontrolliert, begutachtet er den Fahrer. Daraufhin muss er entscheiden, ob der Fahrer sich auffällig oder nicht auffällig verhält. Sind keine Auffälligkeiten festzustellen, wünscht er dem Fahrer eine gute Weiterfahrt und die Kontrolle ist beendet. Verhält der Fahrer sich auffällig, muss der Polizist einen Alkoholtest in Form von Pusten durchführen, um zu schauen, ob der Fahrer die Alkoholgrenze überschreitet. Ist die Alkoholgrenze nicht überschritten, kann er dem Fahrer eine gute Weiterfahrt wünschen und die Kontrolle ist beendet. Ist die Alkoholgrenze überschritten, folgen zwei nebenläufige Prozessschritte. Zum einen muss er den Führerschein beschlagnahmen. Außerdem muss er den Fahrer belehren, dass er nicht weiterfahren darf. Ist beides geschehen, schickt er den Fahrer nach Hause. Zum Schluss muss er noch einen Bericht schreiben. Danach ist der Prozess beendet.

Lösungsvorschlag zu Aufgabe 74: PN-Beschreibung Catering

Nachdem ein Auftrag eingegangen ist, wird zunächst ein Benachrichtigungsprozess gestartet, der die drei Fachabteilungen „Küche", „Lieferteam" und „Serviceteam" über den bevorstehenden Auftrag informiert. In der Küche werden daraufhin Einkäufe getätigt. Nachdem dies vollzogen ist, wird beurteilt, ob die Einkäufe vollständig oder unvollständig sind. Sollten die Einkäufe unvollständig sein, wird ein Mitarbeiter der Küche beauftragt, die Einkäufe zu vervollständigen. Daraufhin wird erneut überprüft, ob die Einkäufe vollständig sind. Das Lieferteam organisiert in der Zwischenzeit einen Transportwagen für den Auftrag. Der Fachbereich „Service" hingegen kontaktiert die Mitarbeiter, um festzustellen, ob ein Team für den Auftrag verfügbar ist. Sollte ein Team verfügbar sein, wird dieses über Details zum Auftrag informiert. Sollten keine Servicemitarbeiter verfügbar sein, wird ein Fremdunternehmen beauftragt. Wenn sowohl die Einkäufe in Ordnung sind, ein Transportwagen organisiert ist und das Serviceteam für den Auftrag organisiert ist, werden die Planungen abgeschlossen. Darauffolgend beginnt die Küche als erstes damit, das Essen zuzubereiten. Wenn dieser Vorgang abgeschlossen ist, beginnen Lieferdienst und Service damit, Einsatzbereitschaft herzustellen. Nach diesen Vorbereitungen ist der Lieferwagen beladen und die Servicemitarbeiter sind beim Kunden vor Ort. Das Lieferteam liefert daraufhin an. Erst wenn die Servicemitarbeiter vor Ort sind und das Essen beim Kunden ist, beginnen die Mitarbeiter vom Serviceteam damit, die Gäste zu bedienen. Sobald der

Abend zu Ende ist, beginnen der Abbau und die Heimfahrt. Danach ist der Auftrag abgeschlossen.

Lösungsvorschlag zu Aufgabe 75: PN-Beschreibung Frachtflug

Es handelt sich um einen Prozess, der den Verlauf eines Frachtfluges inklusive Abflugcheck vor dem Flug darstellt. Im ersten Schritt wird das Flugzeug vorbereitet. Ist das Flugzeug bereit, so kann der Abflugcheck begonnen werden. Der gesamte Check besteht aus drei nebenläufigen Tätigkeiten, namentlich Triebwerk, Elektronik und Fracht überprüfen. Sobald alle drei Einzelchecks beendet sind, kann der Abflugcheck beendet werden, wodurch der Gesamtcheck beendet ist. Der Gesamtcheck kann in Ordnung oder nicht in Ordnung sein. Ist der Gesamtcheck nicht in Ordnung, so wird zunächst ein Techniker gerufen und sobald dieser anwesend ist, führt dieser Nachbesserungen durch, woraufhin das Flugzeug wieder bereit ist und der Abflugcheck von vorne beginnen kann. Ist der Gesamtcheck ok, kann das Flugzeug auf die Startbahn rollen und daraufhin kann der Flug starten und es wird die Flughöhe erreicht. Nun hat der Pilot zwei Alternativen, d. h. entweder kann er den Autopiloten aktivieren oder er behält die manuelle Steuerung bei. Wenn der Autopilot aktiviert wurde, bleibt dieser aktiv, bis dieser die Landung einleitet und die manuelle Steuerung aktiviert. Abschließend kann die Landung durchgeführt werden und der Prozess ist beendet, wenn das Flugzeug gelandet ist.

Lösungsvorschlag zu Aufgabe 76: PN-Beschreibung Buchhandlung

Wenn die Kundenbestellung bei der Buchhandlung eingegangen ist, wird sie zunächst aufgenommen und anschließend wird der Bestand auf die geforderten Artikel hin überprüft. Sofern der Artikel vorhanden ist, werden die entsprechenden Artikel zurückgelegt und im Systembestand verbucht. Anschließend wird der Kunde darüber informiert, dass er die Bestellung abholen kann. Wenn der Artikel nicht vorhanden ist, dann wird der Artikel bestellt und auf die Bestellung gewartet. Abschließend wird nach dem Eintreffen des Artikels erneut der Bestand überprüft. Gegebenenfalls wiederholt sich der Bestellvorgang oder aber die Artikel werden wie oben beschrieben zurückgelegt. Wenn der Kunde informiert wurde, kann es entweder passieren, dass die Bestellung nicht innerhalb der Frist abgeholt wird. Dann wird sowohl der Artikel im System wieder freigegeben und aufgeräumt, als auch die Bestellung im System gelöscht. Oder aber, der Kunde kommt zur Abholung. Dann wird die Bestellnummer erfragt und die entsprechende Bestellung rausgesucht. An dieser Stelle wird noch einmal die Vollständigkeit überprüft. Wenn sie vollständig ist, kann kassiert werden und der Prozess endet. Falls sie unvollständig ist, wird der Bestand geprüft. Ist der fehlende Artikel vorrätig, kann er geholt, die Bestellung erneut auf Vollständigkeit überprüft und dann gegebenenfalls kassiert werden. Ist der Artikel nicht vorrätig, muss er nachbestellt werden. Mit der Nachbestellung folgt der Prozess wieder dem oben be-schriebenen Ablauf.

Lösungsvorschlag zu Aufgabe 77: PN-Beschreibung Autokauf

Zunächst muss ein Bedarf an einem neuen Auto vorliegen, dann überlegt sich der potentielle Käufer, welche Ansprüche er an sein neues Auto stellt. Dann informiert er sich über die neusten Modelle der einzelnen Marken. Hat er sich informiert, so fährt er zu dem nächsten Autohändler, der die Marken hat, die ihm gefallen. Dabei ordnet er die Reihenfolge der Marken nach seinen Favoriten. Der potentielle Käufer schaut sich die Autos im ersten Autohaus an. Gefallen ihm die Autos nicht, so geht er zum nächsten Autohaus auf seiner Liste. Gefallen ihm die Autos, so macht er eine Probe-fahrt mit seinem favorisierten Modell. Danach entscheidet er, ob ihm das getestete Modell gefällt. Gefällt ihm das Automodell nicht, so macht er eine Fahrt mit dem nächsten favorisierten Auto. Gefällt ihm das Automodell, so fragt er nach dem Preis. Ist ihm der Preis zu hoch, so sucht er einen anderen Händler auf und fragt diesen nach dem Preis. Empfindet er den Preis als angemessen, so ist er bereit, sein Traumauto zusammenzustellen. Dafür muss er auswählen, welche Farbe, welchen Motor, welche Sitze und welche Innenausstattung sein Traumauto haben soll. Sobald er alles ausgewählt hat, lässt er sich den Preis seines Traumautos berechnen. Findet er diesen zu hoch, so kann er Farbe, Motor, Sitze und Innenausstattung noch einmal neu bestimmen und sich wiederum den Preis sagen lassen. Stimmt er dem Preis zu, so kann er nun sein Traumauto bestellen. Nach der Bestellung wartet er T Zeiteinhei-ten ab, bis er seine Rechnung und die Mitteilung erhält, dass sein Auto bereitsteht. Sobald er die Rechnung beglichen hat und sein Auto zur Abholung bereitsteht, kann er das Auto abholen. Damit ist der Prozess beendet.

Lösungsvorschlag zu Aufgabe 78: PN Multiple-Choice

1) Richtig, da ein Petri-Netz N aus einem Tripel (S, T, F) besteht, mit S einer Menge von Stellen, T einer Menge von Transitionen und F die Flussrelation, das folgende Eigenschaften aufweist:
   - $S \cap T = \emptyset$, d. h. Stellen und Transitionen sind zwei disjunkte Mengen
   - $S \cup T \neq \emptyset$, d. h. es gibt mindestens eine Stelle oder Transition
   - $F \subseteq (S \times T) \cup (T \times S)$, d. h. die Flussrelation erlaubt ausschließlich die Verknüpfung von Stellen mit Transitionen und Transitionen mit Stel-len.
2) Richtig, wie aus der Schaltregel einer Transition deutlich wird. Die Transi-tion t ist aktiviert unter der Markierung M, wenn:
   - alle Stellen s im Vorbereich der Transition mehr Marken beinhalten als die Kantengewichte der jeweiligen Kante angeben: $\forall s \in \bullet t: M(s) \geq W(s, t)$ und

– alle Stellen s im Nachbereich der Transition noch ausreichend Kapazität haben, um Marken entsprechend den jeweiligen Kantengewichten aufzunehmen: $\forall\, s \in t\bullet: M(s) \leq K(s) - W(t, s)$

Sofern eine Transition t unter der Markierung M aktiviert ist, kann t schalten. Das Schalten einer Transition t unter M überführt M in die Folgemarkierung M′, wie folgt:

$$M'(s) = \begin{cases} M(s) - W(s, t) & \text{falls } s \in \bullet t\backslash t\bullet \\ M(s) + W(t, s) & \text{falls } s \in t\bullet\backslash\bullet t \\ M(s) - W(s, t) + W(t, s) & \text{falls } s \in t\bullet \cap \bullet t \\ M(s) & \text{sonst} \end{cases}$$

3) Richtig, da in der Definition eines Petri-Netzes die Flussrelation wie folgt definiert ist: $F \subseteq (S \times T) \cup (T \times S)$, d. h. die Flussrelation erlaubt ausschließlich die Verknüpfung von Stellen mit Transitionen und von Transitionen mit Stellen.

4) Falsch, da zahlreiche Varianten von Petri-Netzen existieren. Beispielsweise sind Prädikate/Transitions-Netze (Pr/T-Netze), XML-Netze und Gefärbte Netze (CP-Netz) weitere Varianten.

5) Falsch, da ein Bedingungs/Ereignis-System (B/E-System) BES = (S, T, F, M_0) ein S/T-System STS = (S, T, F, K, W, M_0) mit Kapazität 1 für alle Stellen und Gewichtung 1 für alle Kanten ist.

6) Falsch, da ein Petri-Netz ist ein gerichteter und bipartiter Graph ist.

7) Richtig, wie aus der Schaltregel eines Bedingungs/Ereignis-Systems deutlich wird.

8) Richtig, ein Stellen/Transitions-System (S/T-System) bzw. Petri-Netz-System ist ein 6-Tupel STS = (S, T, F, K, W, M_0) mit den Eigenschaften:

– (S, T, F) ist ein Petri-Netz
– $K: S \rightarrow \mathbb{N} \cup \{\infty\}$, d. h. jeder Stelle wird eine Kapazität zugewiesen
– $W: F \rightarrow \mathbb{N}$, d. h. jeder Kante wird ein Kantengewicht zugeordnet
– $M: S \rightarrow \mathbb{N}_0$ mit $\forall s \in S: M(s) \leq K(s)$, d. h. jeder Stelle wird eine Anzahl an Marken zugeordnet, die kleiner sein muss, als die Kapazität der Stelle

9) Richtig, da ein Bedingungs/Ereignis-System (B/E-System) BES = (S, T, F, M_0) aus dem 4-Tupel besteht.

Lösungsvorschlag zu Aufgabe 79: Pr/T-Netz-Modellierung Büroarbeitsplatz

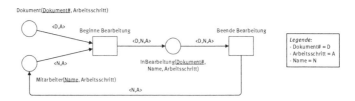

Lösungsvorschlag zu Aufgabe 80: Pr/T-Netz-Modellierung Bewerbung

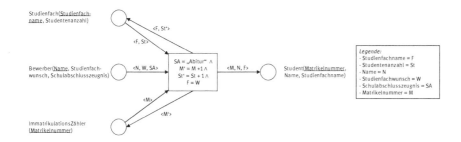

Lösungsvorschlag zu Aufgabe 81: Pr/T-Netz Datenbankabfrage Berlin

Lösungsvorschlag zu Aufgabe 82: Pr/T-Netz Datenbankabfrage Aufträge

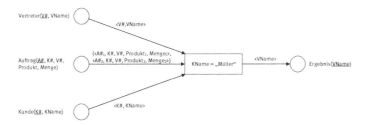

Lösungsvorschlag zu Aufgabe 83: Pr/T-Netz-Modellierung Bibliothek

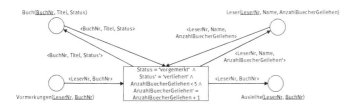

Lösungsvorschlag zu Aufgabe 84: Pr/T-Netz-Modellierung Wohnungssuche

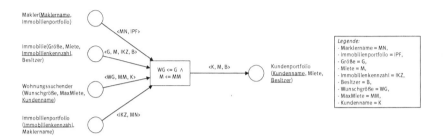

Lösungsvorschlag zu Aufgabe 85: Pr/T-Netz Transformation in B/E-Netz

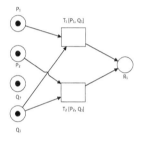

Lösungsvorschlag zu Aufgabe 86: B/E-Netz Transformation in Pr/T-Netz

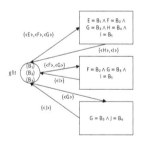

Lösungsvorschlag zu Aufgabe 87: PN-Modellierung Sequenz – Verzweigung – Synchronisation

a)

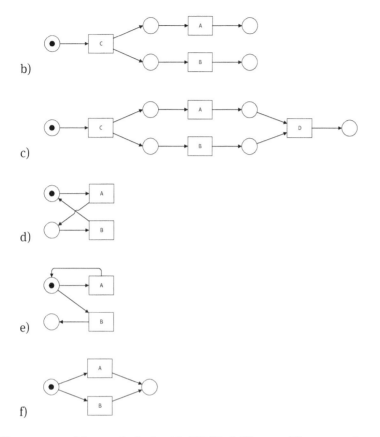

b)

c)

d)

e)

f)

Lösungsvorschlag zu Aufgabe 88: PN-Modellierung Klausurvorbereitung

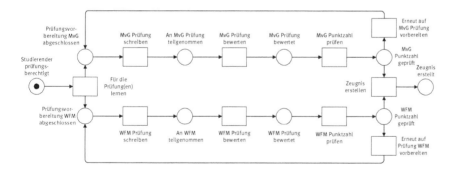

Lösungsvorschlag zu Aufgabe 89: PN-Modellierung Philosophenproblem (https://de.wikipedia.org/wiki/Philosophenproblem)

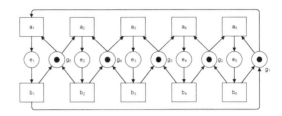

Tupeldarstellung BEN $= \{S, T, F, M_0\}$, mit

- $S = \{e_1, e_2, e_3, e_4, e_5, g_1, g_2, g_3, g_4, g_5\}$
- $T = \{a_1, a_2, a_3, a_4, a_5, b_1, b_2, b_3, b_4, b_5\}$
  $F = \{(e_1, b_1), (e_2, b_2), (e_3, b_3), (e_4, b_4), (e_5, b_5), (g_1, a_1), (g_1, a_5), (g_2, a_5), (g_2, a_4),$
  $(g_3, a_3), (g_3, a_4), (g_4, a_2), (g_4, a_3), (g_5, a_1), (g_5, a_2), (a_1, e_1), (a_2, e_2), (a_3, e_3), (a_4, e_4),$
  $(a_5, e_5), (b_1, g_5), (b_1, g_5), (b_2, g_5), (b_2, g_4), (b_3, g_4), (b_3, g_3), (b_4, g_3), (b_4, g_2),$
  $(b_5, g_2), (b_5, g_1)\}$
- $M_0(e_i) = 0, i \in \{1, \ldots, 5\}$ und $M_0(g_i) = 1, i \in \{1, \ldots, 5\}$

Interpretation:
- Platz e_i belegt heißt, dass der Philosoph isst.
- Platz e_i frei heißt, dass der Philosoph denkt
- Platz g_i belegt heißt, dass die Gabel auf dem Tisch liegt
- Platz g_i frei heißt, dass die Gabel von einem Philosophen verwendet wird

Lösungsvorschlag zu Aufgabe 90: PN-Modellierung Behörde

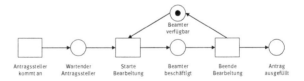

Lösungsvorschlag zu Aufgabe 91: PN-Modellierung Eisenbahnschranke

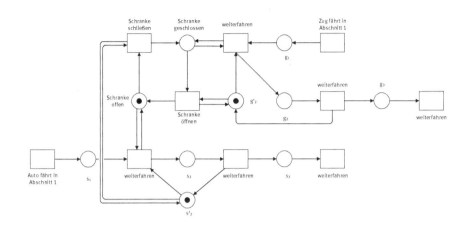

Lösungsvorschlag zu Aufgabe 92: PN-Modellierung Lichtstudio

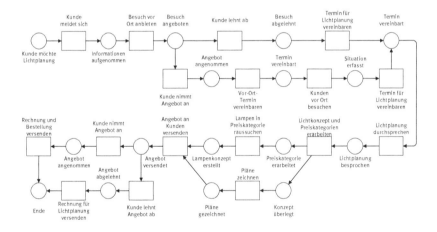

Lösungsvorschlag zu Aufgabe 93: PN-Modellierung Personenzug

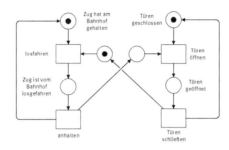

Lösungsvorschlag zu Aufgabe 94: PN-Modellierung Online-Shop

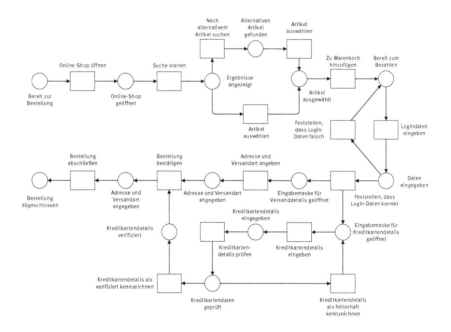

Lösungsvorschlag zu Aufgabe 95: PN-Modellierung Spielverlegung

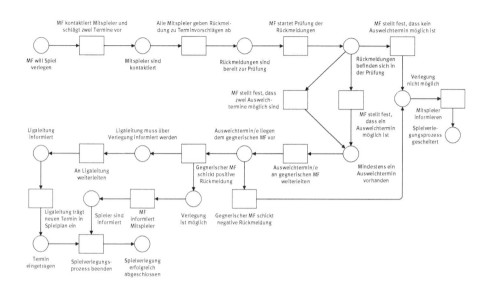

Lösungsvorschlag zu Aufgabe 96: PN-Modellierung Stromzähler

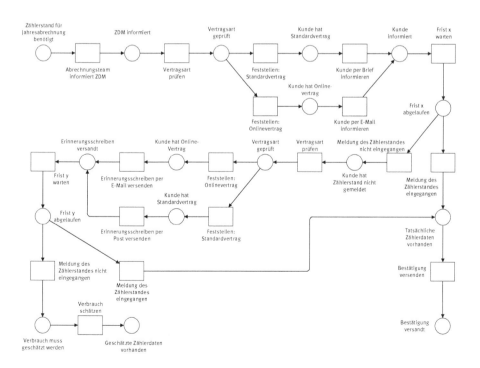

Lösungsvorschlag zu Aufgabe 97: PN-Modellierung Erasmussemester

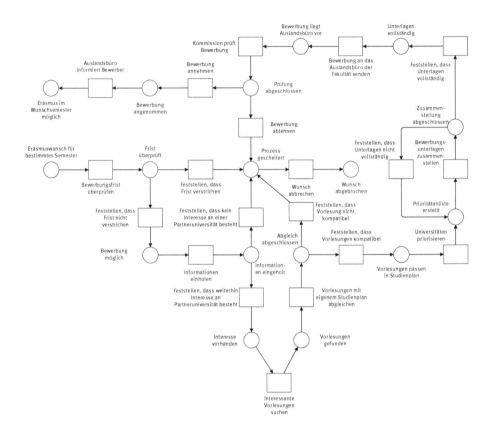

Lösungsvorschlag zu Aufgabe 98: PN-Modellierung Krankenhaus

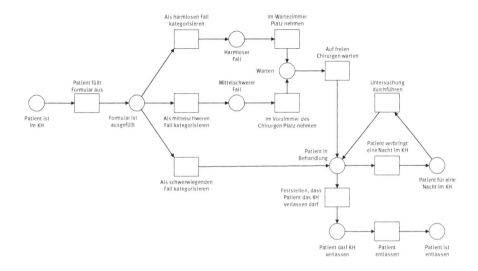

Lösungsvorschlag zu Aufgabe 99: PN-Modellierung Zimmerverteilung

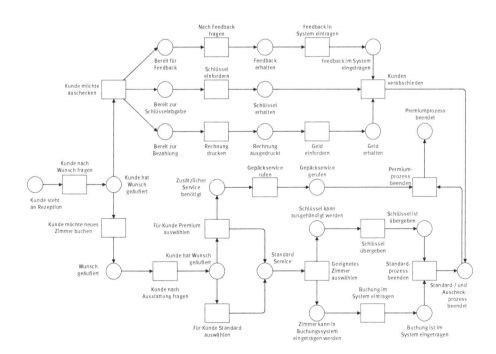

Lösungsvorschlag zu Aufgabe 100: UML-AD-Beschreibung Ablauf

Nach Ausführung von A werden B und C nebenläufig ausgeführt. Im Kontrollflusszweig von C wird entschieden, ob der Bereich (BC) erneut instanziiert werden soll
(Schleife). Sofern dies der Fall ist, wird (BC) erneut instanziiert, ansonsten wird eine
Synchronisation herbeigeführt. Sofern die Entscheidung nach B mindestens einmal
als „Keine weitere Instanz benötigt" getroffen wurde, wird auch die Ausführung von
D möglich – D kann maximal einmal ausgeführt werden, da von C maximal ein Token
zur Synchronisation vorliegt. Alternativ erzeugte Folge: A (BC)$^+$[D], mit
- (): nebenläufige Sektion
- []: Optionale Sektion, entspricht {0-1}

Lösungsvorschlag zu Aufgabe 101: UML-AD Fehlerfinden (1)

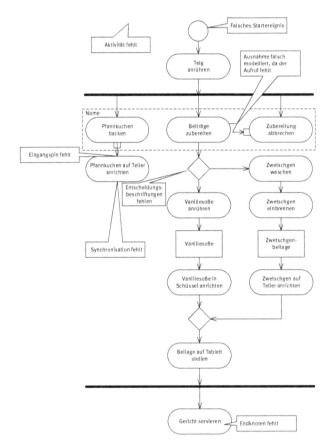

Lösungsvorschlag zu Aufgabe 102: UML-AD Fehlerfinden (2)

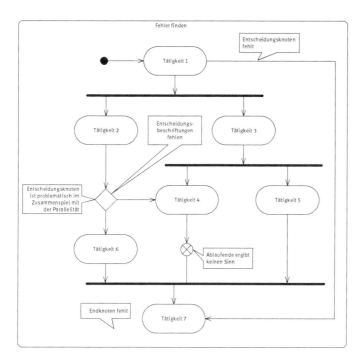

Lösungsvorschlag zu Aufgabe 103: UML-AD-Modellierung Bewerbungsgespräch

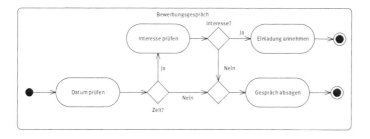

Lösungsvorschlag zu Aufgabe 104: UML-AD-Modellierung Klausur

a)

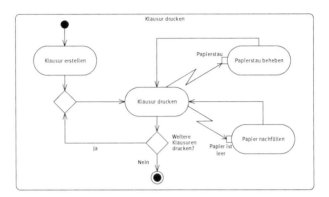

b)

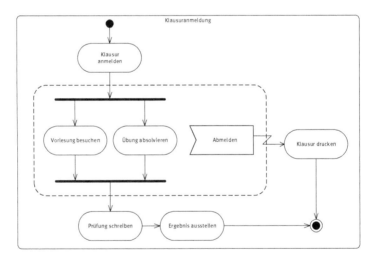

Lösungsvorschlag zu Aufgabe 105: UML-AD-Modellierung Bestellabwicklung

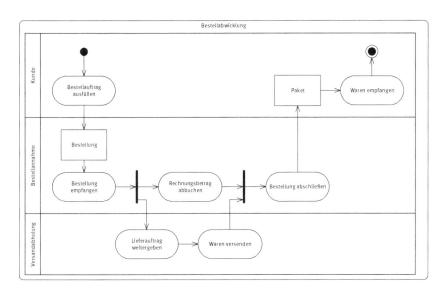

Lösungsvorschlag zu Aufgabe 106: UML-AD-Modellierung Urlaubsvorbereitung

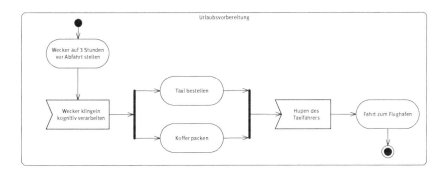

Lösungsvorschlag zu Aufgabe 107: UML-AD-Modellierung Webshop

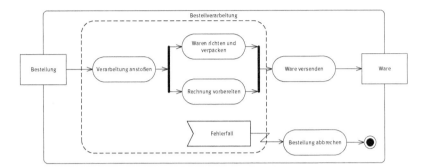

Lösungsvorschlag zu Aufgabe 108: UML-AD-Modellierung Ampelanlage

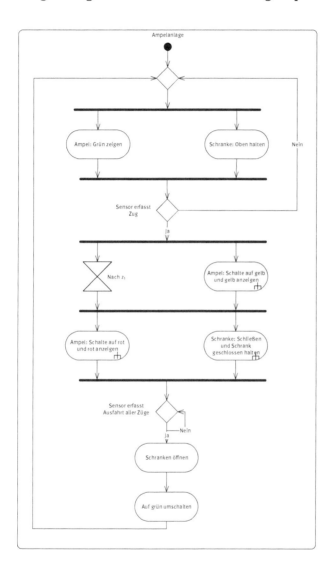

Lösungsvorschlag zu Aufgabe 109: UML-AD Transformation EPK in UML-AD (1)

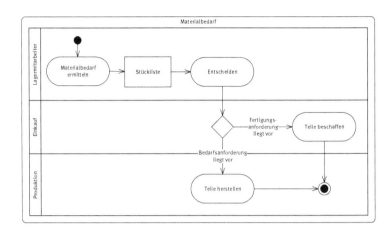

Lösungsvorschlag zu Aufgabe 110: UML-AD Transformation EPK in UML-AD (2)

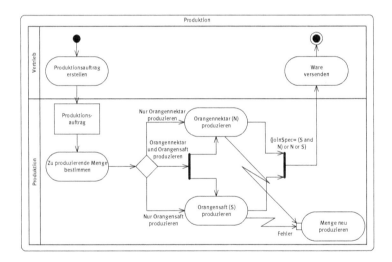

Lösungsvorschlag zu Aufgabe 111: EPK-, BPMN-Modellierung Klausurvorbereitung

– Ereignisgesteuerte Prozesskette:

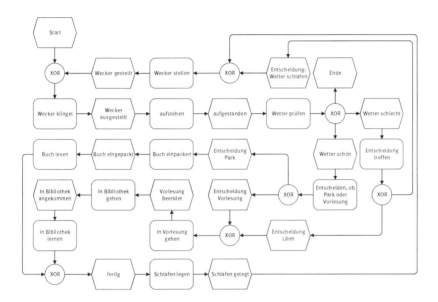

– Business Process Model and Notation:

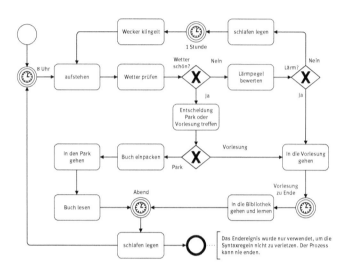

Lösungsvorschlag zu Aufgabe 112: EPK-, BPMN-Modellierung Büromaterial

a)

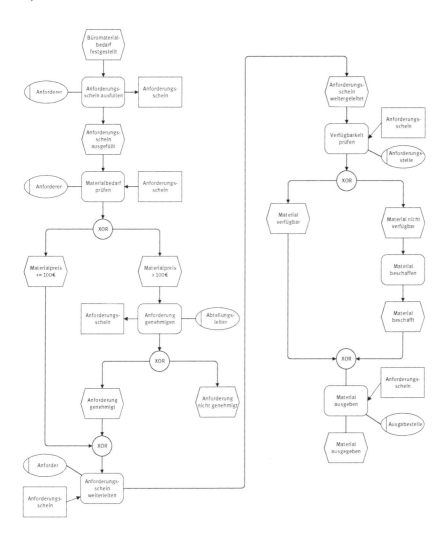

b)

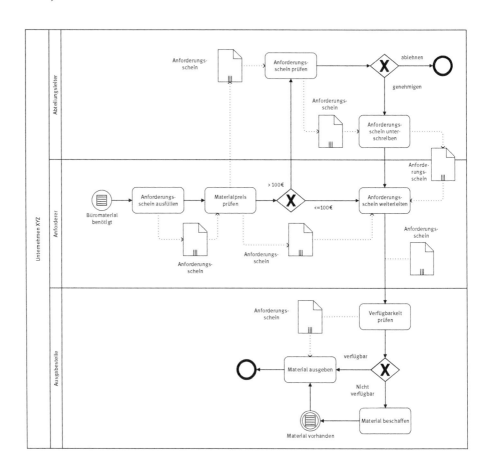

Lösungsvorschlag zu Aufgabe 113: EPK-, BPMN-, PN- und UML-AD-Modellierung Ampelschaltung

a)

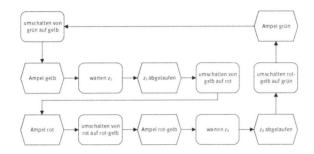

Problematisch an diesem Modell ist, formal gesehen, dass kein Start- und Endereignis vorliegt. Daher verletzt das EPK-Modell die Modellierungsregeln. Aus der Aufgabenstellung geht kein Start bzw. Endereignis hervor, so dass nachfolgend ein fiktives Start- und Endereignis hinzugefügt wird, um keine Modellierungsregel zu verletzten.

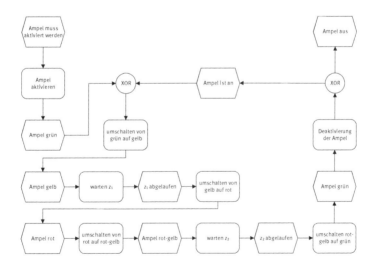

b)

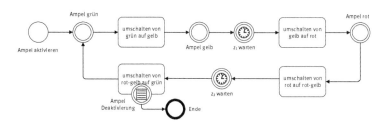

c)

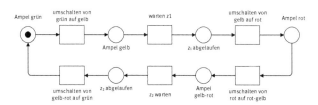

d)

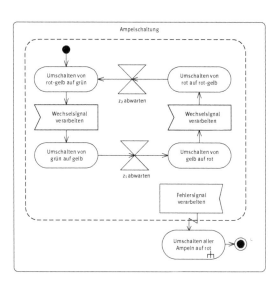

e)

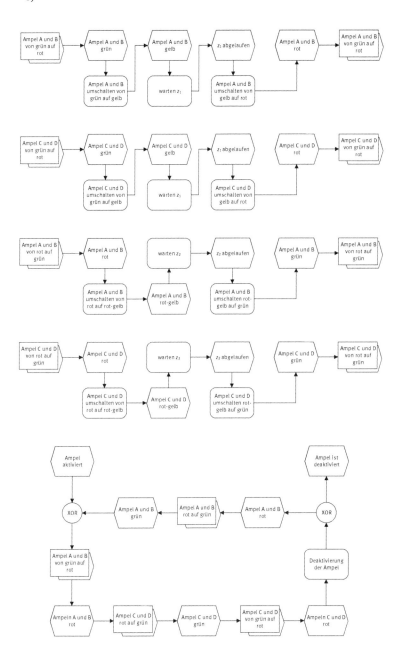

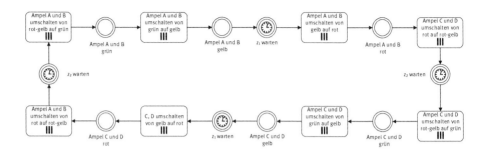

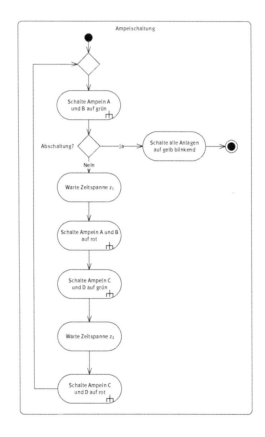

Lösungsvorschlag zu Aufgabe 114: EPK-, BPMN-, PN- und UML-AD-Modellierung Versicherungsgesellschaft

a)

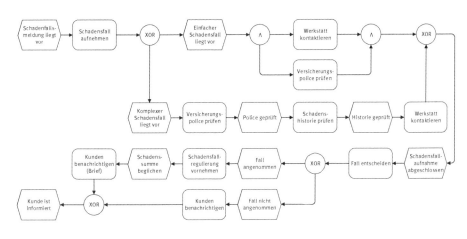

b)

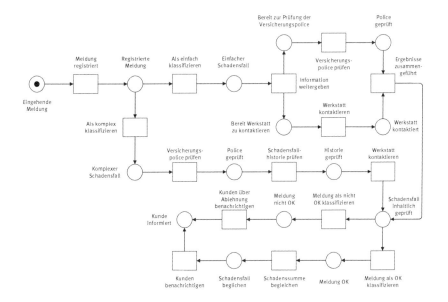

c)

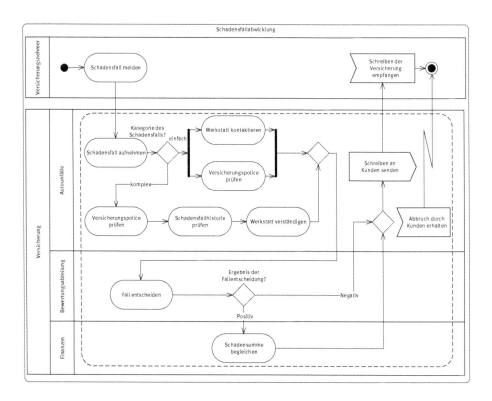

d)

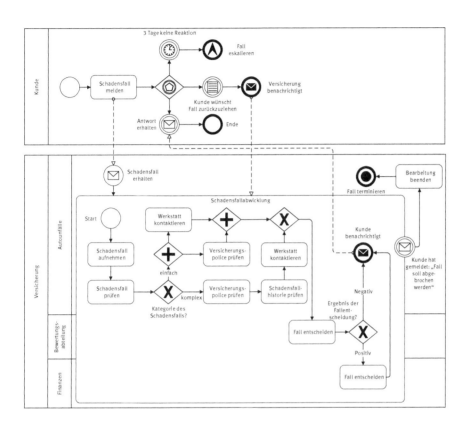

4 Process Mining

4.1 Einführung

Ziel von Process Mining ist die Analyse und Rekonstruktion von Prozessmodellen auf Basis von Ereignislogs (Protokollen) aus laufenden IT-Systemen. Einen kompakten Überblick zu Process Mining vermittelt das Buch von Wil van der Aalst [Aals16]. Damit ein Prozessmodell aus solchen „digitalen Spuren" erstellt werden kann, muss in dem Ereignislog (zumindest) die Reihenfolge der Ereignisse gespeichert sein. Dabei muss jedes Ereignis auf eine Aktivität verweisen und zu einem Fall gehören („Fall" hier im Sinne einer (Geschäfts-)Prozessinstanz). Nachfolgend wird beispielhaft ein Ereignislog gezeigt, das nach Fällen sowie innerhalb der Fälle nach dem Zeitstempel sortiert ist. Anstatt von Aktivitätsnamen werden im Folgenden zur Vereinfachung der Darstellung entsprechende Buchstaben als Platzhalter verwendet. Beispielsweise könnte Aktivität a ein Platzhalter für „überprüfe Lagerbestand" sein.

Tab. 4.1: Beispiel - Ereignislog

Fallnummer	Aktivität	Zeitstempel	Ressource
	a	03-03-2017:12.02	Andreas Drescher
	b	03-03-2017:12.05	Andreas Oberweis
	g	04-03-2017:08:44	Agnes Koschmider
	h	05-03-2017:07:43	Andreas Drescher
1	j	05-03-2017:08.05	Andreas Oberweis
	k	05-03-2017:09.05	Agnes Koschmider
	i	05-03-2017:10.05	Andreas Drescher
	l	05-03-2017:11.05	Agnes Koschmider
	a	06-03-2017:10.01	Agnes Koschmider
	c	06-03-2017:10.02	Andreas Drescher
	d	06-03-2017:10.03	Agnes Koschmider
	e	06-03-2017:10.04	Andreas Oberweis
	f	08-03-2017:10.02	Andreas Oberweis
2	g	08-03-2017:10.05	Andreas Oberweis
	j	08-03-2017:11.15	Agnes Koschmider
	h	08-03-2017:11.45	Andreas Oberweis
	i	09-03-2017:08.01	Andreas Drescher
	k	09-03-2017:08.02	Andreas Oberweis
	l	09-03-2017:08.03	Andreas Drescher

Betrachtet man ausschließlich die Aktivitäten, so ergeben sich zwei Fälle:
- Fall 1: <abghjkil>
- Fall 2: <acdefgjhikl>

Auf Basis eines solchen Ereignislogs kann ein Prozessmodell (Petri-Netz bzw. Workflow-Netz) konstruiert werden. Notwendig für die Konstruktion sind eine Fallnummer, die Aktivitätsbezeichnung und ein Zeitstempel. Zu jeder Aktivität können Attribute wie Ressourcen (wie oben beispielhaft angegeben), Kosten oder Sensorwerte angegeben werden. Die Einsatzgebiete von Process Mining sind insbesondere:
- Prozessmodellsynthese (process discovery): Konstruktion eines Modells aus dem Ereignislog, um die Frage zu beantworten: „Was passiert wirklich?".
- Konformitätsvalidierung (conformance analysis): Soll/Ist Modell-Vergleich anhand von Metriken mit dem Ziel, Engpässe zu identifizieren.
- Prozessvorhersage (process prediction): Der Fokus liegt auf der Vorhersage des Ergebnisses und adressiert das Eintreffen von Ereignissen, wie: „Wird sich der Fall verzögern?".

Ein Algorithmus zum Auffinden eines Ablaufmodells in Form eines Workflow-Netzes aus einem Ereignislog ist der α-Algorithmus. Die Grundidee ist, dass zunächst die Ordnungsbeziehungen zwischen den einzelnen Aktivitäten in einem Ereignislog durch die Analyse von den Fällen identifiziert werden. Hieraus können die Kausalitäten zwischen Aktivitäten abgeleitet und ein entsprechendes Prozessmodell bzw. Workflow-Netz konstruiert werden. Die Ableitung von Abhängigkeiten zwischen Aktivitäten basiert auf den folgenden beiden Schritten:

1. Schritt: Anwendung von Ordnungsbeziehungen auf das Ereignislog, um Abhängigkeiten zwischen Aktivitäten zu bestimmen. Es existieren die folgenden vier möglichen Ordnungsbeziehungen zwischen zwei Aktivitäten x und y:

Ordnungsbeziehung	Beispiel-Ereignislog
DIREKTE NACHFOLGE: x>y, d. h. wenn in einem Fall auf x direkt y folgt.	a>b, b>g, g>h, h>j, j>k, k>i, i>l, a>c, c>d, d>e, e>f, f>g, g>j, j>h, h>i, i>k, k>l
KAUSALITÄT: x→y, d. h. es gilt nur x>y und es wurde niemals y>x beobachtet.	a→b, a→c, b→g, c→d, d→e, e→f, f→g, g→h, g→j, h→i, i→l, j→k, k→l
UNVERBUNDEN: x#y, d. h. weder x>y noch y>x wurden beobachtet.	a#a, b#b, c#c, d#d, e#e, f#f, g#g, h#h, i#i, j#j, k#k, l#l, a#d, a#e, a#f, a#g, a#h, a#i, a#j, a#k, a#l, b#c, b#d, b#e, b#f, b#h, b#i, b#j. b#k, b#l, c#e, c#f, c#g, c#h, c#i, c#j, c#k, c#l, d#f, d#g, d#h, d#i, d#j, d#k, d#l, e#g, e#h, e#i, e#j, e#k, e#l, f#h, f#i, f#j, f#k, f#l, g#i, g#k, g#l, h#k, h#l, i#j, j#l

Ordnungsbeziehung	Beispiel-Ereignislog
NEBENLÄUFIGKEIT: x||y, d. h. sowohl x>y als auch y>x wurden beobachtet.	h||j, i||k

Daraus lässt sich eine sogenannte Footprint-Matrix erstellen, die die Zusammenhänge zwischen allen Aktivitäten in kompakter Form aufzeigt. Beispielsweise wurde die direkte Nachfolge a>b beobachtet und niemals b>a, so dass das entsprechende Feld in der Matrix x_{ab} mit $\rightarrow$ gekennzeichnet wird. Aus Gründen der Symmetrie enthält das Feld x_{ba} den Eintrag $\leftarrow$. Die Aktivität a ist mit sich selbst und mit d unverbunden und wird mit # gekennzeichnet. Die Aktivitäten h und j bzw. j und h sind nebenläufig zueinander und werden mit \|\| gekennzeichnet.

	a	b	c	d	e	f	g	h	i	j	k	l
a	#	$\rightarrow$	$\rightarrow$	#	#	#	#	#	#	#	#	#
b	$\leftarrow$	#	#	#	#	#	$\rightarrow$	#	#	#	#	#
c	$\leftarrow$	#	#	$\rightarrow$	#	#	#	#	#	#	#	#
d	#	#	$\leftarrow$	#	$\rightarrow$	#	#	#	#	#	#	#
e	#	#	#	$\leftarrow$	#	$\rightarrow$	#	#	#	#	#	#
f	#	#	#	#	$\leftarrow$	#	$\rightarrow$	#	#	#	#	#
g	#	$\leftarrow$	#	#	#	$\leftarrow$	#	$\rightarrow$	#	$\rightarrow$	#	#
h	#	#	#	#	#	#	$\leftarrow$	#	$\rightarrow$	||	#	#
i	#	#	#	#	#	#	#	$\leftarrow$	#	#	||	$\rightarrow$
j	#	#	#	#	#	#	$\leftarrow$	||	#	#	$\rightarrow$	#
k	#	#	#	#	#	#	#	#	||	$\leftarrow$	#	$\rightarrow$
l	#	#	#	#	#	#	#	#	$\leftarrow$	#	$\leftarrow$	#

2. Schritt: Die identifizierten Beziehungen aus dem Ereignislog können verwendet werden, um ein entsprechendes Prozessmodell abzuleiten. Damit können die elementaren Kontrollflussmuster [Aals16] abgebildet werden:
   - Sequenz mit x→y

   - Exklusive Auswahl (XOR-Split), mit x→y, x→z und y#z

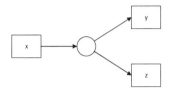

– Einfache Zusammenführung (XOR-Join), mit x→z, y→z und x#y

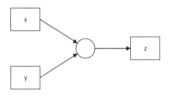

– Parallele Aufspaltung (And-Split), mit x→y, x→z und y∥z

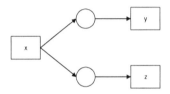

– Synchronisation (And-Join), mit x→z, y→z und x∥y

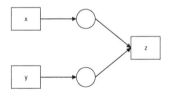

Nachdem das Prinzip skizziert wurde, soll im Folgenden der α-Algorithmus [Aals16] vorgestellt werden, welcher aus neun Schritten besteht.

– Gegeben sei ein Ereignislog L mit Fällen σ, die Aktivitäten T beinhalten.
– Gesucht sei ein Workflow-Netz zum Ereignislog $\alpha(L) = (S_L, T_L, F_L)$, mit S_L Stellen, T_L Transitionen und F_L Flussrelation
– Vorgehen:
  1. Identifiziere alle Aktivitäten t in dem Ereignislog L, d. h. $T_L = \{t \in T | \exists_{\sigma \in L} t \in \sigma\}$.
  2. Erstelle die Footprint-Matrix.
  3. Identifiziere alle Aktivitäten t, mit denen ein Fall beginnt $T_I = \{t \in T | \exists_{\sigma \in L} t \in \text{first}(\sigma)\}$.

4. Identifiziere alle Aktivitäten, mit denen ein Fall endet $T_O=\{t \in T|\exists_{\sigma \in L}t \in last(\sigma)\}$.

5. Identifiziere die potentielle Menge an Verbindungen, d. h. die Vorgänger-Relation $X_L = \{(A,B)| A \subseteq T_L \wedge A \neq \emptyset \wedge B \subseteq T_L \wedge B \neq \emptyset \wedge \forall_{a \in A}\forall_{b \in B}a \rightarrow_L b \wedge \forall_{a_1,a_2 \in A}a_1 \#_L a_2 \wedge \forall_{b_1,b_2 \in B}b_1 \#_L b_2\}$:

    i) Füge alle Sequenzen zu X_L^i hinzu, d. h. Einträge aus der Footprint-Matrix mit der Form a→b ($X_L^i = \{(\{a\},\{b\})\}$).

    ii) Füge die exklusive Auswahl (XOR-Split) zu X_L^{ii} hinzu, d. h. Einträgen aus der Footprint-Matrix mit der Form a→b, a→c und b#c ($X_L^{ii} = \{(\{a\},\{b,c\})\}$).

    iii) Füge die einfache Zusammenführung (XOR-Join) zu X_L^{iii} hinzu, d. h. Einträge der Footprint-Matrix mit der Form a→c, b→c und a#b ($X_L^{iii} = \{(\{a,b\},\{c\})\}$).

    iv) Bilde eine Vereinigung der Teillösungen zu X_L, d. h. $X_L = X_L^i \cup X_L^{ii} \cup X_L^{iii}$.

6. Eliminiere alle überflüssigen Elemente in X_L, da nur die maximale Kausalitätsrelation benötigt wird $Y_L = \{(A,B) \in X_L| \forall_{(A',B') \in X_L}A \subseteq A' \wedge B \subseteq B' \Rightarrow (A,B) = (A',B')\}$:

    i) Entferne die direkten Sequenzen aus X_L, sofern eine entsprechende exklusive Auswahl existiert, d. h. entferne ({a}, {b}) und ({a}, {c}) aus X_L, wenn ({a}, {b,c}) enthalten ist.

    ii) Entferne die direkten Sequenzen aus X_L, sofern eine entsprechende einfache Zusammenführung existiert, d. h. entferne ({a}, {c}) und ({b}, {c}) aus X_L, wenn ({a, b}, {c}) enthalten ist.

7. Erzeuge alle Stellen des Workflow-Netzes aus Y_L, inklusive der Start- und Endstelle, d. h. $S_L=\{s_{(A,B)}|(A,B) \in Y_L\} \cup \{i_L, o_L\}$.

8. Erzeuge die Flussrelation zwischen den Stellen und Transitionen, d. h. $F_L= \{(a, s_{(A,B)})| (A,B) \in Y_L \wedge a \in A\} \cup \{(s_{(A,B)},b)|(A,B) \in Y_L \wedge b \in B\} \cup \{(i_L,t)|t \in T_I\} \cup \{(t,o_w)|t \in T_O\}$.

9. Somit ergibt sich das Workflow-Netz $\alpha(L)= (S_L, T_L, F_L)$.

Angewendet auf das obige Ereignislog:

1. Menge aller Aktivitäten in dem Ereignislog: $T_L = \{a, b, c, d, e, f, g, h, i, j, k, l\}$.

2. Erstelle die Footprint-Matrix: s. o.

3. Menge aller Aktivitäten in dem Ereignislog, die in einem Fall zuerst auftreten: $T_I = \{a\}$.

4. Menge aller Aktivitäten in dem Ereignislog, die in einem Fall zuletzt auftreten: $T_O = \{l\}$.

5. Menge aller potenziellen Verbindungen:

    i) Füge alle Sequenzen zu X_L^i hinzu: $X_L^i = \{(\{a\}, \{b\}), (\{a\}, \{c\}), (\{b\}, \{g\}), (\{c\}, \{d\}), (\{d\}, \{e\}), (\{e\}, \{f\}), (\{f\}, \{g\}), (\{g\}, \{h\}), (\{g\}, \{j\}), (\{h\}, \{i\}), (\{i\}, \{l\}), (\{j\}, \{k\}), (\{k\}, \{l\})\}$.

ii) Füge die exklusive Auswahl zu X_L^{ii} hinzu: $X_L^{ii} = \{(\{a\}, \{b,c\})\}$.

iii) Füge die einfache Zusammenführung zu X_L^{iii} hinzu: $X_L^{iii} = \{(\{b,f\}, \{g\})\}$.

iv) Vereinige die Teillösungen: $X_L = \{(\{a\}, \{b\}), (\{a\}, \{c\}), (\{b\}, \{g\}), (\{c\}, \{d\}),$ $(\{d\}, \{e\}), (\{e\}, \{f\}), (\{f\}, \{g\}), (\{g\}, \{h\}), (\{g\}, \{j\}), (\{h\}, \{i\}), (\{i\}, \{l\}), (\{j\},$ $\{k\}), (\{k\}, \{l\}), (\{a\}, \{b,c\}), (\{b,f\}, \{g\})\}$.

6. Eliminiere alle überflüssigen Elemente:

   i) Entferne die Tupel $(\{a\}, \{b\})$ und $(\{a\}, \{c\})$, da $(\{a\}, \{b,c\})$ enthalten ist.

   ii) Entferne die Tupel $(\{b\}, \{g\})$ und $(\{f\}, \{g\})$, da $(\{b,f\}, \{g\})$ enthalten ist.
   Somit ist $Y_L = \{(\{c\}, \{d\}), (\{d\}, \{e\}), (\{e\}, \{f\}), (\{g\}, \{h\}), (\{g\}, \{j\}), (\{h\}, \{i\}),$ $(\{i\}, \{l\}), (\{j\}, \{k\}), (\{k\}, \{l\}), (\{a\}, \{b,c\}), (\{b,f\}, \{g\})\}$.

7. Erzeuge alle Stellen des Workflow-Netzes aus Y_L inklusive der Start- und End-stelle:

$$S_L = \big\{ s_{(\{c\},\{d\})}, s_{(\{d\},\{e\})}, s_{(\{e\},\{f\})}, s_{(\{g\},\{h\})}, s_{(\{g\},\{j\})}, s_{(\{h\},\{i\})}, s_{(\{i\},\{l\})},$$
$$s_{(\{j\},\{k\})}, s_{(\{k\},\{l\})}, s_{(\{a\},\{b,c\})}, s_{(\{b,f\},\{g\})}, i_L, o_L \big\}.$$

8. Erzeuge die Flussrelation zwischen den Stellen und Transitionen:

$$F_L = \{(c, s_{(\{c\},\{d\})}), (s_{(\{c\},\{d\})}, d), (d, s_{(\{d\},\{e\})}), (s_{(\{d\},\{e\})}, e), (e, s_{(\{e\},\{f\})}),$$

$$(s_{(\{e\},\{f\})}, f), (g, s_{(\{g\},\{h\})}), (s_{(\{g\},\{h\})}, h), (g, s_{(\{g\},\{j\})}), (s_{(\{g\},\{j\})}, j),$$

$$(h, s_{(\{h\},\{i\})}), (s_{(\{h\},\{i\})}, i), (i, s_{(\{i\},\{l\})}), (s_{(\{i\},\{l\})}, l), (j, s_{(\{j\},\{k\})}),$$

$$(s_{(\{j\},\{k\})}, k), (k, s_{(\{k\},\{l\})}), (s_{(\{k\},\{l\})}, l), (a, s_{(\{a\},\{b,c\})}), (s_{(\{a\},\{b,c\})}, b),$$

$$(s_{(\{a\},\{b,c\})}, c), (b, s_{(\{b,f\},\{g\})}), (f, s_{(\{b,f\},\{g\})}), (s_{(\{b,f\},\{g\})}, g), (i_L, a), (l, o_L)\}.$$

9. Somit ergibt sich das Workflow-Netz $\alpha(L)= (S_L, T_L, F_L)$:

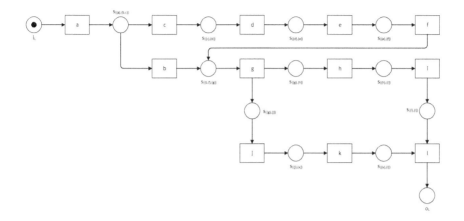

Lernziel: Die sieben Übungsaufgaben zum Thema Process Mining sollen die Anwendungsgebiete, den Mehrwert, aber auch die Unzulänglichkeiten des Process Minings vertiefen. Außerdem soll die Anwendung des α-Algorithmus geübt werden.

4.2 Aufgaben

Aufgabe 115: Process Mining Grundlagen

Hans Wiwi und Nina Info möchten sich einen Vortrag zum Process Mining anhören. Leider wird Nina Info kurzfristig krank und stellt Hans Wiwi nach dem Vortrag einige Fragen. Helfen Sie ihm bei der Beantwortung der Fragen:
- a) Welche Mehrwerte des Process Mining gegenüber einer traditionellen Herangehensweise zur Modellierung wurden genannt?
- b) Welche drei Anwendungsgebiete für Process Mining wurden genannt?
- c) Welche Unzulänglichkeiten kann es beim Process Mining geben?
- d) Beschreiben Sie eine alternative Herangehensweise zur Aufnahme von Geschäftsprozessen bei der Modellierung.

Aufgabe 116: Ereignislog

Geben Sie alle möglichen Fälle für das folgende Workflow-Netz an.

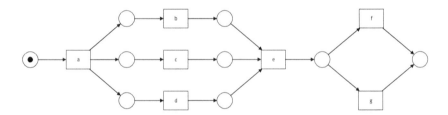

Aufgabe 117: Footprint-Matrix

Gegeben sei das folgende Workflow-Netz. Aus welcher Footprint-Matrix könnte dieses Workflow-Netz erzeugt worden sein?

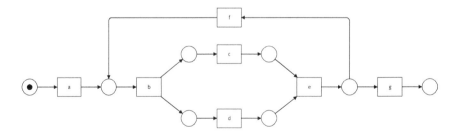

Aufgabe 118: α-Algorithmus (1)

Bestimmen Sie für das unten abgebildete vereinfachte Ereignislog das zugehörige Workflow-Netz mit Hilfe des α-Algorithmus.

Fallnummer	Aktivität
2	a
3	a
2	c
2	b
1	a
3	e
3	d
1	b
1	c
2	d
1	d

Aufgabe 119: α-Algorithmus (2)

Bestimmen Sie für das unten abgebildete vereinfachte Ereignislog das zugehörige Workflow-Netz mit Hilfe des α-Algorithmus.

Fallnummer	Aktivität
1	a
1	b
2	a
1	c
1	d
2	c
3	a

Fallnummer	Aktivität
3	b
2	b
2	d
4	e
3	c
3	d
4	f

Aufgabe 120: α-Algorithmus (3)

Bestimmen Sie für das unten abgebildete vereinfachte Ereignislog das zugehörige Workflow-Netz mit Hilfe des α-Algorithmus.

Fallnummer	Aktivität
1	a
2	b
3	a
4	b
1	c
1	d
2	c
3	c
2	d
3	e
4	c
4	e
5	b
5	c
5	d

Aufgabe 121: α-Algorithmus (4)

Bestimmen Sie für das unten abgebildete vereinfachte Ereignislog das zugehörige Workflow-Netz mit Hilfe des α-Algorithmus.

Fallnummer	Aktivität
1	a
2	a
1	c
4	b
3	b
3	d
2	e
1	e
4	f
4	d
1	g
3	f
2	c
3	g
2	g
4	g

4.3 Lösungen

Lösungsvorschlag zu Aufgabe 115: Process Mining Grundlagen

a) Mehrwerte des Process Minings gegenüber der traditionellen Herangehensweise sind:
   - Implizites und sonst verborgenes Prozesswissen modellieren.
   - Erkenntnisse zu quantitativen Eigenschaften von Geschäftsaktivitäten gewinnen.
   - Aufdeckung von unerwarteten Abhängigkeiten zwischen Aktivitäten.

b) Anwendungsgebiete von Process Mining sind:
   - Prozessmodellsynthese (process discovery): Konstruktion eines Modells aus dem Ereignislog, um die Frage zu beantworten: „Was passiert wirklich?“.
   - Konformitätsvalidierung (conformance analysis): Soll/Ist Modell-Vergleich anhand von Metriken mit dem Ziel, Engpässe zu identifizieren.
   - Prozessvorhersage (process prediction): Der Fokus liegt auf der Vorhersage des Ergebnisses und adressiert das Eintreffen von Ereignissen, wie „Wird sich der Fall verzögern?“.

c) Folgende Unzulänglichkeiten sind denkbar:
   - Das Ereignislog muss bereitgestellt werden, was eventuell aus Sicherheitsaspekten nicht möglich ist, da die Privatsphäre von Mitarbeitern verletzt werden könnte.
   - Bei der Rekonstruktion der Prozesse aus dem Ereignislog könnte es zu Schwierigkeiten kommen, weil Daten fehlen (z. B. aufgrund von manuellen Tätigkeiten) oder weil die Daten unvollständig sind.

d) Eine alternative Herangehensweise zur Aufnahme der Geschäftsprozesse ist beispielsweise die Veranstaltung eines Workshops, welcher in der Regel folgende Eigenschaften aufweist:
   - Es werden Stakeholder zusammengebracht. Unter den Stakeholdern gibt es typischerweise einen Prozessanalysten und mehrere Domänenexperten.
   - Die Teilnehmer interagieren miteinander, um ein gemeinsames Verständnis von den Abläufen zu entwickeln.
   - Häufig findet der Workshop softwaregestützt statt.
   - Ziel ist es, ein Modell mit unterschiedlichen Rollen direkt im Workshop zu erstellen.
   - Das Modell ist der Referenzpunkt für Diskussionen.

Lösungsvorschlag zu Aufgabe 116: Ereignislog

Es existieren 12 verschiedene mögliche Fälle, die aus dem Workflow-Netz konstruiert werden können: <abcdef>, <adcbef>, <acdbeg>, <abcdeg>, <adcbeg>, <acdbef>, <acbdef>, <adbcef>, <abdcef>, <acbdeg>, <adbceg>, <abdceg>

Lösungsvorschlag zu Aufgabe 117: Footprint-Matrix

	a	b	c	d	e	f	g
a	#	→	#	#	#	#	#
b	←	#	→	→	#	←	#
c	#	←	#	‖	→	#	#
d	#	←	‖	#	→	#	#
e	#	#	←	←	#	→	→
f	#	→	#	#	←	#	#
g	#	#	#	#	←	#	#

Lösungsvorschlag zu Aufgabe 118: α-Algorithmus (1)

Anwendung des α-Algorithmus:
1. Menge aller Aktivitäten in dem Ereignislog: $T_L = \{a, b, c, d, e\}$.
2. Erstelle die Footprint-Matrix:

	a	b	c	d	e
a	#	→	→	#	→
b	←	#	‖	→	#
c	←	‖	#	→	#
d	#	←	←	#	←
e	←	#	#	→	#

3. Menge aller Aktivitäten in dem Ereignislog, die in einem Fall zuerst auftreten: $T_I = \{a\}$.
4. Menge aller Aktivitäten in dem Ereignislog, die in einem Fall zuletzt auftreten: $T_O = \{e\}$.
5. Menge aller potenziellen Verbindungen:
    i) Füge alle Sequenzen zu X_L^i hinzu: $X_L^i = \{(\{a\}, \{b\}), (\{a\}, \{c\}), (\{a\}, \{e\}), (\{b\}, \{d\}), (\{c\}, \{d\}), (\{e\}, \{d\})\}$.
    ii) Füge die exklusive Auswahl zu X_L^{ii} hinzu: $X_L^{ii} = \{(\{a\}, \{b,e\}), (\{a\}, \{c,e\})\}$.

    iii) Füge die einfache Zusammenführung zu X_L^{iii} hinzu: X_L^{iii} = {({b,e}, {d}), ({c,e}, {d})}.

    iv) Vereinige die Teillösungen: X_L = {({a}, {b}), ({a}, {c}), ({a}, {e}), ({b}, {d}), ({c}, {d}), ({e}, {d}), ({a}, {b,e}), ({a}, {c,e}), ({b,e}, {d}), ({c,e}, {d})}.

6. Eliminiere alle überflüssigen Elemente:

    i) Entferne die Tupel ({a}, {b}) und ({a}, {e}), da ({a}, {b,e}) enthalten ist sowie zusätzlich ({a}, {c}) durch ({a}, {c,e}).

    ii) Entferne die Tupel ({b}, {d}) und ({e}, {d}), da ({b,e}, {d}) enthalten ist sowie zusätzlich ({c}, {d}) durch ({c,e}, {d}).

Somit ist Y_L = {({a}, {b,e}), ({a}, {c,e}), ({b,e}, {d}), ({c,e}, {d})}.

7. Erzeuge alle Stellen des Workflow-Netzes aus Y_L inklusive der Start- und End-stelle:

$$S_L = \left\{ s_{(\{a\},\{b,e\})}, s_{(\{a\},\{c,e\})}, s_{(\{b,e\},\{d\})}, s_{(\{c,e\},\{d\})}, i_L, o_L \right\}.$$

8. Erzeuge die Flussrelation zwischen den Stellen und Transitionen:

$$F_L = \{ (a, s_{(\{a\},\{b,e\})}), (s_{(\{a\},\{b,e\})}, b), (s_{(\{a\},\{b,e\})}, e), (a, s_{(\{a\},\{c,e\})}), (s_{(\{a\},\{c,e\})}, c),$$

$$(s_{(\{a\},\{c,e\})}, e), (b, s_{(\{b,e\},\{d\})}), (e, s_{(\{b,e\},\{d\})}), (s_{(\{b,e\},\{d\})}, d), (c, s_{(\{c,e\},\{d\})}),$$

$$(e, s_{(\{c,e\},\{d\})}), (s_{(\{c,e\},\{d\})}, d), (i_L, a), (e, o_L) \}.$$

9. Somit ergibt sich das Workflow-Netz $\alpha(L)$ = (S_L, T_L, F_L):

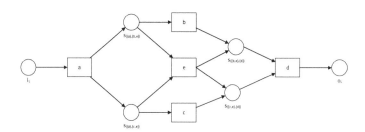

Lösungsvorschlag zu Aufgabe 119: α-Algorithmus (2)

Anwendung des α-Algorithmus:

1. Menge aller Aktivitäten in dem Ereignislog: T_L = {a, b, c, d, e, f}.
2. Erstelle die Footprint-Matrix:

	a	b	c	d	e	f
a	#	→	→	#	#	#
b	←	#	||	→	#	#
c	←	||	#	→	#	#
d	#	←	←	#	#	#
e	#	#	#	#	#	→
f	#	#	#	#	←	#

3. Menge aller Aktivitäten in dem Ereignislog, die in einem Fall zuerst auftreten: $T_I = \{a, e\}$.

4. Menge aller Aktivitäten in dem Ereignislog, die in einem Fall zuletzt auftreten: $T_O = \{d, f\}$.

5. Menge aller potenziellen Verbindungen:
   i) Füge alle Sequenzen zu X_L^i hinzu: $X_L^i = \{(\{a\}, \{b\}), (\{a\}, \{c\}), (\{b\}, \{d\}), (\{c\}, \{d\}), (\{e\}, \{f\})\}$.
   ii) Füge die exklusive Auswahl zu X_L^{ii} hinzu: $X_L^{ii} = \emptyset$.
   iii) Füge die einfache Zusammenführung zu X_L^{iii} hinzu: $X_L^{iii} = \emptyset$.
   iv) Vereinige die Teillösungen: $X_L = \{(\{a\}, \{b\}), (\{a\}, \{c\}), (\{b\}, \{d\}), (\{c\}, \{d\}), (\{e\}, \{f\})\}$.

6. Eliminiere alle überflüssigen Elemente:
   i) Keine Elemente zu entfernen.
   ii) Keine Elemente zu entfernen.
   Somit ist $Y_L = \{(\{a\}, \{b\}), (\{a\}, \{c\}), (\{b\}, \{d\}), (\{c\}, \{d\}), (\{e\}, \{f\})\}$.

7. Erzeuge alle Stellen des Workflow-Netzes aus Y_L inklusive der Start- und Endstelle:

$$S_L = \left\{ s_{(\{a\},\{b\})}, s_{(\{a\},\{c\})}, s_{(\{b\},\{d\})}, s_{(\{c\},\{d\})}, s_{(\{e\},\{f\})}, i_L, o_L \right\}.$$

8. Erzeuge die Flussrelation zwischen den Stellen und Transitionen:

$$F_L = \{(a, s_{(\{a\},\{b\})}), (s_{(\{a\},\{b\})}, b), (a, s_{(\{a\},\{c\})}), (c, s_{(\{a\},\{c\})}), (b, s_{(\{b\},\{d\})}),$$

$$(s_{(\{b\},\{d\})}, d), (c, s_{(\{c\},\{d\})}), (d, s_{(\{c\},\{d\})}), (e, s_{(\{e\},\{f\})}), (s_{(\{e\},\{f\})}, f),$$

$$(i_L, a), (e, o_L)\}.$$

9. Somit ergibt sich das Workflow-Netz $\alpha(L) = (S_L, T_L, F_L)$:

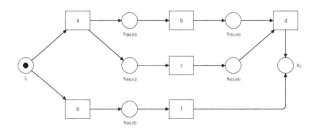

Lösungsvorschlag zu Aufgabe 120: α-Algorithmus (3)

Anwendung des α-Algorithmus:
1. Menge aller Aktivitäten in dem Ereignislog: $T_L = \{a, b, c, d, e\}$.
2. Erstelle die Footprint-Matrix:

	a	b	c	d	e
a	#	#	$\rightarrow$	#	#
b	#	#	$\rightarrow$	#	#
c	$\leftarrow$	$\leftarrow$	#	$\rightarrow$	$\rightarrow$
d	#	#	$\leftarrow$	#	#
e	#	#	$\leftarrow$	#	#

3. Menge aller Aktivitäten in dem Ereignislog, die in einem Fall zuerst auftreten: $T_I = \{a, b\}$.
4. Menge aller Aktivitäten in dem Ereignislog, die in einem Fall zuletzt auftreten: $T_O = \{d, e\}$.
5. Menge aller potenziellen Verbindungen:
   i) Füge alle Sequenzen zu X_L^i hinzu: $X_L^i = \{(\{a\}, \{c\}), (\{c\}, \{d\}), (\{b\}, \{c\}), (\{c\}, \{e\})\}$.
   ii) Füge die exklusive Auswahl zu X_L^{ii} hinzu: $X_L^{ii} = \{(\{c\}, \{d,e\})\}$.
   iii) Füge die einfache Zusammenführung zu X_L^{iii} hinzu: $X_L^{iii} = \{(\{a,b\}, \{c\})\}$.
   iv) Vereinige die Teillösungen: $X_L = \{(\{a\}, \{c\}), (\{c\}, \{d\}), (\{b\}, \{c\}), (\{c\}, \{e\}), (\{c\}, \{d,e\}), (\{a,b\}, \{c\})\}$.
6. Eliminiere alle überflüssigen Elemente:
   i) Entferne die Tupel $(\{c\}, \{d\})$, $(\{c\}, \{e\})$, durch $(\{c\}, \{d,e\})$.
   ii) Entferne die Tupel $(\{a\}, \{c\})$, $(\{b\}, \{c\})$, durch $(\{a,b\}, \{c\})$.
   Somit ist $Y_L = \{(\{c\}, \{d,e\}), (\{a,b\}, \{c\})\}$.

7. Erzeuge alle Stellen des Workflow-Netzes aus Y_L inklusive der Start- und End-stelle:

$$S_L = \{s_{(\{c\},\{d,e\})}, s_{(\{a,b\},\{c\})}, i_L, o_L\}.$$

8. Erzeuge die Flussrelation zwischen den Stellen und Transitionen:

$$F_L = \{(c, s_{(\{c\},\{d,e\})}), (s_{(\{c\},\{d,e\})}, d), (s_{(\{c\},\{d,e\})}, e), (a, s_{(\{a,b\},\{c\})}), (b, s_{(\{a,b\},\{c\})}),$$

$$(s_{(\{a,b\},\{c\})}, c), (i_L, a), (i_L, b), (d, o_L), (e, o_L)\}.$$

9. Somit ergibt sich das Workflow-Netz $\alpha(L)= (S_L, T_L, F_L)$:

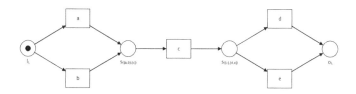

Lösungsvorschlag zu Aufgabe 121: α-Algorithmus (4)

Anwendung des α-Algorithmus:
1. Menge aller Aktivitäten in dem Ereignislog: $T_L = \{a, b, c, d, e, f, g\}$.
2. Erstelle die Footprint-Matrix:

	a	b	c	d	e	f	g
a	#	#	→	#	→	#	#
b	#	#	#	→	#	→	#
c	←	#	#	#	‖	#	→
d	#	←	#	#	#	‖	→
e	←	#	‖	#	#	#	→
f	#	←	#	‖	#	#	→
g	#	#	←	←	←	←	#

3. Menge aller Aktivitäten in dem Ereignislog, die in einem Fall zuerst auftreten: $T_I = \{a, b\}$.
4. Menge aller Aktivitäten in dem Ereignislog, die in einem Fall zuletzt auftreten: $T_O = \{g\}$.

5. Menge aller potenziellen Verbindungen:
    i) Füge alle Sequenzen zu X_L^i hinzu: X_L^i = {({a}, {c}), ({a}, {e}), ({b}, {d}), ({b}, {f}), ({c}, {g}), ({d}, {g}), ({e}, {g}), ({f}, {g})}.
    ii) Füge die exklusive Auswahl zu X_L^{ii} hinzu: X_L^{ii} = ∅.
    iii) Füge die einfache Zusammenführung zu X_L^{iii} hinzu: X_L^{iii} = {({c,d}, {g}), ({c,f}, {g}), ({d,e}, {g}), ({e,f}, {g})}.
    iv) Vereinige die Teillösungen: X_L = {({a}, {c}), ({a}, {e}), ({b}, {d}), ({b}, {f}), ({c}, {g}), ({d}, {g}), ({e}, {g}), ({f}, {g})}, ({c,d}, {g}), ({c,f}, {g}), ({d,e}, {g}), ({e,f}, {g})}.
6. Eliminiere alle überflüssigen Elemente:
    i) Keine Elemente zu entfernen.
    ii) Entferne die Tupel ({c}, {g}), ({d}, {g}), ({e}, {g}), ({f}, {g}), durch ({c,d}, {g}), ({e,f}, {g}) und ({c,f}, {g}).
    Somit ist Y_L = {({a}, {c}), ({a}, {e}), ({b}, {d}), ({b}, {f}), ({c,d}, {g}), ({c,f}, {g}), ({d,e}, {g}), ({e,f}, {g})}.
7. Erzeuge alle Stellen des Workflow-Netzes aus Y_L inklusive der Start- und Endstelle:

$$S_L = \{s_{(\{a\},\{c\})}, s_{(\{a\},\{e\})}, s_{(\{b\},\{d\})}, s_{(\{b\},\{f\})}, s_{(\{c,d\},\{g\})}, s_{(\{c,f\},\{g\})}, s_{(\{d,e\},\{g\})},$$

$$s_{(\{e,f\},\{g\})}, i_L, o_L\}.$$

8. Erzeuge die Flussrelation zwischen den Stellen und Transitionen:

$$F_L = \{(a, s_{(\{a\},\{c\})}), (s_{(\{a\},\{c\})}, c), (a, s_{(\{a\},\{e\})}), (s_{(\{a\},\{e\})}, e), (b, s_{(\{b\},\{d\})}),$$

$$(s_{(\{b\},\{d\})}, d), (b, s_{(\{b\},\{f\})}), (s_{(\{b\},\{f\})}, f), (c, s_{(\{c,d\},\{g\})}), (d, s_{(\{c,d\},\{g\})}),$$

$$(s_{(\{c,d\},\{g\})}, g), (c, s_{(\{c,f\},\{g\})}), (f, s_{(\{c,f\},\{g\})}), (s_{(\{c,f\},\{g\})}, g), (d, s_{(\{d,e\},\{g\})}),$$

$$(e, s_{(\{d,e\},\{g\})}), (s_{(\{d,e\},\{g\})}, g), (e, s_{(\{e,f\},\{g\})}), (f, s_{(\{e,f\},\{g\})}), (s_{(\{e,f\},\{g\})}, g),$$

$$(i_L, a), (i_L, b), (g, o_L)\}.$$

9. Somit ergibt sich das Workflow-Netz $\alpha(L) = (S_L, T_L, F_L)$:

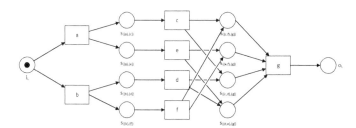

5 Analyse von Geschäftsprozessmodellen

5.1 Einführung

Dieses Kapitel beschäftigt sich mit der Analyse von Geschäftsprozessmodellen auf der Grundlage von Petri-Netzen, so dass zunächst die grundlegenden Begrifflichkeiten, wie Netztransformation (Veränderung des Detaillierungsgrades von Netzen), strukturelle Eigenschaft (Betrachtung der Netzstruktur ohne Markierung), dynamische Eigenschaft (Betrachtung der Markierungen), Erreichbarkeitsanalyse und lineare Analyse thematisiert werden.

5.1.1 Netztransformation

Bei der Erstellung eines Petri-Netz-Modells können Netztransformationen hilfreich sein, um z. B. unterschiedliche Sichtweisen auf ein System zu unterstützen [Baum90]. Ein Modellierer kann ein Petri-Netz (nachfolgend Netz) durch Vergröberung, Verfeinerung, Einbettung, Restriktion, Faltung und Entfaltung verändern. Bevor auf die entsprechenden Netztransformationen eingegangen wird, werden die Begriffe Teilnetz, Netzteil und Rand definiert.

Ein Netz $N' = (S', T', F')$ heißt **Teilnetz** eines Netzes $N = (S, T, F)$, wenn

    i) $S' \subseteq S$,

    ii) $T' \subseteq T$ und

    iii) $F' = F \cap \big((S' \times T') \cup (T' \times S')\big)$

gilt. Sofern bei (iii) anstelle von „=" lediglich „$\subseteq$" bei der Flussrelation gilt, heißt N' **Netzteil** von N.

[Thie87; Baum90; Ober96]

Der relative **Rand** eines Teilnetzes N', bezogen auf das gesamte Netz N, sind diejenigen Knoten, die über Kanten mit dem restlichen Netz verbunden sind.

Sei das Netz $N' = (S', T', F')$ ein Teilnetz von $N = (S, T, F)$, dann ist

$$\mathrm{rand}(N', N) = \{x \in S' \cup T' \mid ({}^\bullet x \cup x^\bullet) \setminus (S' \cup T') \neq \emptyset\}$$

der **Rand** von N' bezüglich N, wobei der Vor- und Nachbereich bezüglich N zu verstehen ist. Sofern der Rand des Teilnetzes N' nur aus Stellen besteht und ungleich der leeren Menge ist ($\mathrm{rand}(N', N) \subseteq S' \wedge \mathrm{rand}(N', N) \neq \emptyset$), dann heißt das Teilnetz **stellenberandet**, und **transitionsberandet**, wenn der Rand nur aus Transitionen besteht und nicht leer ist ($\mathrm{rand}(N', N) \subseteq T' \wedge \mathrm{rand}(N', N) \neq \emptyset$).

[Thie87; Baum90; Ober96]

Bei der **Vergröberung** wird ein transitions- bzw. stellenberandetes Teilnetz durch eine einzelne Transition bzw. einzelne Stelle ersetzt. Sie kann für eine lokale Abstraktion, eine Gruppierung von zusammenhängenden Zuständen und Ereignissen zu einem Ganzen, verwendet werden.

! Sei $N = (S, T, F)$ ein Netz und $N' = (S', T', F')$ ein stellenberandetes Teilnetz von N, d. h. $\mathrm{rand}(N', N) \subseteq$ S'. Ferner sei $s_{N'} \notin S \cup T$ die Stelle, die N' ersetzt. Wir setzen für alle $(x, y) \in F\backslash F'$

$$\Psi(x, y) = \begin{cases} (x, y), & \text{wenn } x, y \in (S \cup T)\backslash(S' \cup T') \\ (x, s_{N'}), & \text{wenn } y \in \mathrm{Rand}(N') \\ (s_{N'}, y), & \text{wenn } x \in \mathrm{Rand}(N') \end{cases}$$

Ψ spiegelt die Abbildung wider, die alle Kanten zwischen Knoten aus N' und Knoten aus seiner Umgebung auf $s_{N'}$ zusammenfasst. Dann ist das Netz $\hat{N} = (\hat{S}, \hat{T}, \hat{F})$ mit

   i) $\hat{S} = (S\backslash S') \cup \{s_{N'}\}$,
   ii) $\hat{T} = T\backslash T'$ und
   iii) $\hat{F} = \Psi(F\backslash F')$

eine **Vergröberung** von N. Entsprechendes gilt für den Fall $\mathrm{rand}(N', N) \subseteq T'$.

[Thie87; Baum90; Ober96]

Die **Verfeinerung** ist die Umkehrung der Vergröberung, bei der eine Transition durch ein transitionsberandetes Teilnetz bzw. eine Stelle durch ein stellenberandetes Teilnetz ersetzt wird.

Bei der **Einbettung** wird ein Netz durch das Hinzufügen von Kanten und Knoten erweitert. Hierdurch kann das Netz um weitere Aspekte und Systemteile erweitert und vervollständigt werden sowie ein Teilnetz in ein vorhandenes Umfeld eingebettet werden.

! Seien $N = (S, T, F)$ ein Netz und $\hat{N} = (\hat{S}, \hat{T}, \hat{F})$ ein Netz mit Teilnetz N, dann heißt die Abbildung

$$\Psi = \begin{cases} S \cup T & \to \hat{S} \cup \hat{T} \\ x & \to x \end{cases}$$

Einbettung von N in $\hat{N}$.

[Thie87; Baum90; Ober96]

Die **Restriktion** ist die Umkehrung der Einbettung, da das Netz zu einem Teilnetz beschnitten wird.

Die **Faltung** beschreibt eine globale Abstraktion eines Netzes, da gleichartige Teilnetze aufeinander gefaltet werden (Anmerkung: Die Faltung ist eine surjektive Abbildung, d. h. dass alle Knoten aus N' Bild eines Knoten aus N sind). Es ist zu beachten, dass nur Knoten des gleichen Typs aufeinander gefaltet werden dürfen und die Flussrelation gewahrt bleibt.

Seien N = (S, T, F) und N' = (S', T', F') Netze. Eine surjektive Abbildung Ψ: S ∪ T → S' ∪ T' heißt **Faltung**, wenn

   i)   Ψ(S) ⊆ S',

   ii) Ψ(T) ⊆ T' und

   iii) (x, y) ∈ F ⇒ (Ψ(x), Ψ(y)) ∈ F'

                                                      [Thie87; Baum90; Ober96]

Die **Entfaltung** ist die Umkehrung der Faltung, so dass das Ausgangsnetz eine Faltung des Zielnetzes ist. Sie wird unter anderem benötigt, um gleichartige Teilnetze unterschiedlich zu behandeln [Thie87; Baum90; Ober96].

5.1.2 Strukturelle Eigenschaften

Zu den strukturellen Eigenschaften, die die Netzstruktur ohne Markierung betrachten, zählen Schlichtheit, Vorwärts- und Rückwärtsverzweigung von Stellen bzw. Transitionen, Schlinge, schwach bzw. stark zusammenhängend, Workflow-Netz, well-handled, well-structured, free-chioce, s-Komponente, s-coverable, (verallgemeinerte) Zustandsmaschine und (verallgemeinerter) Synchronisationsgraph.

In **schlichten Netzen** gibt es keine zwei Knoten mit identischer Umgebung, d. h. mit gleichem Vor- und Nachbereich. Die Verzweigung oder Zusammenführung von mehreren Kanten in einer Stelle oder Transition wird als **vorwärts- bzw. rückwärtsverzweigte Stelle bzw. Transition** bezeichnet. Sofern ein Netzteil der Form ({s}, {t}, {(s, t)}, {(t, s)}) in einem Netz existiert, dann wird dieses Netzteil als **Schlinge** bezeichnet.

– Ein Netz N = (S, T, F) heißt **schlicht**, wenn gilt: ∀x, y ∈ S ∪ T: •x = •y ∧ x• = y• ⇒ x = y.

– Eine Stelle x ∈ S oder eine Transition x ∈ T ist **vorwärtsverzweigt**, wenn gilt: x ∈ S ∪ T: |x•| > 1.

– Eine Stelle x ∈ S oder eine Transition x ∈ T ist **rückwärtsverzweigt**, wenn gilt: x ∈ S ∪ T: |•x| > 1.

– Ein Netzteil der Form ({s}, {t}, {(s, t), (t, s)}) wird als **Schlinge** bezeichnet.

                                                         [Baum90; Reis90]

Mit Hilfe der Eigenschaft **schwach zusammenhängend**kann festgestellt werden, ob das Netz als Ganzes oder ob nur die einzelnen Komponenten bzw. Teilnetze betrachtet werden müssen. Ein Petri-Netz ist schwach zusammenhängend, wenn keine Stelle oder Transition isoliert im Netz vorliegt bzw. jeder Knoten über eine Kante mit einem beliebigen Knoten des Netzes in Verbindung steht.

> ❗ Ein Netz $N = (S, T, F)$ ist **schwach zusammenhängend**, wenn zu jedem Knotenpaar $x, y \in S \cup T$ ein ungerichteter Pfad von x nach y existiert. Ein ungerichteter Pfad ist eine nicht-leere Sequenz $x_0, ..., x_k$ von Knoten mit $x_i \in \bullet x_{i-1} \cup x_{i-1} \bullet$ für jedes i $(1 \leq i \leq k)$ von x_0 nach x_k.
>
> [Reis90; DeRe98]

Ein Netz ist **stark zusammenhängend**, wenn von jeder Stelle bzw. Transition zu jeder beliebigen anderen Stelle bzw. Transition ein gerichteter Pfad existiert. Ein stark zusammenhängendes Netz ist auch schwach zusammenhängend.

> ❗ Ein Netz $N = (S, T, F)$ ist **stark zusammenhängend**, wenn zu jedem Knotenpaar $x, y \in S \cup T$ ein gerichteter Pfad von x nach y existiert. Ein gerichteter Pfad $P = \{x_0, ..., x_k\}$ ist eine nicht-leere Sequenz $x_0, ..., x_k$ von Knoten mit $x_i \in x_{i-1} \bullet$ für jedes i $(1 \leq i \leq k)$ von x_0 nach x_k.
>
> [Reis90; DeRe98]

Ein **Workflow-Netz** ist ein Netz, das zwei Bedingungen erfüllt. Die erste Bedingung bezieht sich auf den Start- und Endknoten des Netzes, so dass jedes Workflow-Netz eine eindeutig definierte Startstelle sowie eine eindeutig festgelegte Endstelle aufweisen muss. Die Startstelle ist Quelle im Netz und besitzt keine eingehende Kante. Die Endstelle ist Senke im Netz, von ihr gehen keine Kanten aus. Die zweite Bedingung verlangt, dass keine Transition oder Stelle im Netz isoliert vorliegt.

> ❗ Ein Netz $N = (S, T, F)$ ist ein **Workflow-Netz**, wenn gilt:
>   i)   Das Netz hat zwei spezielle Stellen: i und o, Stelle i eine Quelle, d. h. $\bullet i = \emptyset$, und Stelle o eine Senke, d. h. $o \bullet = \emptyset$.
>   ii) Wenn eine Transition t^* zum Netz hinzugefügt wird, die im Nachbereich von o und im Vorbereich von i liegt, d. h. es gilt $\bullet t^* = \{o\}$ und $t^* \bullet = \{i\}$, dann resultiert ein stark zusammenhängendes Netz.
>
> [Aals98]

In Netzen können Komplikationen bei Verzweigungen oder Zusammenführungen auftreten, welche auch als schlechte Routings (bad constructions) bezeichnet werden [Aals98]. Es existieren zwei Arten von schlechten Routings, d. h. der Prozessfluss wird entweder an einer Stelle verzweigt und mittels einer Transition wieder zusammengeführt oder an einer Transition verzweigt und durch eine Stelle wieder zusammengeführt. Die beiden Netz-Eigenschaften well-handled und well-structured sollen ein schlechtes Routing verhindern. Ein Netz wird als **well-handled** bezeichnet, wenn für jedes Knotenpaar x und y keine zwei Pfade existieren, die jeweils nur x und y gemeinsam haben, wobei entweder x zu der Menge der Stellen und y zu der Menge der Transitionen gehört oder vice versa.

Ein Workflow-Netz $N = (S, T, F)$ ist **well-handled**, wenn für jedes Knotenpaar x und y $(x, y \in (S \cup T))$: $(x \in T \wedge y \in S) \vee (x \in S \wedge y \in T))$ keine zwei gerichtete Pfade (P_1 und P_2) von x nach y existieren, die nur x und y gemeinsam haben ($P_1 \cap P_2 = \{x, y\}$).

[Aals98]

Eine verallgemeinerte Forderung der well-handled Eigenschaft ist die **well-struc-tured** Eigenschaft, die zusätzlich Rücksprünge im Netz berücksichtigt und ein Work-flow-Netz voraussetzt.

Ein Workflow-Netz $N = (S, T, F)$ ist **well-structured**, wenn das um t^* erweiterte Workflow-Netz $N = (S, T \cup \{t^*\}, F \cup \{(o, t^*), (t^*, i)\})$ well-handled ist.

[Aals98]

Sofern die Struktur der Netze durch Zusatzbedingungen eingeschränkt wird, wie bei-spielsweise bei Workflow-Netzen, so erhält man spezielle Netzklassen. Dies ist eine Möglichkeit, um beispielsweise schlechte Routings zu vermeiden.
Weitere Netzklassen sind beispielsweise die **Zustandsmaschine** (jede Transition hat genau eine Stelle im Vorbereich und eine Stelle im Nachbereich), die **verallgemei-nerte Zustandsmaschine** (jede Transition hat höchstens eine Stelle im Vorbereich und höchstens eine Stelle im Nachbereich), der **Synchronisationsgraph** (jede Stelle hat genau eine Transition im Vorbereich und eine Transition im Nachbereich) und der **verallgemeinerte Synchronisationsgraph** (jede Stelle hat höchstens eine Tran-sition im Vorbereich und eine höchstens Transition im Nachbereich).

- Eine **Zustandsmaschine** ist ein Netz $N = (S, T, F)$ mit: $\forall t \in T: |\bullet t| = |t \bullet| = 1$
- Eine **verallgemeinerte Zustandsmaschine** ist ein Netz $N = (S, T, F)$ mit: $\forall t \in T: |\bullet t| \leq 1, |t \bullet| \leq 1$
- Ein **Synchronisationsgraph** ist ein Netz $N = (S, T, F)$ mit: $\forall s \in S: |\bullet s| = |s \bullet| = 1$
- Ein **verallgemeinerter Synchronisationsgraph** ist ein Netz $N = (S, T, F)$ mit: $\forall s \in S: |\bullet s| \leq 1, |s \bullet| \leq 1$

[Thie87; Baum90; Reis90]

Eine weitere strukturelle Eigenschaft ist die **free-choice** Eigenschaft, welche Vor-wärts- und Rückwärtskonflikte betrachtet und einschränkt [Thie87]. Die free-choice Eigenschaft unterstützt außerdem die Komplexitätsreduzierung für eine nachgela-gerte Analyse [Espa98]. Im Kontext von Petri-Netzen bedeutet dies, dass eine Transi-tion, die auf eine vorwärts verzweigte Stelle folgt, nicht rückwärts verzweigt sein darf, um die free-choice Eigenschaft zu erfüllen [Aals98].

> **!** Ein Netz N = (S, T, F) erfüllt die **free-choice** Eigenschaft, wenn gilt:
>
> $$\forall t_1, t_2 \in T: \; \bullet t_1 \cap \bullet t_2 \neq \emptyset \Rightarrow \bullet t_1 = \bullet t_2$$
>
> [Hack75; Thie87; Aals98]

Die Eigenschaft **s-coverable** kann als eine Generalisierung der Eigenschaften free-choice und well-structured verstanden werden. Ein Netz ist s-coverable, wenn das betrachtete Netz in Teilnetze (**s-Komponenten**) zerlegt werden kann, so dass jede s-Komponente stark zusammenhängend ist und die Eigenschaft einer Zustandsmaschine erfüllt. Weiterhin gilt für jede Stelle, dass der Vor- und Nachbereich Teil der s-Komponente sein muss, ohne die Eigenschaft des Zustandsautomaten zu verletzten. Sofern jede Stelle aus dem erweiterten Workflow-Netz in einer s-Komponente enthalten ist, ist es s-coverable.

> **!** Ein Teilnetz N' = (S', T', F') eines Netzes N = (S, T, F) mit S' $\subseteq$ S, T' $\subseteq$ T und F' $\subseteq$ F ist eine **s-Komponente** von N genau dann, wenn
>
>   i)   N' ist stark zusammenhängend
>
>   ii)   N' ist eine Zustandsmaschine
>
>   iii) $\forall s \in S': \; \bullet s \cup s \bullet \subseteq T'$
>
> Ein um t* erweitertes Workflow-Netz N = (S, T $\cup$ {t*}, F $\cup$ {(o, t*), (t*, i)}), ist genau dann **s-coverable**, wenn $\forall s \in S: \exists$ s-Komponente N' = (S', T', F') von N mit s $\in$ S'.
>
> [Aals98]

5.1.3 Dynamische Eigenschaften

Die dynamischen Eigenschaften betrachten Stellen/Transitions-Systeme (S/T-Systeme) und deren Verhalten. Zu den wichtigsten Eigenschaften zählen die Sicherheit und Lebendigkeit. Die Sicherheit gewährleistet, dass die Zustandsmenge eines Systems endlich ist. Hierzu zählen unter anderem die Eigenschaften beschränkt, strukturell beschränkt und das Komplement. Die Lebendigkeit stellt sicher, dass das System nicht "stecken bleibt" und betrachtet die Eigenschaften tot, schwach bzw. stark lebendig und Deadlock (synonym: Verklemmung). Weitere dynamische Eigenschaften sind sound, konservativ, strukturell konservativ und reversibel [Aals98; Baum90]. Bevor auf diese Begriffe eigegangen wird, werden die grundlegenden Begriffe Schaltfolge, Folgemarkierung, Markierungsfolge und erreichbare Markierungen definiert.

> **!** Eine **Schaltfolge** eines S/T-Systems mit der Startmarkierung M_0 ist eine Folge von Transitionen $\omega = t_1, t_2, ..., t_n$, so dass t_1 in M_0 schaltet und die **Folgemarkierung** M_1 erzeugt, t_2 in M_1 schaltet und die

Folgemarkierung M_2 erzeugt, etc. bis schließlich t_n in M_{n-1} schaltet und die Folgemarkierung M_n erzeugt. Wir schreiben verkürzend dafür $M_0[\omega]$. Seien M_i die jeweils erreichten Markierungen, d. h. $\forall i = 1, \dots, n: M_i = M_0 t_1 \dots t_i$. Dann heißen $M_0 M_1 M_2 \dots M_n$ die zu ω zugeordnete **Markierungsfolge** ($M_0[\omega] M_n$) und $M_0 t_1 M_1 t_2 M_2 \dots t_n M_n$ **verallgemeinerte Schaltfolge**. Folgemarkierungen unter beliebigen Schaltfolgen nennt man auch **erreichbare Markierungen**, d. h. $M \in [M_0)$, und $[M_0\rangle$ bezeichnet die Menge aller von M_0 erreichbaren Markierungen.

[Baum90]

In einem beschränkten S/T-System existiert für jede Stelle s eine natürliche Zahl b, sodass die Anzahl der Marken in s in jedem erreichbaren Zustand kleiner oder gleich b ist. Das System wird als **B-sicher** bzw. **B-beschränkt** bezeichnet, wenn die maximale Anzahl an Marken B in keiner Stelle überschritten wird. Ein System ist **strukturell beschränkt**, wenn es unter allen Anfangsmarkierungen beschränkt ist.

Sei $STS = (S, T, F, K, W, M_0)$ ein Stellen/Tansitions-System und $B: S \rightarrow \mathbb{N}_0 \cup \{\infty\}$ eine Abbildung, die jeder Stelle eine kritische Markenanzahl zuordnet. STS heißt **B-sicher** bzw. **B-Beschränkt**, wenn $\forall M \in [M_0\rangle, s \in S: M(s) \leq B(s)$. Ein S/T-System heißt **strukturell beschränkt**, wenn es unter allen Anfangsmarkierungen beschränkt ist.

[Baum90; Reis90]

Sofern eine Stelle eines Systems unbeschränkt ist, kann durch eine **Komplementstelle** die Beschränktheit der unbeschränkten Stelle hergestellt werden. Bei der Komplementbildung einer Stelle s wird eine entsprechende Stelle s′ konstruiert, die um die umgekehrt gerichteten Kanten von s angereichert wird. Die maximale Markenanzahl b der Stelle s kann durch eine entsprechende Markenanzahl in s′ festgelegt werden.

Sei $STS = (S, T, F, K, W, M_0)$ ein Stellen/Transitions-System mit einer Stelle $s' \in S$. s′ ist **Komplementstelle** für $s \in S$ ist, wenn gilt:

    i) $\bullet s = s' \bullet$

    ii) $\bullet s' = s \bullet$

Sofern die **maximale Markenanzahl** B der Stelle s durch die Komplementstelle s′ festgelegt werden soll, dann muss eine entsprechen Markenanzahl für s′ in der Anfangsmarkierung festgelegt werden:

    iii) $M_0(s') = B(s) - M_0(s)$

In Anlehnung an [Baum90; Reis90]

Eine Transition ist **tot**, wenn sie unter keiner erreichbaren Markierung, ausgehend von der Anfangsmarkierung, aktiviert werden kann. Das Stellen/Transitions-System ist tot, wenn alle Transitionen tot sind. Eine Markierung, in der keine Transition aktiviert ist, heißt **Deadlock** bzw. **Verklemmung** [Baum90].

❗ Eine Transition t eines Stellen/Transitions-Systems STS $= (S, T, F, K, W, M_0)$ heißt **tot**, wenn sie unter keiner erreichbaren Markierung aktiviert ist: $\forall M \in [M_0\rangle: \neg M[t\rangle$. Wenn alle Transitionen in dem Stellen/Transitions-System tot sind, d. h. $\forall t \in T: \neg M_0[t\rangle$, dann ist das Stellen/Transitions-System tot. Ein totes Stellen/Transitions-Systems modelliert einen **Deadlock** (synonym: **Verklemmung**).

[Thie87; Baum90]

Eine Transition t wird als **lebendig** bezeichnet, wenn zu jeder erreichbaren Markierung eine Folgemarkierung existiert, unter der t aktiviert ist. Sofern in einem Stellen/Transitions-System in jeder von der Startmarkierung aus erreichbaren Markierung mindestens eine Transition existiert, die aktiviert ist, dann heißt das Stellen/Transitions-System **deadlockfrei** (synonym: **verklemmungsfrei**) bzw. das System wird dann auch als **schwach lebendig** bezeichnet. Das System ist **stark lebendig**, wenn alle Transitionen lebendig sind [Baum90].

❗ Eine Transition t eines Stellen/Transitions-Systems STS $= (S, T, F, K, W, M_0)$ heißt **lebendig**, wenn gilt: $\forall M_1 \in [M_0\rangle: \exists M_2 \in [M_1\rangle: M_2[t\rangle$. Das System heißt **deadlockfrei** (synonym: **verklemmungsfrei**) oder **schwach lebendig**, wenn es unter keiner Folgemarkierung tot ist: $\forall M_1 \in [M_0\rangle: \exists t \in T: M_1[t\rangle$. Das Stellen/Transitions-System heißt lebendig oder **stark lebendig**, wenn alle seine Transitionen lebendig sind: $\forall t \in T, M_1 \in [M_0\rangle: \exists M_2 \in [M_1\rangle: M_2[t\rangle$. Ein Stellen/Transitions-System heißt **strukturell stark lebendig**, wenn es unter mindestens einer Anfangsmarkierung stark lebendig ist.

[Thie87; Baum90; Reis90]

Ein Stellen/Transitions-System wird als **reversibel** bezeichnet, wenn von jeder von der Anfangsmarkierung aus erreichbaren Markierung die Anfangsmarkierung wieder erreicht werden kann.

❗ Ein Stellen/Transitions-System STS $= (S, T, F, K, W, M_0)$ heißt **reversibel**, wenn gilt: $\forall M \in [M_0\rangle: M_0 \in [M\rangle$.

[Baum90]

In einem Stellen/Transitions-System können die Marken des Systems Objekte darstellen, die sich nur an unterschiedlichen Stationen oder sich in unterschiedlichen Zuständen befinden, aber nicht verschwinden können. In diesem Zusammenhang wird die Eigenschaft **konservativ** verwendet, bei der die gewichtete Summe der Marken konstant bleibt, aber nicht zwangsläufig die gesamte Markenzahl [Baum90].

❗ Sei $w: S \rightarrow \mathbb{N}_0$ eine Abbildung, die als Gewichtsvektor bezeichnet wird. Ein Stellen/Transitions-System STS $= (S, T, F, K, W, M_0)$ heißt w-**konservativ**, wenn

$$\forall M \in [M_0\rangle: w \cdot M = w \cdot M_0 \text{ mit } w \cdot M := \sum_{s \in S} w(s) \cdot M(s)$$

Es heißt streng konservativ, wenn es **1-konservativ** (also w-konservativ mit $w = 1$) ist und konservativ, wenn es für einen strikt positiven Gewichtsvektor w: $S \to \mathbb{N}$ w-konservativ ist. Ein Stellen/Transitions-System heißt **strukturell konservativ**, wenn es unter allen Anfangsmarkierungen konservativ ist. Ein w-konservatives Stellen/Transitions-System ist an jeder Stelle, an der $w \neq 0$ ist, $(w \cdot M_0/w(s))$-sicher. Ein konservatives Stellen/Transitions-System ist **beschränkt**.

[Baum90]

Abschließend wird die Eigenschaft **sound** beschrieben, die eine sinnvolle Minimalanforderung für ein Workflow-Netz formuliert. Die sound-Eigenschaft besteht aus den Kriterien: Beendigungsmöglichkeit, Richtigkeit der Beendigung sowie Aufgabenerfordernis. Die Beendigungsmöglichkeit fordert, dass es immer eine Möglichkeit geben muss, einen Fall zu beenden. Die Richtigkeit der Beendigung besagt, dass ein Fall korrekt beendet werden muss. Ein Fall wird korrekt beendet, wenn sich ausschließlich in der Stelle o eine Marke befindet. Die Aufgabenerfordernis fordert, dass ausgehend von der Startmarkierung jede Transition aktivierbar sein muss, sodass keine toten Transitionen existieren [Aals98].

Ein markiertes Workflow-Netz $N = (S, T, F, M_0)$ mit $M_0(i) = 1$, $M_0(s) = 0, \forall s \in S\backslash\{i\}$ und $M'(o) = 1$ und $M'(s) = 0, \forall s \in S\backslash\{o\}$ ist **sound**, wenn

i) für jede von M_0 aus erreichbare Markierung M eine Schaltfolge von M nach M' existiert, d. h. $M \in [M_0\rangle \Rightarrow M' \in [M\rangle$ (Beendigungsmöglichkeit).

ii) die Markierung M' die einzige von M_0 erreichbare Markierung ist, die eine Marke in der Stelle o enthält, d. h. $M \in [M_0\rangle \land M(o) > 0 \Rightarrow M = M'$ (Richtigkeit der Beendigung).

iii) keine tote Transition t existiert, d. h. $\forall t \in T$ gilt: $M_1 \in [M_0\rangle: M_1[t\rangle$ (Aufgabenerfordernis).

[Aals98]

5.1.4 Erreichbarkeitsanalyse

Für die schematische Darstellung aller erreichbaren Markierungen kann der **Erreichbarkeitsbaum** verwendet werden. Um mehrfach vorkommende Markierungen zu filtern, kann der **Erreichbarkeitsgraph** genutzt werden. Nachfolgend wird für die Erreichbarkeitsanalyse ein verallgemeinerter Erreichbarkeitsalgorithmus vorgestellt, aus dem der Erreichbarkeitsgraph erstellt werden kann (entnommen aus [Baum90]).

Verallgemeinerter Erreichbarkeitsalgorithmus (VEA):
1. Setze:
   a. $\text{Erreicht}_1 := \{M_0\}$
   b. $\text{Durchlaufen}_1 := \text{Erledigt}_1 := \emptyset$
   c. $i := 1$
2. Ist $\text{Erreicht}_i = \text{Erledigt}_i$?
   a. Wenn ja, dann ist die Analyse abgeschlossen.
   b. Wenn nein, dann wähle ein $M \in \text{Erreicht}_i \backslash \text{Erledigt}_i$.

3. Gibt es für M eine Transition t und eine Markierung M' mit M[t⟩M' und $(M, t, M') \notin$ Durchlaufen$_i$?
   a. Wenn ja, dann setze:
      i. Erreicht$_{i+1}$:= Erreicht$_i \cup \{M'\}$
      ii. Durchlaufen$_{i+1}$:= Durchlaufen$_i \cup \{(M, t, M')\}$
      iii. Erledigt$_{i+1}$:= Erledigt$_i$
   b. Wenn nein, dann setze:
      i. Erreicht$_{i+1}$:= Erreicht$_i$
      ii. Durchlaufen$_{i+1}$:= Durchlaufen$_i$
      iii. Erledigt$_{i+1}$:= Erledigt$_i \cup \{M\}$
4. Setze i := i + 1 und gehe zu Schritt 2.

[Baum90]

Für die Konstruktion des Erreichbarkeitsgraphen können die Elemente der Mengen „Erreicht" und „Durchlaufen" verwendet werden. Die Elemente der Menge „Erreicht" repräsentieren die Knoten, und Kanten können durch die Elemente der Menge „Durchlaufen" gebildet werden. Problematisch wird die Konstruktion des Erreichbarkeitsgraphen bei unbeschränkten Stellen/Transitions-Systemen, da dieser unendlich groß wird. In diesem Zusammenhang kann der **Überdeckungsbaum** bzw. **Überdeckungsgraph** modelliert werden. Die Grundidee ist das Aussortieren von streng monoton steigenden Folgen von Markierungen aus der Erreichbarkeitsmenge, so dass unendlich viele Zustände auf einen einzigen „Ersatzzustand" abgebildet werden. Hierbei ist jedoch zu beachten, dass durch diesen Ersatzzustand Informationen über die erreichbaren Zustände verloren gehen. Für die Konstruktion eines Überdeckungsgraphen G = (V, E), mit V als Knoten und E als Kanten, kann folgendes Verfahren verwendet werden (Anmerkung: $\infty + i = \infty$; $\infty - i = \infty$; $i < \infty$; $\infty \leq \infty$):

❗ Konstruktion des Überdeckungsgraphen:
1. Initialisiere die Knoten- und Kantenmenge: V = {M$_0$} und E = ∅.
2. Wähle ein Knoten M aus der Knotenmenge V, der eine Transition t aktiviert und noch keine mit t beschriftete auslaufende Kante besitzt: $\exists M \in V, \exists t \in T, \forall M' \in V$: t ist in M aktiviert $\wedge (M, t, M') \notin E$.
3. Ist ein Knoten M vorhanden?
   a. Wenn ja, dann gehe zu Schritt 4.
   b. Wenn nein, dann gehe zu Schritt 5.
4. Überprüfe, ob die Folgemarkierung M$^+$ von M nach dem Schalten der Transition t bereits als Knoten vorhanden ist: $\exists M^+ \in V: M^+ = M[t⟩$.
   a. Wenn ja, dann erweitere die Kantenmenge: $E := E \cup (M, t, M^+)$.
   b. Wenn nein, dann erzeuge Knoten M* mit:

$$M^*(s) = \begin{cases} \infty, & \text{wenn } M^+ \text{ einen Vorgänger } M^- \text{ hat,} \\ & \text{so dass } M^+ \geq M^- \wedge M^+(s) > M^-(s) \\ M^+(s), & \text{sonst} \end{cases}$$

und erweitere Knotenmenge: $V := V \cup M^*$ sowie Kantenmenge $E := E \cup (M, t, M^*)$. Gehe zu Schritt 2.

5. Erhalte den Überdeckungsgraphen $G = (V, E)$.

In Anlehnung an [Abel90]

5.1.5 Lineare Algebra

Ein Netz $N = (S, T, F)$ kann wie andere Graphen auch nicht nur graphisch dargestellt werden, sondern auch als Matrix, welche als **Inzidenzmatrix** C bezeichnet wird. Die Zeilen ($i = 1, ..., m$) der Matrix entsprechen den Stellen und die Spalten den Transitionen ($j = 1, ..., n$), so dass eine m × n-Matrix entsteht. Der Koeffizient c_{ij} gibt an, um wie viele Marken die Stelle s_i beim Schalten der Transition t_j verändert wird ($x_{ij} \in \mathbb{N}$). Bei einem schlingenfreien Netz ist die Inzidenzmatrix eindeutig bestimmt [Baum90].

Sei $STS = (S, T, F, K, W, M_0)$ ein Stellen/Transitions-System. Es sei jeweils $S = \{s_1, s_2, ..., s_m\}$ und $T = \{t_1, t_2, ..., t_n\}$. Die zugehörige **Inzidenzmatrix** C ($1 \leq i \leq m, 1 \leq j \leq n$) ist definiert durch:

$$c_{ij} = \begin{cases} W(t_j, s_i) & \text{wenn } (t_j, s_i) \in F \wedge (s_i, t_j) \notin F \\ -W(s_i, t_j) & \text{wenn } (s_i, t_j) \in F \wedge (t_j, s_i) \notin F \\ W(t_j, s_i) - W(s_i, t_j) & \text{wenn } (t_j, s_i) \in F \wedge (s_i, t_j) \in F \\ 0 & \text{sonst} \end{cases}$$

c_{ij} zeigt jeweils an, wie sich die Markenzahl von s_i durch ein Schalten von der Transition t_j verändert.

[Baum90; Reis90]

Mit Hilfe der Matrix können Folgemarkierungen berechnet werden. Wenn beispielsweise die Transition t_j schaltet, dann gibt die j-te Spalte der Inzidenzmatrix gerade die Veränderung der Markierung an. Daher kann mit Hilfe des **Häufigkeitsvektors**, auch **Parikh-Vektor** genannt, die Folgemarkierung berechnet werden [Baum90].

Jeder Schaltfolge ω kann der **Häufigkeitsvektor** oder **Parikh-Vektor**

$$\bar{\omega} = \begin{pmatrix} \#(t_1, \omega) \\ \vdots \\ \#(t_n, \omega) \end{pmatrix}$$

zugeordnet werden. $\#(t_1, \omega)$ gibt an, wie oft das Symbol t_1 in der Schaltfolge ω vorkommt.

[Baum90]

Mit Hilfe des Häufigkeitsvektors und der Inzidenzmatrix kann die **Folgemarkierung** berechnet werden. Durch den Häufigkeitsvektor geht allerdings die Reihenfolge der schaltenden Transitionen verloren, da eine Endmarkierung durch verschiedene Permutationen einer Schaltfolge erreicht werden kann [Baum90].

! Ist ω eine Schaltfolge auf einem Stellen/Transitions-System $STS = (S, T, F, K, W, M_0)$, so gilt:

$$M_0[\omega\rangle M_n \Rightarrow M_n = M_0 + C\bar{\omega}$$

[Baum90]

Im nächsten Schritt wird die linear-algebraische Netzanalyse betrachtet, mit der dynamische Netzeigenschaften berechnet werden können. In diesem Zusammenhang werden Stellen- und Transitions-Invarianten (S- und T-Invarianten) betrachtet. Eine **S-Invariante** weist jeder Stelle eine Gewichtung derart zu, dass die gewichtete Summe der Marken für alle erreichbaren Markierungen konstant bleibt, das heißt, die gewichtete Markenanzahl ist invariant gegenüber dem Schalten.

! Sei $STS = (S, T, F, K, W, M_0)$ ein Stellen/Transitions-System mit der Inzidenzmatrix C. Eine **S-Invariante** von STS ist ein m-Tupel $x \in \mathbb{Z}^m$ mit $C^T \cdot x = 0$ (bzw. $x^T \cdot C = 0$). Ein m-Tupel x ist genau dann eine S-Invariante eines Stellen/Transitions-Systems, wenn für beliebige Anfangsmarkierungen M_0 gilt: $\forall M \in [M_0\rangle: M \cdot x = M_0 \cdot x$.

   i)   Der **Träger** einer S-Invarianten x ist die Menge der daran beteiligten Stellen, genauer die Menge $\{s_i \in S | x_i \neq 0\}$.

   ii)   Eine S-Invariante x heißt **nicht-negativ**, wenn ihre Komponenten alle nicht-negativ sind $(x \geq 0)$.

   iii) Eine S-Invariante x heißt **positiv**, wenn mindestens eine Komponente größer als Null ist sowie alle anderen nicht-negativ sind $(x \geq 0)$, und **strikt positiv**, wenn ihre Komponenten alle positiv sind $(x > 0)$.

   iv)   Eine S-Invariante x heißt **minimal**, wenn sie positiv ist und keine echt kleinere positive S-Invariante x' (also mit positiver Differenz x − x') existiert.

   v)   Eine S-Invariante heißt **trivial**, wenn die Invariante der Nullvektor ist.

In Anlehnung an [Baum90]

Eine **T-Invariante** identifiziert einen Häufigkeitsvektor für die Transitionen, mit dem ausgehend von einer Anfangsmarkierung die Anfangsmarkierung wieder erreicht werden kann.

Sei STS $= (S, T, F, K, W, M_0)$ ein Stellen/Transitions-System mit der Inzidenzmatrix C. Eine **T-Invari-** **ante** von STS ist ein n-Tupel $y \in \mathbb{Z}^n$ mit $C \cdot y = 0$. Es gibt eine Markierung M, die durch eine Schaltfolge ω mit Häufigkeitsvektor y reproduziert wird, d. h. $M[\omega\rangle M$.

i)   Der **Träger** einer T-Invarianten y ist eine Menge der daran beteiligten Transitionen, genauer die Menge $\{t_j \in T | y_j \neq 0\}$.

ii)   Eine T-Invariante y heißt **nicht-negativ,** wenn ihre Komponenten alle nicht-negativ sind $(y \geq 0)$.

iii)   Eine T-Invariante y heißt **positiv,** wenn mindestens eine Komponente größer als Null ist sowie alle anderen nicht-negativ sind $(y \geq 0)$, und **strikt positiv,** wenn ihre Komponenten alle positiv sind $(y > 0)$.

iv)   Eine T-Invariante y heißt **minimal,** wenn sie positiv ist und keine echt kleinere positive S-Invariante y' (also mit positiver Differenz $y - y'$) existiert.

v)   Eine T-Invariante heißt **trivial,** wenn die Invariante der Nullvektor ist.

In Anlehnung an [Baum90]

Für eine ausführliche Darstellung der einzelnen Eigenschaften und Begriffe sei auf [Thie87; Baum90; Reis90; DeEs95; Ober96; Aals98; DeRe98] verwiesen.

Lernziel: Die folgenden 29 Aufgaben dienen zur Übung der Analyse von Geschäftsprozessmodellen und dem Identifizieren von Netzeigenschaften. Darüber hinaus sollen Erreichbarkeitsgraphen und Überdeckungsgraphen erstellt sowie Invarianten berechnet werden.

5.2 Aufgaben

Aufgabe 122: Teilnetz

Gegeben seien die folgenden beiden Netze N_1 und N_2:

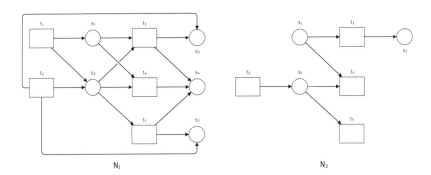

a)   Ergänzen Sie N_2 so, dass N_2 ein Teilnetz von N_1 ist.
b)   Geben Sie den Rand des in a) geänderten Teilnetzes N_2 bezüglich N_1 an. Ist N_2 stellen- oder transitionsberandet?

Aufgabe 123: Vergröberung, Restriktion, Faltung

Kann das nachfolgende Netz B durch Vergröberung, Restriktion oder Faltung aus Netz A entstanden sein? Die Benennungen der Knoten in Netz B können Sie hierbei beliebig wählen. Begründen Sie Ihre Antwort.

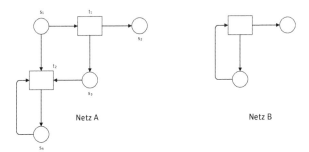

Aufgabe 124: Faltung

Kann das nachfolgende Netz B durch Faltung aus Netz A entstanden sein? Begründen Sie Ihre Antwort.

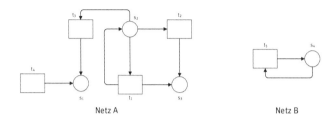

Netz A   Netz B

Aufgabe 125: Multiple-Choice

Prüfen Sie, ob die folgenden Aussagen über Petri-Netze wahr oder falsch sind. Begründen Sie jeweils.

  a) Der rand(N, N') besteht aus allen Knoten des Teilnetzes N', die durch eingehende Kanten mit dem Gesamtnetz N verbunden sind.

  b) Bei einem stellenberandeten Teilnetz besteht der Rand nur aus Stellen. Der Rand darf außerdem nicht leer sein.

  c) Bei einem Netzteil können im Gegensatz zum Teilnetz auch einzelne Kanten innerhalb des betrachteten Ausschnitts aus dem Gesamtnetz weggelassen werden.

  d) Der Erreichbarkeitsgraph kann nur für unbeschränkte Netze konstruiert werden.

  e) Der Überdeckungsgraph kann nur für beschränkte Netze konstruiert werden.

Aufgabe 126: Reise planen

Untersuchen Sie das gegebene Netz auf folgende Eigenschaften:

  a) Schlichtheit

  b) Schwach bzw. stark zusammenhängend

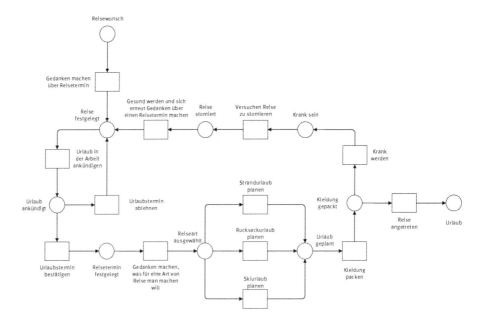

Aufgabe 127: s-coverable

Ist das folgende Workflow-Netz N, wenn es um t^* erweitert wird, s-coverable? Begründen Sie Ihre Antwort.

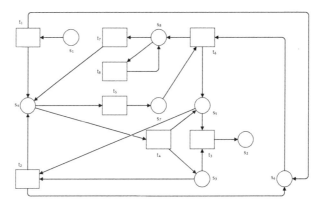

Aufgabe 128: Behörde – Eigenschaften eines Netzes

Überprüfen Sie, welche der folgenden Aussagen auf das gegebene Netz zutreffen:
   a)   Das Netz ist schwach und stark zusammenhängend.
   b)   Das Netz erfüllt die free-choice Eigenschaft.
   c)   Das Netz ist ein Workflow-Netz.

d) Das Netz kann in s-Komponenten zerlegt werden, so dass jede Stelle in einer s-Komponente enthalten ist.

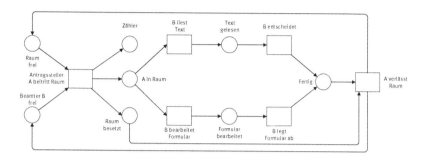

Aufgabe 129: Modellierung von Aussagen

a) Zeichnen Sie ein Workflow-Netz, das nicht well-handled ist. Sofern das Netz um t^* erweitert wird, dann ist es s-coverable und nicht free-choice.

b) Zeichnen Sie ein Workflow-Netz, das nicht well-structured ist. Sofern das Netz um t^* erweitert wird, dann ist es s-coverable und free-choice.

c) Beweisen oder widerlegen Sie die folgende Aussage: „Wenn alle Transitionen in einem Stellen-/Transitions-System lebendig sind und das Netz B-sicher ist, dann ist das Netz stark zusammenhängend".

d) Zeichnen Sie ein Stellen/Transitions-System, das nicht lebendig, reversibel und schwach zusammenhängend ist sowie aus genau zwei Stellen und zwei Transitionen besteht.

e) Zeichnen Sie ein Stellen/Transitions-System, das beschränkt, reversibel und stark lebendig ist.

f) Zeichnen Sie ein Stellen/Transitions-System, das beschränkt aber nicht reversibel ist.

g) Zeichnen Sie ein Stellen/Transitions-System, das beschränkt und verklemmungsfrei ist, aber nicht reversibel und nicht lebendig.

h) Zeichnen Sie ein Stellen/Transitions-System, das reversibel und verklemmungsfrei ist, aber nicht beschränkt und nicht lebendig.

i) Zeichnen Sie ein Stellen/Transitions-System, das beschränkt und lebendig, aber nicht reversibel ist.

j) Zeichnen Sie ein Stellen/Transitions-System, das aus drei Stellen und drei Transitionen besteht, von denen aber nur 2 Transitionen lebendig sind.

k) Zeichnen Sie ein Stellen/Transitions-System, das vier Transitionen und zwei Stellen aufweist, wobei jede Transition nur genau einmal schalten darf.

l) Zeichnen Sie ein Stellen/Transitions-System, das Transitionen enthält, die sowohl nicht tot als auch nicht lebendig sind.

m) Zeichnen Sie ein Stellen/Transitions-System, das keinen Deadlock enthält und trotzdem nicht lebendig ist.

Aufgabe 130: Komplementbildung

Erweitern Sie das folgende Stellen/Transitions-System durch Komplementbildung, so dass die Stelle s_1 maximal drei Marken enthalten kann.

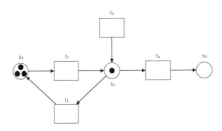

Aufgabe 131: s-Komponenten, s-coverable, free-choice

Gegeben sei das folgende Workflow-Netz:

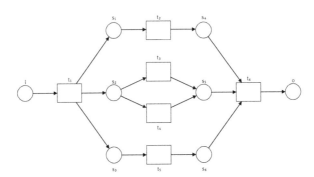

a) Ermitteln Sie die s-Komponenten für das um t^* erweiterte Workflow-Netz.
b) Ist das um t^* erweiterte Workflow-Netz s-coverable?
c) Erfüllt das Workflow-Netz die free-choice Eigenschaft?

Aufgabe 132: Beschränktheit, Lebendigkeit, free-choice und s-Komponenten

Untersuchen Sie die folgenden Aspekte für das gegebene Stellen/Transitions-System:
   a) Ist das System beschränkt?
   b) Ist das System lebendig?
   c) Erfüllt das System die free-choice Eigenschaft?

d) Ermitteln Sie die s-Komponenten des Systems.

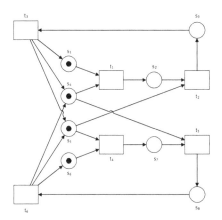

Aufgabe 133: Strukturelle und dynamische Eigenschaften

Gegeben sei das folgende Stellen/Transitions-System:

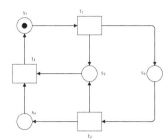

Überprüfen Sie das System auf folgende Eigenschaften: schwach bzw. stark zusammenhängend, free-choice, Workflow-Netz, Zustandsmaschine, Synchronisationsgraph, verallgemeinerte Zustandsmaschine, verallgemeinerter Synchronisationsgraph, schwach bzw. stark lebendig, Beschränktheit, reversibel, Verklemmung.

Aufgabe 134: Agentennetzwerk

Modellieren Sie den folgenden Sachverhalt als Bedingungs/Ereignis-System:

„In einem Netzwerk tauschen autonome Agenten Nachrichten aus. Agent 1 sendet eine Nachricht und Agent 2 empfängt und bestätigt diese Nachricht. Beide Agenten befinden sich in ihrem Ruhezustand. Dann kann Agent 1 eine Nachricht spontan an Agent 2 senden, anschließend wartet er auf eine Bestätigung. Nachdem er eine Bestätigung von Agent 2 erhalten hat, kann Agent

1 den Ablauf beenden und in seinen Ruhezustand zurückkehren. Nachfolgend kann er wieder eine neue Nachricht an Agent 2 senden. Agent 2 schickt eine Bestätigung an Agent 1 nach Erhalt einer Nachricht und kehrt nach dem Ereignis Return wieder in den Ruhezustand zurück, von wo aus er weitere Nachrichten von Agent 1 empfangen kann."

Überprüfen Sie folgende Eigenschaften:
 a) schwach bzw. stark lebendig
 b) schwach bzw. stark zusammenhängend

Aufgabe 135: Lebendigkeit

Geben Sie für die nachfolgenden Stellen/Transitions-Systeme an, ob diese verklemmungsfrei und lebendig sind. Unterscheiden Sie auch, ob die Systeme schwach oder stark lebendig sind.

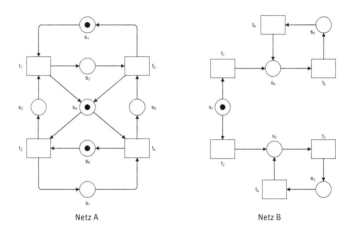

Netz A   Netz B

Aufgabe 136: Sound

Gegeben sei das folgende markierte Workflow-Netz:

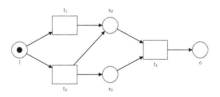

Erweitern Sie dieses markierte Workflow-Netz so, dass es die Eigenschaft sound erfüllt. Sie dürfen dabei keine Stellen, Transitionen oder Kanten entfernen.

Aufgabe 137: Überdeckungsgraph (1)

Geben Sie zu folgendem Stellen/Transitions-System den Überdeckungsgraphen an.

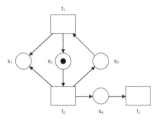

Aufgabe 138: Überdeckungsgraph (2)

Geben Sie zu folgendem Stellen/Transitions-System den Überdeckungsgraphen an.

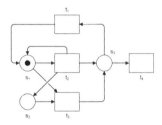

Aufgabe 139: Überdeckungsgraph (3)

a) Modellieren Sie zu folgendem Überdeckungsgraphen ein Stellen/Transitions-System, das einen Deadlock besitzt und geben Sie die Schaltfolge an, die zum Deadlock führt.

b) Geben Sie zwei unterschiedliche Stellen/Transitions-Systeme an, die denselben Überdeckungsgraphen haben. Bedingung: Ein System ist lebendig und das andere System ist nicht lebendig.

Aufgabe 140: Überdeckungsgraph (4)

Betrachten Sie das folgende Stellen/Transitions-System mit der Anfangsmarkierung $M_0 = (1,1,0,0)$. Erstellen Sie den Überdeckungsgraphen und verwenden Sie diesen, um zu zeigen, dass der Zustand $(0,0,0,0)$ nicht erreichbar ist.

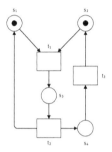

Aufgabe 141: Überdeckungsgraph (5)

Gegeben sei das folgende Stellen/Transitions-System:

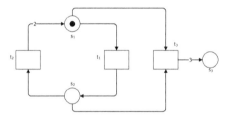

a) Geben Sie den Überdeckungsgraphen des Systems an.
b) Ist die Markierung $M' = (0,0,6)$ unter der gegebenen Anfangsmarkierung $M_0 = (1,0,0)$ erreichbar? Begründen Sie Ihre Antwort, falls dies nicht möglich ist, oder geben Sie eine entsprechende Schaltfolge an.

Aufgabe 142: Überdeckungsgraph (6)

Geben Sie zu folgendem Stellen/Transitions-System den Überdeckungsgraphen an.

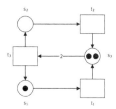

Aufgabe 143: Überdeckungsgraph (7)

Modellieren Sie zu dem abgebildeten Überdeckungsgraphen ein zugehöriges Stellen/Transitions-System.

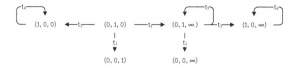

Aufgabe 144: Erreichbarkeitsgraphen

Modellieren Sie zu dem unten abgebildeten Erreichbarkeitsgraphen ein zugehöriges Stellen/Transitions-System.

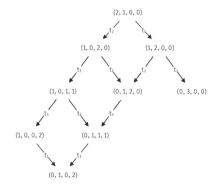

Aufgabe 145: Inzidenzmatrix

Konstruieren Sie drei verschiedene Netze, die die gleiche Inzidenzmatrix haben. Verwenden Sie dabei genau eine Transition und drei Stellen.

Aufgabe 146: Inzidenzmatrix, S- und T-Invarianten, Erreichbarkeitsgraph und S/T-System-Eigenschaften

Gegeben sei das folgende Stellen/Transitions-System:

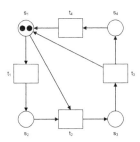

a) Bestimmen Sie die S- und T-Invarianten des Systems.
b) Erstellen Sie den Erreichbarkeitsgraphen des Systems.
c) Überprüfen Sie jeweils, ob das System reversibel, beschränkt und lebendig ist.

Aufgabe 147: Folgemarkierung, T-Invariante

Gegeben sei das folgende Stellen/Transitions-System mit der Startmarkierung $M_0 = (1, 1, a)$:

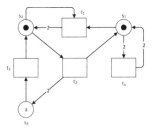

a) Die Markierung M' wird mit Hilfe der Schaltfolge $\omega = t_1$, t_2, t_3, t_3, t_2, t_3, t_1, t_3, t_3 aus M_0 erzeugt. Überprüfen Sie mit Hilfe der linearen Algebra, in Abhängigkeit von a, ob die Markierung M' von M_0 aus erreichbar ist.

b) Berechnen und begründen Sie, ob es sich bei den beiden folgenden Vektoren um T-Invarianten handelt.

$$y' = \begin{pmatrix} 1 \\ 2 \\ 1 \\ 0 \end{pmatrix} \text{ und } y'' = \begin{pmatrix} 0 \\ 1 \\ 2 \\ 1 \end{pmatrix}$$

Aufgabe 148: Inzidenzmatrix, S- und T-Invariante

Gegeben sei das folgende Stellen/Transitions-System:

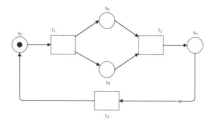

a) Geben Sie die Inzidenzmatrix C des Systems an.
b) Für welches Kantengewicht w existiert eine (nicht-triviale) T-Invariante?
c) Besitzt das System für $w = 2$ eine S-Invariante? Falls ja, geben Sie eine S-Invariante an.

Aufgabe 149: Inzidenzmatrix, Folgemarkierung

Ermitteln Sie die Inzidenzmatrix C des unten dargestellten Stellen/Transitions-Systems. Berechnen Sie ausgehend von M_0 mit Hilfe der Inzidenzmatrix die Markierung M' für den Fall, dass t_1 zweimal, t_2 einmal, t_3 zweimal, t_4 einmal und t_5 dreimal schaltet.

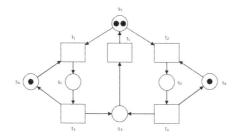

Aufgabe 150: S- und T-Invarianten mit Parameter

Gegeben sei das folgende Stellen/Transitions-System:

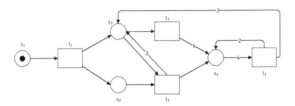

Bestimmen Sie, ob nicht triviale S- und T-Invarianten für den Parameter k (k ≥ 1) existieren und geben Sie diese in Abhängigkeit von k an.

5.3 Lösungen

Lösungsvorschlag zu Aufgabe 122: Teilnetz

a) Ist N_2 Teilnetz von N_1?

    i) $S_2 = \{s_1, s_2, s_3\} \subseteq S_1$

    ii) $T_2 = \{t_2, t_3, t_4, t_5\} \subseteq T_1$

    iii) $F_2 = \{(t_2, s_2), (s_1, t_3), (s_1, t_4), (s_2, t_4), (s_2, t_5), (t_3, s_3)\} \neq F_1 \cap ((S_2 \times T_2) \cup (T_2 \times S_2))$

    Da $F_2 \neq F_1 \cap ((S_2 \times T_2) \cup (T_2 \times S_2))$ ist, liegt kein Teilnetz vor, sondern nur ein Netzteil. Sofern die Kanten (t_2, s_3) und (s_2, t_3) zu F_2 hinzugefügt werden $(F_2 \cup \{(t_2, s_3), (s_2, t_3)\} = F_1 \cap ((S_2 \times T_2) \cup (T_2 \times S_2)))$, dann ist N_2 Teilnetz von N_1.

b) Das Netz N_2 ist weder stellen- noch transitionsberandet, da der Rand aus s_1, s_2, t_2, t_3, t_4 und t_5 besteht $(\text{rand}(N_1, N_2) = \{s_1, s_2, t_2, t_3, t_4, t_5\})$ und daher $\text{rand}(N_1, N_2) \not\subseteq S_2$ und $\text{rand}(N_1, N_2) \not\subseteq T_2$ gilt.

Lösungsvorschlag zu Aufgabe 123: Vergröberung, Restriktion, Faltung

a) Ja, eine Vergröberung ist möglich, indem das transitionsberandete Teilnetz $A' = (\{s_1, s_3\}, \{t_1, t_2\}, \{(s_1, t_1), (t_1, s_3), (s_3, t_2), (s_1, t_2)\})$ mit dem   Rand: $\text{rand}(A, B) \subseteq \{t_1, t_2\}$ gebildet wird.

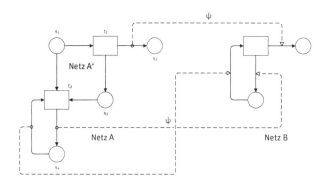

Alternativ kann auch das stellenberandete Teilnetz $A'' = (\{s_1, s_3, s_4\}, \{t_2\}, \{(s_1, t_2), (s_3, t_2), (t_2, s_4), (s_4, t_2)\})$ mit dem Rand $\text{rand}(A, B) \subseteq \{s_1, s_3\}$ gebildet werden.

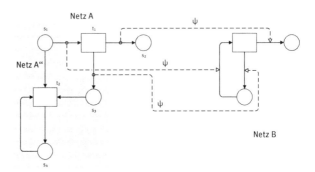

b) Nein, eine Restriktion ist nicht möglich, da eine der Transitionen auf t_x abgebildet werden müsste. Die Transition t_2 verfügt jedoch nicht über eine ausgehende Kante. Falls t_1 auf die Transition aus Netz B abgebildet wird, liegt das Problem in der Abbildung für s_x. Eine entsprechende Stelle existiert nicht in Netz A.

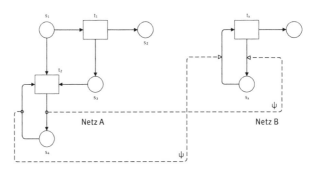

c) Ja, eine Faltung ist möglich, mit Netz A $= (S, T, F)$ und B $= (S', T', F')$:
   i) $\Psi(S) \subseteq S'$, d. h. $\Psi(s_1) = s_6$; $\Psi(s_2) = s_5$; $\Psi(s_3) = s_6$; $\Psi(s_4) = s_6$
   ii) $\Psi(T) \subseteq T'$, d. h. $\Psi(t_1) = t_3$; $\Psi(t_2) = t_3$
   iii) $(x, y) \in F \Rightarrow (\Psi(x), \Psi(y)) \in F'$, d. h. $(s_1, t_1) \Rightarrow (s_6, t_3)$; $(s_1, t_2) \Rightarrow (s_6, t_3)$; $(t_1, s_3) \Rightarrow (t_3, s_6)$; $(s_3, t_2) \Rightarrow (s_6, t_3)$; $(s_4, t_2) \Rightarrow (s_6, t_3)$; $(t_2, s_4) \Rightarrow (t_3, s_6)$

Weiterhin ist zu prüfen, ob die Abbildungsfunktion identisch zum Netz B ist, so dass keine weiteren Kanten, Stellen und Transitionen im Netz B enthalten sein dürfen, die nicht in der Abbildungsfunktion Ψ vorhanden sind, d. h. es muss gelten:
   i) $\Psi(S) = S'$
   ii) $\Psi(T) = T'$
   iii) $(x', y') \in F' \Rightarrow \exists(x, y) \in F: (\Psi(x), \Psi(y)) = (x', y'))$, d. h. $(s_6, t_3) \Rightarrow (s_4, t_2)$; $(t_3, s_6) \Rightarrow (t_2, s_4)$; $(t_3, s_5) \Rightarrow (t_1, s_2)$.

Die Bedingungen (i) bis (iii) sind erfüllt, so dass Netz B der Abbildungsfunktion entspricht und daher ein gefaltetes Netz von A ist.

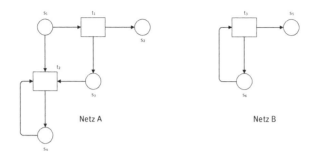

Netz A   Netz B

Lösungsvorschlag zu Aufgabe 124: Faltung

Ja, eine Faltung ist möglich, mit Netz A = (S, T, F) und B = (S', T', F'):
  i) $\Psi(S) = S'$, d. h. $\Psi(s_1) = s_4$; $\Psi(s_2) = s_4$; $\Psi(s_3) = s_4$
  ii) $\Psi(T) = T'$, d. h. $\Psi(t_1) = t_5$; $\Psi(t_2) = t_5$; $\Psi(t_3) = t_5$; $\Psi(t_4) = t_5$
  iii) $(x, y) \in F \Rightarrow (\Psi(x), \Psi(y)) \in F'$, d. h. $(s_2, t_3) \Rightarrow (s_4, t_5)$; $(s_2, t_1) \Rightarrow (s_4, t_5)$; $(s_2, t_2) \Rightarrow (s_4, t_5)$; $(t_4, s_1) \Rightarrow (t_5, s_4)$; $(t_3, s_1) \Rightarrow (t_5, s_4)$; $(t_1, s_2) \Rightarrow (t_5, s_4)$; $(t_1, s_3) \Rightarrow (t_5, s_4)$; $(t_2, s_3) \Rightarrow (t_5, s_4)$

Weiterhin ist zu prüfen, ob die Abbildungsfunktion identisch zum Netz B ist, so dass keine weiteren Kanten, Stellen und Transitionen im Netz B enthalten sein dürfen, die nicht in der Abbildungsfunktion Ψ vorhanden sind, d. h. es muss gelten:
  i) $\Psi(S) = S'$
  ii) $\Psi(T) = T'$
  iii) $(x', y') \in F' \Rightarrow \exists (x, y) \in F: (\Psi(x), \Psi(y)) = (x', y'))$, d. h. $(s_4, t_5) \Rightarrow (s_2, t_2)$; $(t_5, s_4) \Rightarrow (t_4, s_1)$

Die Bedingungen (i) bis (iii) sind erfüllt, so dass Netz B der Abbildungsfunktion entspricht und daher ein gefaltetes Netz von A ist.

Lösungsvorschlag zu Aufgabe 125: Multiple-Choice

  a) Falsch, der relative Rand eines Teilnetzes N', bezogen auf das gesamte Netz N, sind diejenigen Knoten, die über Kanten mit dem restlichen Netz verbunden sind.

b) Richtig, sofern der Rand des Teilnetzes N′ nicht leer ist und nur aus Stellen besteht ($\text{rand}(N',N) \subseteq S' \land \text{rand}(N',N) \neq \emptyset$), dann heißt das Teilnetz stellenberandet, und transitionsberandet, wenn der Rand nicht leer ist und nur Transitionen beinhaltet ($\text{rand}(N',N) \subseteq T' \land \text{rand}(N',N) \neq \emptyset$).

c) Richtig, ein Netz $N' = (S',T',F')$ heißt Teilnetz eines Netzes $N = (S,T,F)$, wenn $S' \subseteq S$, $T' \subseteq T$ und $F' = F \cap \big((S' \times T') \cup (T' \times S')\big)$ gilt. Sofern bei (iii) anstelle von „=" lediglich „$\subseteq$" bei der Flussrelation gilt, so heißt N′ Netzteil von N.

d) Falsch, der Erreichbarkeitsgraph kann auch für beschränkte Netze modelliert werden. Für unbeschränkte Netze ist der Erreichbarkeitsgraph unendlich und für beschränkte Netze endlich.

e) Falsch, der Überdeckungsgraph wird insbesondere für unbeschränkte Netze eingesetzt.

Lösungsvorschlag zu Aufgabe 126: Reise planen

a) Schlichtheit: Das Netz ist nicht schlicht, da die Transitionen „Strandurlaub planen", „Rucksackurlaub planen" und „Skiurlaub planen" jeweils den identischen Vor- und Nachbereich haben.

b) Das Netz ist nur schwach zusammenhängend, da zwar alle Knoten miteinander verbunden sind, es aber keinen gerichteten Weg von der Senke zur Quelle gibt.

Lösungsvorschlag zu Aufgabe 127: s-coverable

Es kann keine S-Komponente gebildet werden, in der s_5 enthalten ist, ohne dass die Bedingung des Zustandsautomaten verletzt wird, daher ist das um t^* erweiterte Workflow-Netz nicht s-coverable.

Lösungsvorschlag zu Aufgabe 128: Behörde – Eigenschaften eines Netzes

a) Das Netz ist schwach zusammenhängend, aber nicht stark zusammenhängend. Ohne die Stelle „Zähler" wäre das Netz stark zusammenhängend, da von der Stelle „Zähler" nicht jeder andere Knoten über einen gerichteten Pfad erreicht werden kann.

b) Das Netz erfüllt die free-choice Eigenschaft, da $\forall t_1, t_2 \in T: {}^\bullet t_1 \cap {}^\bullet t_2 \neq \emptyset \Rightarrow {}^\bullet t_1 = {}^\bullet t_2$ gilt.

c) Das Netz ist kein Workflow-Netz. Es besitzt zwar eine Senke, d. h. die Stelle „Zähler", aber keine Quelle.

d) Das Netz kann nicht in s-Komponenten zerlegt werden. Denn wenn die Stelle „Zähler" in einer s-Komponente enthalten ist, dann ist das gebildete Teilnetz nicht stark zusammenhängend.

Lösungsvorschlag zu Aufgabe 129: Modellieren von Aussagen

a) Das Netz ist nicht well-handled, aufgrund der zwei Knoten t_1 und o. Es existieren zwei gerichtete Pfade ($P_1 = t_1, s_1, t_2, s_3, t_3, o$ und $P_2 = t_1, s_2, t_4, s_4, t_5, o$) von t_1 nach o, die nur t_1 und o gemeinsam haben. Das um t^* erweiterte Workflow-Netz ist s-soverable, da jede Stelle in einer s-Komponente vorhanden ist. Das Netz ist nicht free-choice, da $\bullet t_3 \cap \bullet t_5 = \{s_3\}$ gilt, aber $\bullet t_3 \neq \bullet t_5$ ist.

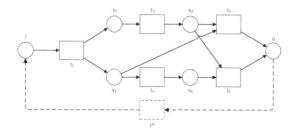

b) Das Netz ist nicht well-structured, da aufgrund der zwei Knoten t_1 und o das Netz nicht well-handled ist. Es existieren die zwei gerichteten Pfade $P_1 = t_1, s_1, t_2, s_3, t_3, o$ und $P_2 = t_1, s_2, t_4, s_4, t_5, o$ von t_1 nach o, die nur t_1 und o gemeinsam haben. Das um t^* erweiterte Workflow-Netz ist s-soverable, da jede Stelle in einer s-Komponente vorhanden ist. Das Netz ist free-choice, da $\forall t_1, t_2 \in T: \bullet t_1 \cap \bullet t_2 \neq \emptyset \Rightarrow \bullet t_1 = \bullet t_2$ gilt.

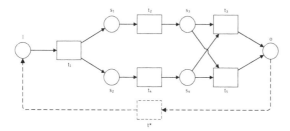

c) Falsch, da im folgenden Gegenbeispiel die Transitionen t_1 und t_2 lebendig sind und das Stellen-/Transitions-System 1-sicher ist, aber nicht stark zusammenhängend.

d) Das Stellen-/Transitions-System ist aufgrund von Transition t_1 nicht stark lebendig, da diese ausgehend von der Anfangsmarkierung tot ist. Das Stellen-/Transitions-System ist reversibel, da von jeder Markierung, ausgehend von der Anfangsmarkierung, die Anfangsmarkierung wieder erreichbar ist, d. h. es gilt: $\forall M \in [M_0): M_0 \in [M\rangle$.

e) Das Stellen/Transitions-System ist 1-beschränkt bzw. 1-sicher, da durch das Schalten der Transition keine zusätzlichen Marken produziert werden. Nach jedem Schalten der Transition wird die Anfangsmarkierung wieder erreicht ($\forall M \in [M_0): M_0 \in [M\rangle$), so dass das System reversibel ist. Das System ist stark lebendig, da die Transition t_1 unter jeder Markierung wieder aktiviert werden kann ($\forall t \in T \; \forall M_1 \in [M_0): \exists M_2 \in [M_1\rangle: M_2[t\rangle$).

f) Das Stellen/Transitions-System ist nicht reversibel, da nach dem Schalten der Transition t_1 das System keine Marken mehr enthält.

g) Das Stellen/Transitions-System ist 1-beschränkt bzw. 1-sicher, da durch das Schalten der Transitionen keine zusätzlichen Marken produziert werden. Das System ist verklemmungsfrei, da es immer eine Markierung (ausgehend von der Anfangsmarkierung) gibt, die eine Transition aktiviert ($\forall M_1 \in [M_0): \exists t \in T: M_1[t\rangle$), aber nicht stark lebendig, da nicht jede Transition immer wieder aktiviert werden kann. Es ist nicht reversibel, da die Anfangsmarkierung nach dem Schalten der Transition t_1 oder t_3 nicht wieder erreicht werden kann (d. h. es gilt nicht: $\forall M \in [M_0): M_0 \in [M)$).

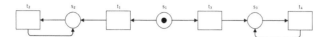

h) Das Stellen/Transitions-System ist reversibel, da die Anfangsmarkierung aus jeder Markierung wieder erreichbar ist, d. h. es gilt: $\forall M \in [M_0): M_0 \in [M)$. Es ist auch verklemmungsfrei, da die Anfangsmarkierung nicht tot ist und diese aus jeder Markierung wieder erreichbar ist. Das System ist nicht beschränkt, da die Stelle s_3 beliebig viele Marken beinhalten kann, durch das Schalten der Transition t_3. Aufgrund der Transition t_4 („Markenabfluss") kann die Anfangsmarkierung wieder erreicht werden. Das System ist nicht stark lebendig, da die Transition t_2 ausgehend von der Anfangsmarkierung niemals aktiviert werden kann (d. h. es gilt nicht: $\forall t \in T, M_1 \in [M_0): \exists M_2 \in [M_1): M_2[t)$).

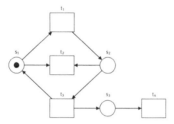

i) Das Stellen/Transitions-System ist 1-sicher bzw. 1-beschränkt, da $\forall M \in [M_0), s \in S: M(s) \leq 1$ gilt. Das System ist stark lebendig, da ausgehend von der Startmarkierung jede Transition immer wieder aktiviert werden kann, d. h. es gilt: $\forall t \in T, M_1 \in [M_0): \exists M_2 \in [M_1): M_2[t)$. Es ist nicht reversibel, da die Anfangsmarkierung $M_0 = (1,0,1,0,0)$ nach dem Schalten von t_1 nicht wieder erreicht werden kann.

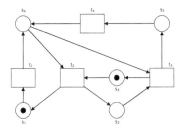

j)   Das Stellen/Transitions-System mit 3 Stellen und 3 Transitionen besitzt 2 lebendige Transitionen, namentlich t_1 und t_2, sowie die Transition t_3, die nicht lebendig ist.

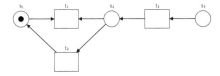

k)   Das System besteht aus vier Transitionen und zwei Stellen. Jede Transition kann nur genau einmal schalten. Die Anfangsmarkierung ist $M_0 = (4,0)$. Im ersten Schritt ist nur Transition t_2 aktiviert, d. h. wenn diese schaltet, dann lautet die Folgemarkierung: $M_1 = (3,2)$. Ausgehend von M_1 ist nur t_1 aktiviert, so dass die Folgemarkierung $M_2 = (2,3)$ ist. Nachfolgend schalten t_4 und t_3 mit der Folgemarkierung $M_3 = (1,4)$ und $M_4 = (0,1)$. Ausgehend von der Markierung M_4 ist keine Transition des Stellen/Transitions-Systems aktiviert.

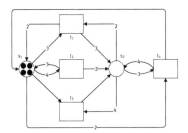

l)   Das Stellen/Transitions-System enthält Transitionen die nicht tot und auch nicht lebendig sind. Eine Transition heißt lebendig, wenn sie ausgehend von der Startmarkierung immer wieder aktivierbar ist, d. h. $\forall M_1 \in [M_0]: \exists M_2 \in [M_1]: M_2[t\rangle$. Sobald t_3 geschaltet hat, können die anderen Transitionen nicht mehr aktiviert werden, somit sind die Transitionen t_1, t_2 und t_3 nicht lebendig. Eine Transition heißt tot, wenn sie unter keiner erreichbaren Markierung aktiviert ist: $\forall M \in [M_0\rangle: \neg M[t\rangle$. Alle Transitionen können ausgehend von der Anfangsmarkierung aktiviert werden, so dass die Transitionen t_1, t_2 und t_3 nicht tot sind.

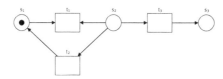

m) Das Stellen/Transitions-System enthält keinen Deadlock, da es keine Markierung, ausgehend von der Anfangsmarkierung gibt, die keine Folgemarkierung hat. Das System ist nicht lebendig, da t_3 nicht lebendig ist.

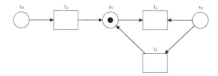

Lösungsvorschlag zu Aufgabe 130: Komplementbildung

Die Komplementstelle s' stellt sicher, dass in der Stelle s_1 maximal drei Marken enthalten sein können.

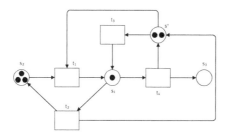

Lösungsvorschlag zu Aufgabe 131: s-Komponenten, s-coverable, free-choice

a) Das um t^* erweiterte Workflow-Netz besitzt drei s-Komponenten
   – Die erste s-Komponente bildet sich aus folgendem Teilnetz: $N' = (\{i, s_1, s_4, o\}, \{t_1, t_2, t_6, t^*\}, \{(i, t_1), (t_1, s_1), (s_1, t_2), (t_2, s_4), (s_4, t_6), (t_6, o) (o, t^*), (t^*, i)\})$:

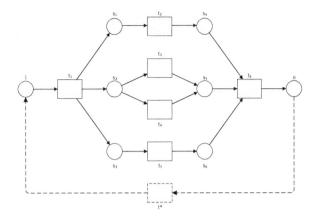

– Die zweite s-Komponente bildet sich aus folgendem Teilnetz: $N' = (\{i, s_2, s_5, o\},\ \{t_1, t_3, t_4, t_6, t^*\},\ \{(i, t_1),\ (t_1, s_2),\ (s_2, t_3),\ (s_2, t_4),\ (t_3, s_5), (t_4, s_5), (s_5, t_6), (t_6, o), (o, t^*), (t^*, i)\})$:

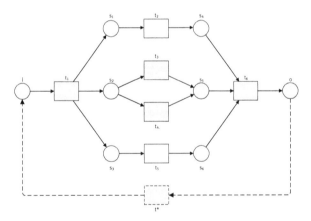

– Die dritte s-Komponente bildet sich aus folgendem Teilnetz: $N' = (\{i, s_3, s_6, o\}, \{t_1, t_5, t_6, t^*\}, \{(i, t_1), (t_1, s_3), (s_3, t_5), (t_5, s_6), (s_6, t_6), (t_6, o), (o, t^*), (t^*, i)\})$:

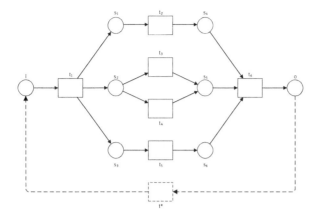

b) Das um t* erweiterte Workflow-Netz ist s-coverable, da ∀s ∈ S: ∃s-Kompo-
   nente $N' = (S', T', F')$ von N mit $s \in S'$.

c) Das Workflow-Netz erfüllt die free-choice Eigenschaft, da $\forall t_1, t_2 \in$
   T: $\bullet t_1 \cap \bullet t_2 \neq \emptyset \Rightarrow \bullet t_1 = \bullet t_2$ gilt.

**Lösungsvorschlag zu Aufgabe 132: Beschränktheit, Lebendigkeit, free-choice
und s-Komponenten**

a) Das Stellen-/Transitions-System ist 1-beschränkt bzw. 1-sicher, da $\forall M \in$
   $[M_0), s \in S: M(s) \leq 1$ gilt.

b) Das Stellen-/Transitions-System ist nicht schwach lebendig, da es unter der
   Folgemarkierung $M' = (0,1,0,0,0,0,1,0)$ tot ($M' \in [M_0)$) ist. Die Markierung
   wird unter anderem durch die Schaltfolge $\omega = t_1, t_4$ erreicht.

c) Das System erfüllt nicht die free-choice Eigenschaft, aufgrund der Transitionen t_1 und t_5 bzw. t_2 und t_4.
   – $\bullet t_1 \cap \bullet t_5 = \{s_4\}$, aber $\bullet t_1 \neq \bullet t_5$

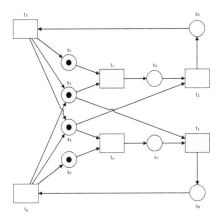

– $\bullet t_2 \cap \bullet t_4 = \{s_5\}$, aber $\bullet t_1 \neq \bullet t_4$

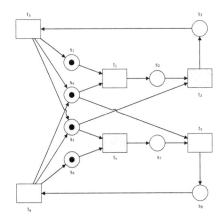

d) Das System besitzt vier s-Komponenten
   – Die erste s-Komponente bildet sich aus folgendem Teilnetz: $N' = (\{s_6, s_7, s_8\}, \{t_4, t_5, t_6\}, \{(s_6, t_4), (t_4, s_7), (s_7, t_5), (t_5, s_8), (s_8, t_6), (t_6, s_6)\})$:

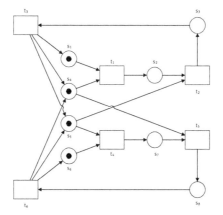

-   Die zweite s-Komponente bildet sich aus folgendem Teilnetz: $N' = (\{s_1, s_2, s_3\}, \{t_1, t_2, t_3\}, \{(s_1, t_1), (t_1, s_2), (s_2, t_2), (t_2, s_3), (s_3, t_3), (t_3, s_1)\})$:

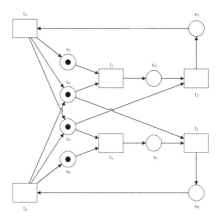

-   Die dritte s-Komponente bildet sich aus folgendem Teilnetz: $N' = (\{s_2, s_3, s_4, s_8\}, \{t_1, t_2, t_3, t_5, t_6\}, \{(s_4, t_1), (t_1, s_2), (s_2, t_2), (t_2, s_3), (s_3, t_3), (t_3, s_4), (s_4, t_5), (t_5, s_8), (s_8, t_6), (t_6, s_4)\})$:

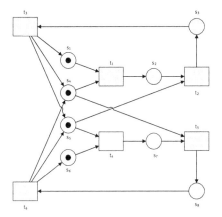

- Die vierte s-Komponente bildet sich aus folgendem Teilnetz: $N' = (\{s_3, s_5, s_7, s_8\}, \{t_2, t_3, t_4, t_5, t_6\}, \{(s_5, t_4), (t_4, s_7), (s_7, t_5), (t_5, s_8), (s_8, t_6), (t_6, s_5), (s_5, t_2), (t_2, s_3), (s_3, t_3), (t_3, s_5)\})$:

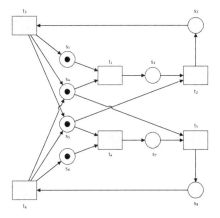

Lösungsvorschlag zu Aufgabe 133: Strukturelle und dynamische Eigenschaften

- Schwach zusammenhängend: Ja, da zu jedem Knotenpaar $x, y \in S \cup T$ ein ungerichteter Pfad von x nach y existiert.
- Stark zusammenhängend: Ja, da zu jedem Knotenpaar $x, y \in S \cup T$ ein gerichteter Pfad von x nach y existiert.
- Free-choice: Ja, da $\forall t_1, t_2 \in T$: $\bullet t_1 \cap t_2 \bullet \neq \emptyset \Rightarrow \bullet t_1 = \bullet t_2$ gilt.
- Workflow-Netz: Nein, da weder eine Quelle noch eine Senke existiert.
- Zustandsmaschine: Nein, da t_1 und t_2 vorwärtsverzweigte Transitionen sind und außerdem t_3 eine rückwärtsverzweigte Transition ist.
- Synchronisationsgraph: Nein, da s_2 zwei eingehende Kanten aufweist.

- Verallgemeinerte Zustandsmaschine: Nein, siehe Zustandsmaschine.
- Verallgemeinerter Synchronisationsgraph: Nein, siehe Synchronisationsgraph.
- Schwach lebendig: Ja, das System ist schwach lebendig, da es unter keiner Folgemarkierung tot ist. Es gilt: $\forall M_1 \in [M_0): \exists t \in T: M_1[t\rangle$.
- Stark lebendig: Ja, das System ist stark lebendig, da alle Transitionen lebendig sind. Es gilt: $\forall t \in T, M_1 \in [M_0): \exists M_2 \in [M_1): M_2[t\rangle$.
- Beschränktheit: Nein, das System ist nicht B-beschränkt bzw. B-sicher, da die Stelle s_2 unbeschränkt ist.
- Reversibel: Nein, da aufgrund von s_2 die Anfangsmarkierung nicht wieder erreicht werden kann, d. h. es gilt nicht: $\forall M \in [M_0): M_0 \in [M)$.
- Verklemmung: Nein, es existiert keine Verklemmung bzw. Deadlock, da das System schwach bzw. stark lebendig ist.

Lösungsvorschlag zu Aufgabe 134: Agentennetzwerk

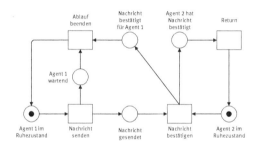

a) Das System ist
  - schwach lebendig, da es unter keiner Folgemarkierung tot ist. Es gilt: $\forall M_1 \in [M_0): \exists t \in T: M_1[t\rangle$.
  - stark lebendig, da alle Transitionen lebendig sind. Es gilt: $\forall t \in T, M_1 \in [M_0): \exists M_2 \in [M_1): M_2[t\rangle$.

b) Das System ist
  - schwach zusammenhängend, da zu jedem Knotenpaar $x, y \in S \cup T$ ein ungerichteter Pfad von x nach y existiert.
  - stark zusammenhängend, da zu jedem Knotenpaar $x, y \in S \cup T$ ein gerichteter Pfad von x nach y existiert.

Lösungsvorschlag zu Aufgabe 135: Lebendigkeit

Zu Netz A:
- Das System ist schwach lebendig bzw. verklemmungsfrei, da es unter keiner Folgemarkierung tot ist. Es gilt: $\forall M_1 \in [M_0): \exists t \in T: M_1[t\rangle$.

– Das System ist stark lebendig, da alle Transitionen lebendig sind. Es gilt: $\forall t \in T, M_1 \in [M_0): \exists M_2 \in [M_1): M_2[t)$. Die starke Lebendigkeit lässt sich ebenfalls aus dem Erreichbarkeitsgraph ablesen:

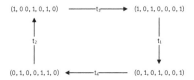

Zu Netz B:
– Das System ist schwach lebendig bzw. verklemmungsfrei, da es unter keiner Folgemarkierung tot ist. Es gilt: $\forall M_1 \in [M_0): \exists t \in T: M_1[t)$.
– Das System ist nicht stark lebendig, da sobald Transition t_1 bzw. t_2 schalten, Transition t_1 bzw. t_2 nie wieder schalten können. Es gilt nicht: $\forall t \in T, M_1 \in [M_0): \exists M_2 \in [M_1): M_2[t)$. Dieser Aspekt wird auch aus dem Erreichbarkeitsgraph deutlich:

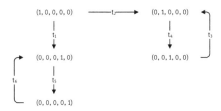

Lösungsvorschlag zu Aufgabe 136: Sound

Das gegebene markierte Workflow-Netz muss um die Kante (t_1, s_3) erweitert werden, damit es sound ist. Sofern t_1 im Netz ohne die Kante schaltet, dann kann der Fall nicht beendet werden.

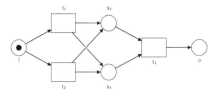

Lösungsvorschlag zu Aufgabe 137: Überdeckungsgraph (1)

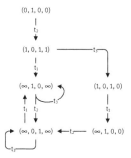

Lösungsvorschlag zu Aufgabe 138: Überdeckungsgraph (2)

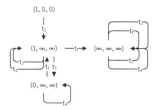

Lösungsvorschlag zu Aufgabe 139: Überdeckungsgraph (3)

a) Die Schaltfolge t_1, t_2 führt das folgende Stellen/Transitions-System in einen Deadlock:

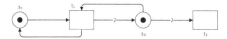

b) Das System A und das System B weisen denselben Überdeckungsgraphen auf. System A ist nicht lebendig und System B ist lebendig.

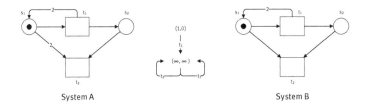

System A   System B

Lösungsvorschlag zu Aufgabe 140: Überdeckungsgraph (4)

Der Überdeckungsgraph entspricht dem Erreichbarkeitsgraph und enthält keinen Zustand mit der Markierung $(0, 0, 0, 0)$, so dass dieser Zustand in dem Stellen/Transitions-System nicht erreicht werden kann.

Lösungsvorschlag zu Aufgabe 141: Überdeckungsgraph (5)

a)   Der Überdeckungsgraph besteht aus fünf Zuständen:

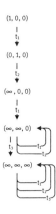

b)   Ja, die Markierung $M' = (0, 0, 6)$ ist aus der Anfangsmarkierung $M_0 = (1, 0, 0)$ erreichbar mit der Schalfolge $\omega = t_1, t_2, t_1, t_2, t_1, t_2, t_1, t_3, t_1, t_3$.

Lösungsvorschlag zu Aufgabe 142: Überdeckungsgraph (6)

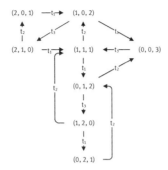

Lösungsvorschlag zu Aufgabe 143: Überdeckungsgraph (7)

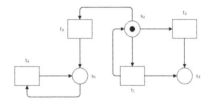

Lösungsvorschlag zu Aufgabe 144: Erreichbarkeitsgraph

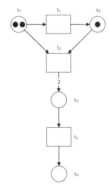

Lösungsvorschlag zu Aufgabe 145: Inzidenzmatrix

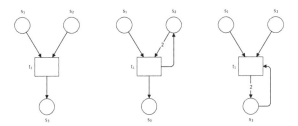

Lösungsvorschlag zu Aufgabe 146: Inzidenzmatrix, S- und T-Invarianten, Erreichbarkeitsgraph und S/T-System-Eigenschaften

a) Im ersten Schritt wird die Inzidenzmatrix C bestimmt:

$$C = \begin{pmatrix} -1 & -1 & 1 & 1 \\ 1 & -1 & 0 & 0 \\ 0 & 1 & -1 & 0 \\ 0 & 0 & 1 & -1 \end{pmatrix}$$

Berechnen der T-Invariante, mit $C \cdot y = 0$:

$$C \cdot y = 0 \Leftrightarrow \begin{pmatrix} -1 & -1 & 1 & 1 \\ 1 & -1 & 0 & 0 \\ 0 & 1 & -1 & 0 \\ 0 & 0 & 1 & -1 \end{pmatrix} \cdot \begin{pmatrix} y_1 \\ y_2 \\ y_3 \\ y_4 \end{pmatrix} = 0$$

Es gilt: $y_3 = y_4 \wedge y_2 = y_3 \wedge y_1 = y_2$, daraus folgt $y_1 = y_2 = y_3 = y_4$. Somit gibt es unendlich viele T-Invarianten, die das Gleichungssystem erfüllen. Eine nicht-negative T-Invariante ist beispielsweise $y^T = (1, 1, 1, 1)$, welche zugleich strikt positiv und minimal ist. Träger der T-Invariante sind y_1, y_2, y_3, y_4.

Berechnen der S-Invariante, mit $x^T \cdot C = 0$:

$$x^T \cdot C = 0 \Leftrightarrow \begin{pmatrix} x_1 & x_2 & x_3 & x_4 \end{pmatrix} \cdot \begin{pmatrix} -1 & -1 & 1 & 1 \\ 1 & -1 & 0 & 0 \\ 0 & 1 & -1 & 0 \\ 0 & 0 & 1 & -1 \end{pmatrix} = 0$$

Es gilt: $x_1 = x_2 \wedge x_1 = x_4 \wedge x_3 = x_1 + x_2 \wedge x_3 = x_1 + x_4$, daraus folgt, $x_1 = x_2 = x_4 \wedge x_3 = 2x_1$. Somit gibt es unendlich viele S-Invarianten, die das Gleichungssystem erfüllen. Eine nicht-negative S-Invariante ist beispielsweise

$x^T = (1, 1, 2, 1)$, welche zugleich strikt positiv und minimal ist. Träger der S-Invariante sind x_1, x_2, x_3, x_4.

b) Der Erreichbarkeitsgraph besteht aus sechs Zuständen:

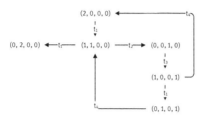

c) Das Stellen/Transitions-System ist nicht reversibel, da aus dem Zustand $(0, 2, 0, 0)$ die Anfangsmarkierung nicht wieder erreicht werden kann. Das System ist 2-beschränkt bzw. 2-sicher, da jede Stelle eine maximale Markenanzahl von 2 im Erreichbarkeitsgraphen aufweist. Das System ist nicht lebendig, da durch die Schalfolge $\omega = t_1, t_1$ ein Deadlock entsteht.

Lösungsvorschlag zu Aufgabe 147: Folgemarkierung, T-Invariante

a) Eine Folgemarkierung wird berechnet durch: $M' = M_0 + C\bar{\omega}$. Dabei ist C die Inzidenzmatrix und $\bar{\omega}$ der Häufigkeitsvektor:

$$M' = M_0 + C\bar{\omega} = \begin{pmatrix} 1 \\ 1 \\ a \end{pmatrix} + \begin{pmatrix} -1 & 1 & 0 & 0 \\ 1 & -1 & 1 & 0 \\ 0 & 2 & -1 & 0 \end{pmatrix} \cdot \begin{pmatrix} 2 \\ 2 \\ 5 \\ 0 \end{pmatrix} = \begin{pmatrix} 1 \\ 6 \\ a-1 \end{pmatrix}$$

Die Markierung $M' = (1, 6, a - 1)$ ist durch die Schaltfolge ω erreichbar, wenn $a \geq 1$ ist.

b) Berechnen der T-Invariante, mit $C \cdot y = 0$, d. h.
    – y' ist keine T-Invariante, da $C \cdot y' \neq 0$ ist:

$$C \cdot y' = 0 \Leftrightarrow \begin{pmatrix} -1 & 1 & 0 & 0 \\ 1 & -1 & 1 & 0 \\ 0 & 2 & -1 & 0 \end{pmatrix} \cdot \begin{pmatrix} 1 \\ 2 \\ 1 \\ 0 \end{pmatrix} = \begin{pmatrix} 1 \\ 0 \\ 3 \end{pmatrix}$$

    – y'' ist keine T-Invariante, da $C \cdot y'' \neq 0$ ist:

$$C \cdot y'' = 0 \Leftrightarrow \begin{pmatrix} -1 & 1 & 0 & 0 \\ 1 & -1 & 1 & 0 \\ 0 & 2 & -1 & 0 \end{pmatrix} \cdot \begin{pmatrix} 0 \\ 1 \\ 2 \\ 1 \end{pmatrix} = \begin{pmatrix} 1 \\ 1 \\ 0 \end{pmatrix}$$

Lösungsvorschlag zu Aufgabe 148: Inzidenzmatrix, S- und T-Invariante

a) Die Inzidenzmatrix C des Systems:

$$C = \begin{pmatrix} -1 & 0 & 1 \\ 1 & -1 & 0 \\ 1 & -1 & 0 \\ 0 & 1 & -w \end{pmatrix}$$

b) Berechnen der T-Invariante, mit $C \cdot y = 0$:

$$C \cdot y = 0 \Leftrightarrow \begin{pmatrix} -1 & 0 & 1 \\ 1 & -1 & 0 \\ 1 & -1 & 0 \\ 0 & 1 & -w \end{pmatrix} \cdot \begin{pmatrix} y_1 \\ y_2 \\ y_3 \end{pmatrix} = 0$$

Es gilt: $y_1 = y_3 \wedge y_1 = y_2$, daraus folgt $y_1 = y_2 = y_3$. Somit muss für eine T-Invariante $w = 1$ gelten, da sonst das Gleichungssystem nicht erfüllt wäre. Sofern $w \neq 1$ ist, ist nur die triviale T-Invariante möglich. Es gibt unendlich viele T-Invarianten für $w = 1$, die das Gleichungssystem erfüllen. Eine nicht-negative T-Invariante ist beispielsweise $y^T = (1, 1, 1)$, welche zugleich strikt positiv und minimal ist. Träger der T-Invariante sind y_1, y_2, y_3.

c) Berechnen der S-Invariante, mit $x^T \cdot C = 0$ und $w = 2$:

$$x^T \cdot C = 0 \Leftrightarrow (x_1 \quad x_2 \quad x_3 \quad x_4) \cdot \begin{pmatrix} -1 & 0 & 1 \\ 1 & -1 & 0 \\ 1 & -1 & 0 \\ 0 & 1 & -2 \end{pmatrix} = 0$$

Es gilt: $x_1 = 2x_4 \wedge x_1 = x_2 + x_3 \wedge x_4 = x_2 + x_3$, daraus folgt $x_1 = x_4 \wedge x_1 = 2x_4$, so dass $x_1 = x_4 = 0$ gelten muss, damit das Gleichungssystem erfüllt ist. Folglich gilt: $x_2 = -x_3$, woraus folgt, dass nur eine triviale S-Invariante mit $w = 2$ möglich ist.

Lösungsvorschlag zu Aufgabe 149: Inzidenzmatrix, Folgemarkierung

–   Inzidenzmatrix C:

$$C = \begin{pmatrix} 1 & 0 & -1 & 0 & 0 \\ 0 & 1 & 0 & -1 & 0 \\ 0 & 0 & 1 & 1 & -1 \\ -1 & 0 & 1 & 0 & 0 \\ -1 & -1 & 0 & 0 & 1 \\ 0 & -1 & 0 & 1 & 0 \end{pmatrix}$$

–   Häufigkeitsvektor $\bar{\omega}$:

$$\bar{\omega} = \begin{pmatrix} 2 \\ 1 \\ 2 \\ 1 \\ 3 \end{pmatrix}$$

–   Berechnung der Markierung M':

$$M' = M_0 + C\bar{\omega} = \begin{pmatrix} 0 \\ 0 \\ 0 \\ 1 \\ 2 \\ 1 \end{pmatrix} + \begin{pmatrix} 1 & 0 & -1 & 0 & 0 \\ 0 & 1 & 0 & -1 & 0 \\ 0 & 0 & 1 & 1 & -1 \\ -1 & 0 & 1 & 0 & 0 \\ -1 & -1 & 0 & 0 & 1 \\ 0 & -1 & 0 & 1 & 0 \end{pmatrix} \cdot \begin{pmatrix} 2 \\ 1 \\ 2 \\ 1 \\ 3 \end{pmatrix} = \begin{pmatrix} 0 \\ 0 \\ 0 \\ 1 \\ 2 \\ 1 \end{pmatrix}$$

Lösungsvorschlag zu Aufgabe 150: S- und T-Invarianten mit Parameter

Inzidenzmatrix C:

$$C = \begin{pmatrix} -1 & 0 & 0 & 0 \\ 1 & -1 & 0 & 0 \\ 1 & 1 & -1 & 2 \\ 0 & 1 & 1 & -2 \end{pmatrix}$$

Berechnen der T-Invariante mit $C \cdot y = 0$:

$$C \cdot y = 0 \Leftrightarrow \begin{pmatrix} -1 & 0 & 0 & 0 \\ 1 & -1 & 0 & 0 \\ 1 & 1 & -1 & 2 \\ 0 & 1 & k & -2 \end{pmatrix} \cdot \begin{pmatrix} y_1 \\ y_2 \\ y_3 \\ y_4 \end{pmatrix} = 0$$

Es gilt: $y_1 = 0 \wedge y_1 = y_2$, daraus folgt $y_2 = 0$. Somit gilt $y_3 = 2y_4$ und es muss $k = 1$ gelten, damit das Gleichungssystem ganzzahlig gelöst werden kann. Für $k \neq 1$ existiert nur die triviale T-Invariante. Es gibt unendlich viele T-Invarianten für $k = 1$, die das Gleichungssystem erfüllen. Eine nicht-negative T-Invariante ist beispielswiese $y^T = (0, 0, 2, 1)$, welche zugleich minimal ist. Es existiert keine strikt positive T-Invariante. Träger der T-Invariante sind y_3, y_4.

Berechnen der S-Invariante mit $x^T \cdot C = 0$:

$$x^T \cdot C = 0 \Leftrightarrow (x_1 \quad x_2 \quad x_3 \quad x_4) \cdot \begin{pmatrix} -1 & 0 & 0 & 0 \\ 1 & -1 & 0 & 0 \\ 1 & 1 & -1 & 2 \\ 0 & 1 & k & -2 \end{pmatrix} = 0$$

Es gilt: $x_3 = x_4$, so dass $k = 1$ sein muss, damit das Gleichungssystem ganzzahlig gelöst werden kann. Für $k \neq 1$ existiert nur die triviale S-Invariante. Es gibt unendlich viele S-Invarianten für $k = 1$, die das Gleichungssystem erfüllen. Es gilt weiterhin: $x_1 = x_2 + x_3 \land x_2 = x_3 + x_4$. Eine minimale, nicht-triviale S-Invariante ist beispielsweise $x^T = (3, 2, 1, 1)$, welche zugleich auch strikt positiv ist. Die Träger der S-Invariante sind x_1, x_2, x_3 und x_4.

Literaturverzeichnis

[Aals98] Aalst, W. M. P. v. d.: The Application of Petri Nets to Workflow Management. In Journal of Circuits, Systems, and Computers, 1998, 8; S. 21–66.

[AaHe02] Aalst, W. M. P. v. d.; Hee, K. van: Workflow Management. Models, methods and systems. MIT Press, Cambridge, Massachusetts, 2002.

[Aals12] Aalst, W. M. P. v. d.: A Decade of Business Process Management Conferences. Personal Reflections on a Developing Discipline. In (Barros, A. P.; Gal, A.; Kindler, E. Hrsg.): Business Process Management. Springer, 2012; S. 1–16.

[Aals16] Aalst, W. M. P. v. d.: Process Mining. Data Science in Action. Springer, Berlin, 2016.

[Abel90] Abel, D.: Petri-Netze für Ingenieure. Modellbildung und Analyse diskret gesteuerter Systeme. Springer, Heidelberg, 1990.

[AHFL12] Aubertin, I. et al.: Stand der Lehrbuchliteratur zum Geschäftsprozessmanagement. Eine quantitative Analyse, Saarbrücken, 2012.

[Baum90] Baumgarten, B.: Petri-Netze. Grundlagen und Anwendungen. BI Wissenschaftsverlag, Mannheim, 1990.

[Booc99] Booch, G.: UML in Action. In Communications of the ACM, 1999, 42; S. 26–28.

[BPMN2.0.2] Object Management Group (OMG): Business Process Model and Notation (BPMN). www.omg.org/spec/BPMN/2.0.2/PDF, 09.05.2016.

[CMMN1.1] Object Management Group (OMG): Case Management Model and Notation. http://www.omg.org/spec/CMMN/1.1/PDF/.

[DDvK+11] Dijkman, R. M. et al.: Similarity of Business Process Models. Metrics and Evaluation. In Information Systems, 2011, 36; S. 498–516.

[DeEs95] Desel, J.; Esparza, J.: Free Choice Petri Nets. Cambridge University Print, Cambridge, 1995.

[DeRe98] Desel, J.; Reisig, W.: Place/Transition Petri Nets. In (Reisig, W.; Rozenberg, G. Hrsg.): Lectures on Petri Nets I: Basic Models. Advances in Petri nets. Springer Verlag, Dagstuhl, 1998; S. 122–173.

[EhKO07] Ehrig, M.; Koschmider, A.; Oberweis, A.: Measuring Similarity between Semantic Business Process Models. In (Roddick, J. F.; Hinze, A. Hrsg.): Conceptual Modelling. Australian Computer Society, 2007; S. 71–80.

[Espa98] Esparza, J.: Decidability and Complexity of Petri Net Problems. An Introduction. In (Reisig, W.; Rozenberg, G. Hrsg.): Lectures on Petri Nets I. Basic Models, Advances in Petri Nets, the volumes are based on the Advanced Course on Petri Nets, held in Dagstuhl, September 1996. Springer, 1998; S. 374–428.

[FrRü16] Freund, J.; Rücker, B.: Praxishandbuch BPMN 2.0. Mit Einführung in CMMN und DMN. Hanser, München, 2016.

[GeLa81] Genrich, H. J.; Lautenbach, K.: System Modelling with High-Level Petri Nets. In Theor. Comput. Sci., 1981, 13; S. 109–136.

[Hack75] Hack, M.: Decidability Questions for Petri Nets. Garland Publishing, New York, 1975.

[HoFL10] Houy, C.; Fettke, P.; Loos, P.: Empirical research in business process management. Analysis of an emerging field of research. In Business Process Management Journal, 2010, 16; S. 619–661.

[ISO19501] International Organization for Standardization (ISO): Information technology - Open Distributed Processing - Unified Modeling Language (UML) Version 1.4.2, 2005.

[ISO19505a] International Organization for Standardization (ISO): Information technology - Object Management Group Unified Modeling Language (OMG UML) - Part 1: Infrastructure, 2012.

[ISO19505b] International Organization for Standardization (ISO): Information technology - Object Management Group Unified Modeling Language (OMG UML) - Part 2: Superstructure, 2012.

[Jens91] Jensen, K.: Coloured petri nets: A high level language for system design and analysis. In (Rozenberg, G. Hrsg.): Advances in Petri Nets. Springer Verlag, Berlin, 1991; S. 342–416.

[Kell99] Keller, G.: SAP R/3 prozeßorientiert anwenden. Iteratives Prozeß-Prototyping mit ereignisgesteuerten Prozeßketten und Knowledge Maps. Addison-Wesley-Longmen Publishing, Bonn, 1999.

[KeTe97] Keller, G.; Teufel, T.: SAP R/3 prozeßorientiert anwenden. Iteratives Prozeß-Prototyping zur Bildung von Wertschöpfungsketten. Addison-Wesley-Longmen Publishing, 1997.

[Kind06] Kindler, E.: On the semantics of EPCs. Resolving the vicious circle. In Data & Knowledge Engineering, 2006, 56; S. 23–40.

[KUHO15] Koschmider, A. et al.: Revising the Vocabulary of Business Process Element Labels. In (Zdravkovic, J.; Kirikova, M.; Johannesson, P. Hrsg.): Advanced Information Systems Engineering. Springer, 2015; S. 69–83.

[LMRL14] Leopold, H. et al.: Simplifying process model abstraction. Techniques for generating model names. In Information Systems, 2014, 39; S. 134–151.

[LoAl98] Loos, P.; Allweyer, T.: Process orientation and object-orientation-an approach for integrating UML and event-driven process chains (EPC). In Publication of the Institut für Wirtschaftsinformatik, Paper, 1998, 144.

[MeNü03] Mendling, J.; Nüttgens, M.: EPC Modelling based on Implicit Arc Types. In (Godlevsky, M. et al. Hrsg.): Information Systems Technology and its Applications. Gesellschaft für Informatik e.V. (GI), Bonn, 2003; S. 131–142.

[MKPC14] Morais, R. M. de et al.: An analysis of BPM lifecycles: from a literature review to a framework proposal. In Business Process Management Journal, 2014, 20; S. 412–432.

[NüFZ98] Nüttgens, M.; Feld, T.; Zimmermann, V.: Business Process Modeling with EPC and UML: Transformation or Integration? In (Schader, M.; Korthaus, A. Hrsg.): The Unified Modeling Language. Technical Aspects and Applications. Physica-Verlag, Heidelberg, 1998; S. 250–261.

[NüRu02] Nüttgens, M.; Rump, F. J.: Syntax und Semantik Ereignisgesteuerter Prozessketten (EPK). In (Desel, J.; Weske, M. Hrsg.): Prozessorientierte Methoden und Werkzeuge für die Entwicklung von Informationssystemen (Promise). Gesellschaft für Informatik e.V. (GI), Bonn, 2002; S. 64–77.

[Ober96] Oberweis, A.: Modellierung und Ausführung von Workflows mit Petri-Netzen. Vieweg+Teubner, 1996.

[OeSc13] Oestereich, B.; Scheithauer, A.: Analyse und Design mit der UML 2.5. Objektorientierte Softwareentwicklung. Oldenbourg Verlag, München, 2013.

[Pete81] Peterson, J. L.: Petri net theory and the modeling of systems. Prentice-Hall Verlag, Englewood Cliffs, New Jersey, 1981.

[Petr62] Petri, C. A.: Kommunikation mit Automaten. Dissertation, Bonn, 1962.

[Petr76] Petri, C. A.: General Net Theory. In (Shaw, B. Hrsg.): Computer System Design, 1976; S. 131–169.

[PMBOK13] Project Management Institute: A Guide to the Project Management Body of Knowledge (PMBOK® Guide). PMI, Newtown Square, 2013.

[Reis13] Reisig, W.: Understanding petri nets. Modeling techniques, analysis methods, case studies. Springer, Berlin, 2013.

[Reis90] Reisig, W.: Petrinetze. Eine Einführung. Springer Verlag, Berlin, 1990.

[RHAM06] Russell, N.; Hofstede, A. t.; Aalst, W. M. P. v. d.; Mulyar, N.: Workflow Control-Flow Patterns: A Revised View. bpmcenter.org/wp-content/uploads/reports/2006/BPM-06-22.pdf.

[Ritt99] Rittgen, P.: Modified EPCs and Their Formal Semantics, Koblenz-Landau, 1999.

[RoEn98] Rozenberg, G.; Engelfriet, J.: Elementary Net Systems. In (Reisig, W.; Rozenberg, G. Hrsg.): Lectures on Petri Nets I: Basic Models. Advances in Petri nets. Springer Verlag, Dagstuhl, 1998; S. 12–121.

[Rose96] Rosemann, M.: Komplexitätsmanagement in Prozeßmodellen. Methodenspezifische Gestaltungsempfehlungen für die Informationsmodellierung. Gabler Verlag, Wiesbaden, 1996.

[RuQu12] Rupp, C.; Queins, S.: UML 2 Glasklar. Praxiswissen für die UML-Modellierung. Carl Hanser Verlag, München, 2012.

[ScKZ92] Scheer, A.-W.; Keller, G.; Zimmermann, V.: Semantische Prozessmodellierung auf der Grundlage „Ereignisgesteuerter Prozeßketten (EPK)", Saarbrücken, 1992.

[ScNZ97] Scheer, A.-W.; Nüttgens, M.; Zimmermann, V.: Objektorientierte Objektorientierte Ereignisgesteuerte Prozeßkette (oEPK). Methode und Anwendung, Saarbrücken, 1997.

[Seid03] Seidel, M.: Die Bereitschaft zur Wissensteilung. Rahmenbedingungen für ein wissensorientiertes Management. Deutscher Universitätsverlag, Wiesbaden, 2003.

[Stac73] Stachowiak, H.: Allgemeine Modelltheorie. Springer, Wien, 1973.

[Thia87] Thiagarajan, P. S.: Elementary Net Systems. In (Brauer, W.; Reisig, W.; Rozenberg, G. Hrsg.): Petri Nets: Central Models and Their Properties. Springer Verlag, Berlin, 1987; S. 26–59.

[UML2.4.1] Object Management Group (OMG): Unified Modeling Language (UML). Infrastructure Specification. http://www.omg.org/spec/UML/2.4.1/Infrastructure/PDF, 19.04.2014.

[UML2.5] Object Management Group (OMG): Unified Modeling Language (UML). Spezifikation. http://www.omg.org/spec/UML/2.5/, 08.11.2016.

[Wesk12] Weske, M.: Business Process Management. Concepts, Languages, Architectures. Springer, Heidelberg, 2012.

[Work99] Workflow Management Coalition (WfMC): Workflow Management Coalition Terminology & Glossary. http://www.wfmc.org/standards/docs/TC-1011_term_glossary_v3.pdf.

[WSBPEL] Organization for the Advancement of Structured Information Standards (OASIS): Web Service Business Prtocess Exceution Language (WSBPEL). Version 2.0. http://docs.oasis-open.org/wsbpel/2.0/OS/wsbpel-v2.0-OS.pdf.

Index

www.ingramcontent.com/pod-product-compliance
Lightning Source LLC
LaVergne TN
LVHW080114070326
832902LV00015B/2572